ADAC
Reiseführer

Portugal

von Michael Studemund-Halévy

Intro

Portugal Impressionen 6

Der Reiz des Widersprüchlichen

Geschichte, Kunst, Kultur im Überblick 12

Von Königen und Pionieren, Diktatoren und Revolutionären und dem Aufbruch in die Zukunft

Unterwegs

Costa Verde – grüne Gärten ohne Ende 18

1 Porto 18
- Altstadt 19
- Östliche Innenstadt 24
- Westliche Innenstadt 25
- Jenseits des Douro 27
- Paço de Sousa – Leça do Bailío

2 Vila do Conde 29
- São Cristóvão – São Pedro Rates

3 Barcelos 31

4 Viana do Castelo 33
- Monte Santa Luzia 34

5 Caminha 35

6 Valença do Minho 37

7 Monção 37

8 Parque Nacional da Peneda-Gerês 38

9 Bravães 41

10 Braga 42
- Bom Jesus do Monte – Citânia de Briteiros

11 Guimarães 46

12 Amarante 50
- Casa do Fidalgo

Montanhas – die Provinz hinter den Bergen 53

13 Bragança 53

14 Chaves 54

15 Carrazeda de Ansiães 57

16 Lamego 57
- São Pedro de Balsemão – São João de Tarouca – Solar de Mateus

17 Viseu 60

18 Guarda 62

19 Serra da Estrela 65

20 Belmonte 66
21 Castelo Branco 66

Planícies – der Brotkorb Portugals 69

22 Tomar 69
Convento da Ordem de Cristo 69
Tomars Innenstadt 72
23 Castelo de Almourol 74
24 Castelo de Vide 75
25 Marvão 76
26 Santarém 77
27 Estremoz 79
Unterstadt 79
Oberstadt 80
28 Elvas 81
29 Vila Viçosa 82
30 Évora 84
Cromleque dos Almendres – Anta do Zambujeiro
31 Monsaraz 90
32 Beja 92
33 Mértola 93

Algarve – Urlaub machen, wo die Sonne überwintert 94

34 Faro 94
35 Olhão 97
36 Estói 98
37 Tavira 99
38 Parque Natural da Ria Formosa 101
Cacela
39 Vila Real de Santo António 101
Castro Marim
40 Loulé 102
Alte
41 Almansil 104
42 Albufeira 104
Carvoeiro
43 Silves 107
44 Serra de Monchique 110
45 Lagos 111
Ponta da Piedade
46 Sagres 114
Cabo de São Vicente

Lissabon – die Schöne vom Tejo 116

47 Lissabon 116
Stadtzentrum 117
Östliche Stadtviertel 121
Westliche Stadtviertel 124
Neustadt 125
Bairro da Lapa 126
Campo Ourique und Benfica 128
Belém 129

Costa de Lisboa – der Rest ist Landschaft 137

48 Setúbal 137
Quinta da Bacalhoa
49 Queluz 138
50 Costa do Sol 139
51 Sintra 140
Serra de Sintra – Castelo dos Mouros – Palácio da Pena – Parque de Monserrate
52 Mafra 143

Costa de Prata – der Zauber des Silbers 147

53 Óbidos 147
54 Peniche 148
55 Alcobaça 149
56 Batalha 153
57 Fátima 157
58 Leiria 159
59 Conimbriga 160
60 Coimbra 160
Historischer Rundgang 162
Universität 165
Über den Rio Mondego 166
61 Parque Nacional do Buçaco 167
62 Aveiro 169
Ria de Aveiro
63 Vila da Feira 171

Portugal Kaleidoskop

Hochprozentiger Exportschlager 21
Versteinerte Weltmacht 74
Stierkampf auf portugiesisch 79
Alles Koriander? 92
Europas schönste Küste 109
Ein Land im Goldrausch 114
Eine Welt am Meer 128
Lissabons kulinarische Traditionen 134
Kunst mit bunten Steinen 141
Vom Schmerz, ein Portugiese zu sein 180
Nachtquartiere in historischen Gemäuern 181

Karten und Pläne

Portugal – Norden vordere Umschlagklappe
Portugal – Süden hintere Umschlagklappe
Porto 20
Porto, Sé 22
Braga, Sé 42
Guimarães 46
Tomar, Convento da Ordem de Cristo 70
Évora, Sé de Santa Maria 87
Évora 88

Lissabon 118/119
Lissabon, Stadtteil Belém 129
Lissabon, Mosteiro dos Jéronimos 130
Lissabon, Metro-Plan 135
Mafra, Palácio Nacional 143
Alcobaça, Mosteiro de Santa Maria 150
Batalha, Mosteiro de Santa Maria da Vitória 154
Coimbra 161

Service

Portugal aktuell A bis Z 172

Vor Reiseantritt 173
Allgemeine Informationen 173
Anreise 174
Bank, Post, Telefon 175
Einkaufen 176
Essen und Trinken 176
Feste und Feiern 177
Klima und Reisezeit 179
Kultur live 179
Nachtleben 179
Sport 180
Statistik 180
Unterkunft 181
Verkehrsmittel im Land 182

Sprachführer 183

Portugiesisch für die Reise

Register 187

Bildnachweis 191
Impressum 191

Leserforum

Die Meinung unserer Leserinnen und Leser ist wichtig, daher freuen wir uns von Ihnen zu hören. Wenn Ihnen dieser Reiseführer gefällt, wenn Sie Hinweise zu den Inhalten haben – Ergänzungs- und Verbesserungsvorschläge, Tipps und Korrekturen – dann schreiben Sie uns bitte:

Redaktion ADAC Reiseführer
ADAC Verlag GmbH
81365 München
verlag@adac.de
www.adac.de/reisefuehrer

Portugal Impressionen

Der Reiz des Widersprüchlichen

»Ich bin also bereit zuzugeben, dass Europa weiß, wo Portugal liegt, doch ich werde mir erlauben, weiterhin zu bezweifeln, dass dieses Europa weiß, was Portugal ist.« José Saramago

Je näher wir Portugal kommen, desto mehr kann man dem portugiesischen Romancier und Nobelpreisträger José Saramago (*1922) zustimmen. Portugal liegt an der **Peripherie** unseres Kontinents. Nur wenige europäische Länder sind mannigfaltiger, kaum eines ist weniger bekannt als das Land im äußersten Westen der Iberischen Halbinsel. Ein Land, das durch Geographie und Geschichte für viele Jahrhunderte im Abseits lag. Jahrhundertelang hat sich Portugal auf das **Meer** konzentriert und Europa den Rücken zugedreht. Erst jenseits des maritimen Horizonts fand es seine Größe und seinen Reichtum. Die viel zitierte These aber, dass in Portugal das *Goldene Zeitalter der Kultur* mit dem *Goldenen Zeitalter der Geschichte* zusammenfällt, ist eine Erfindung des 19. Jh., als Historiker die Epoche der portugiesischen **Übersee-Expansion** romantisierten. Wahr ist vielmehr, dass die Entdeckung neuer Welten Portugal erschöpft hat und der **Reichtum an Kolonien** das Mutterland in die Armut trieb. Und ein Großteil der prachtvollen Bauten, die mit dem brasilianischen Gold buchstäblich überzogen worden waren, ging in dem katastrophalen *Erdbeben* von 1755 unter.

Entdecker einer anderen Welt

Ausländer, die im 19. Jh. nach Portugal kamen, notierten ihre Erlebnisse und Beobachtungen oft wie Forschungsreisende. So fremd und unverständlich erschienen ihnen dieses Land und seine Bewohner. Und so verdanken wir das Bild, das man sich von Portugal und den Portugiesen macht – und das nicht selten ein Zerrbild ist –, vor allem diesen frühen Reiseschriftstellern. Für den exzentrischen **William Beckford** war die portugiesische Aristokratie eine »degenerierte und effeminierte Rasse«, Lissabon mochte er auch nicht, da es, wie er fand, mit seinen »abscheulich steil ansteigenden oder abfallenden Gassen und seinen schändlichen kleinen

Kirchen weder den Reichtum noch die Würde einer Hauptstadt besaß«. Auch **Lord Byron** urteilte kaum freundlicher. Gnade fand vor seinen Augen allein die portugiesische Landschaft, besonders die Parklandschaft von Sintra in der Nähe von Lissabon. **Esther Bernhard** berichtete in ihren Briefen an die Herzogin von York von »geistlosen, ungebildeten« Portugiesen, und es fiel ihr schwer zu glauben, »dass sie sich in einer Hauptstadt und einer bürgerlichen Gesellschaft befindet«.

Wirtschaftswunder im Armenhaus

Diesem Land, das den Ausländern so fremd und unzeitgemäß erschien, kehrten auch die Portugiesen den Rücken. Bis in das 19. Jh. hinein handelte es sich aber nie um Massenbewegungen. Erst im 20. Jh. stieg die **Auswanderung** sprunghaft an. Zwischen 1900 und 1954 emigrierten 1,4 Millionen Portugiesen nach Nord- und Südamerika, Kanada und Südafrika. 1955 bis 1988 folgten weitere 1,2 Millionen Menschen, die hauptsächlich in europäische Staaten zogen, vor allem nach Frankreich, Deutschland und in die Schweiz. Insgesamt leben mehr als 4 Millionen Portugiesen im Ausland. Erst nach der **Nelkenrevolution** 1974 wandte sich Portugal wieder Europa zu. Die Jahre seit der Revolution haben Portugal dramatischer geprägt als viele Jahrhunderte zuvor: Eine der ältesten Nationen Europas verändert ihr Gesicht – und für viele

Oben: *Mittelalterliches Bilderbuchstädtchen – wie ein Adlerhorst erhebt sich Óbidos über der Costa de Prata*
Links: *Touristisches Muss – die bizarre Küstenlandschaft bei Praia da Rocha*

ihrer Verehrer auch ihre Seele. Eine Art **Gründungsfieber** hat das Land erfasst. Nirgendwo in Europa war in den 1990er-Jahren das wirtschaftliche Wachstum größer als in Portugal, die Arbeitslosenquote niedriger. Dennoch gestaltet sich die wirtschaftliche Entwicklung Portugals schwierig, auch die Fußball-Europameisterschaft 2004 brachte nur eine kurzfristige Erholung.

Landschaftliche Kontraste

Wenn der Reisende von heute an Portugal denkt, fällt ihm gewöhnlich der **Algarve** und damit Sonne, Sand und Meer ein. Er weiß, dass Portugal nicht sehr groß ist, aber selten findet er den Weg in den Norden, in den **Minho**, oder in den Nordosten, nach **Trás-os-Montes** und die **Beiras**. Portugal ist ein kleines Land. Außer Lissabon und, mit starken Einschränkungen, Porto sind alle anderen Orte Kleinstädte oder größere Dörfer. »In Portugal erscheint alles kleiner. Die Proportionen nehmen einem nicht den Atem«, fand noch 1957 der deutsche Autor Helmut Brühl. In Portugal ist alles nah. Von Lissabon aus sind Coimbra und Tomar, Évora und Aveiro bequem in Tagestouren zu erreichen. Jede Region ist eine überschaubare Einheit. Die historischen Provinzen Minho und Douro, die nach Flüssen benannt sind, bilden die grüne Region **Costa Verde**. Östlich und südlich erstreckt sich das Bergland **Montanhas**, früher die Regionen Trás-os-Montes, Beira Alta und Beira Baixa. Das Alto und das Baixo Alentejo sowie der östliche Teil der Ribatejo bilden die weite und ebene

Landschaft **Planícies**. Nur der **Algarve** spielt eine Sonderrolle: Er ist die einzige Region, die nicht nach einem Fluss oder einem Berg benannt ist und zugleich das einzige Gebiet, dessen Name an die arabische Vergangenheit Portugals erinnert.

Reiches kulturelles Erbe

»Portugal ist Lissabon, der Rest ist Landschaft«: So hat der Romancier Eça de Queiróz im 19. Jh. das Verhältnis zwischen Stadt und Land beschrieben, und daran hat sich wenig geändert. Wer Portugal besucht, wird also in der Regel mit **Lissa-**

bon beginnen. Der Besucher trifft auf manuelinische Bauten wie das Hieronymitenkloster oder den Torre de Belém (die Manuelinik verbindet Formen der Gotik und der Frührenaissance mit Elementen aus den neu entdeckten Ländern), ferner auf die romanische Kathedrale, das Castelo de São Jorge, die barocke Pracht der **Kirchen** und **Schlösser** mit ihren einzigartigen Kunstschätzen, die Azulejo-Tableaus und auf die herrlichen **Landsitze** in der Umgebung. All dies macht den Reisenden vertraut mit dem, was ihm im ganzen Land auf Schritt und Tritt begegnen wird.

Auf dem Weg nach Europa

Portugal ist nicht länger ein Land der Bauern und Fischer, der Tagelöhner und reichen Großgrundbesitzer. Rund ein Drittel aller Portugiesen lebt heute in den **Großräumen Lissabon** und **Porto**. Während die Geburtenrate Portugals seit Jahren rückläufig ist, steigt die Zahl der Einwohner der Distrikte Lissabon, Porto und Setúbal weiterhin stark an. Die Landflucht geht also ungebremst weiter. So wie die Portugiesen früher nur ihr Land verließen, um im Ausland Arbeit zu finden, die es in der Heimat nicht gab, so kehrten sie auch ihrem Dorf, ihrer Stadt oder ihrer Region nur selten und widerwillig den Rücken. Wohl deshalb ist **Reisen** im eigenen Land unter den Portugiesen, selbst bei der Jugend, auch heute

noch so wenig verbreitet. Beschränkten sich ihre Kenntnisse über den Rest der Welt deshalb meist nur auf das Nachbardorf und die nächste größere Stadt, so haben inzwischen die **neuen Straßen**, das Fernsehen, die Touristen sowie die nach der ›Nelkenrevolution‹ von 1974 aus den ehemaligen Kolonien ins Land strömenden *Retornados* die Ferne in den Alltag vieler Portugiesen geholt.

Links: *Im Reich der Bücher – die Universitätsbibliothek in Coimbra*
Oben: *Bedeutender Wirtschaftsfaktor – Korkeichen im Alentejo*
Mitte: *Stierkampf auf portugiesisch – hier kommt der Stier mit dem Leben davon*

Vielfalt im Kleinen

Ein Land, dem seine früheren **Kolonien** jahrhundertelang näher lagen als seine eigenen Städte und Dörfer, ist plötzlich auf europäisches Durchschnittsmaß geschrumpft: Braga im Norden erreicht man von Lissabon aus in knapp drei Stunden und Vila Real de Santo António an der spanischen Grenze liegt nur noch eine knappe halbe Autostunde von Albufeira entfernt.

Und dennoch: Je gründlicher man Portugal bereist, je besser man das Land zu kennen glaubt, desto größer und unergründlicher erscheint es dem Betrachter allein durch die augenfällige **Vielfalt seiner Landschaften** mit ihrem ganz eigenen Begriff von Weite. In Portugal differenziert die Natur die Lebensformen, gliedert das gesellschaftliche Gefüge und bestimmt selbst die Mentalität in den einzelnen Landesteilen. Und in den Städten, wo jedes *Bairro* seine **eigenen Konturen** hat, ist jeder Stadtteil ein Dorf für sich. Die Selbstständigkeit Portugals mag in der bewegten Geschichte des Landes mehr als einmal von außen bedroht gewesen sein. Seine **kulturelle Einheit** war es von innen nie. Eine Einheit, die in Portugal in der Vielfalt liegt und nicht in der Uniformität.

Nach dem Millennium

Die ›weiße Stadt am Tejo‹, die von verklärungssüchtigen Autoren immer noch als eine Metropole der Melancholie beschrieben wird, erlebte am Ende des 20. Jh. die größte urbane Revolution seit dem Erdbeben von 1755. Für die Einrichtung neuer Metro-Linien wurden Straßen aufgebrochen und viele der herrlichen Jugendstil- und Art-Déco-Häuser niedergerissen – als Versprechen auf eine lebenswerte Zukunft, die den Portugiesen von Monarchie und Diktatur lange Zeit vorenthalten worden war. Lissabon war

Kulturhauptstadt Europas und 1998 Gastgeber der letzten EXPO des 20. Jh. Dafür wurde im Osten der Stadt auf einem städtebaulichen Schandfleck ein Gebiet von 330 ha saniert, um dort einen riesigen *Park der Nationen* zu errichten, mit futuristischen und konventionellen Ausstellungs- und Tagungsgebäuden, einem Jachthafen, Sportanlagen, einer Gondelbahn, einem Aussichtsturm, einem Cyber-Café, Wohnungen und dem neuen, kommunikativen Metro-Bahnhof *Estação do Oriente*, Teil eines Einkaufs- und Gastronomiezentrums der Superlative.

Der Reiseführer

Dieser Band stellt **Portugal** mit seinen Sehenswürdigkeiten und Landschaften in sieben nach Regionen gegliederten Kapiteln vor. **Übersichtskarten** und **Stadtpläne** erleichtern die Orientierung. Besondere Empfehlungen zu Hotels, Restaurants, Sehenswürdigkeiten, Festen usw. bieten die **Top Tipps**. Den Besichtigungspunkten sind **Praktische Hinweise** mit Tourismusbüros sowie Hotel- und Restaurantadressen angefügt. **Portugal Aktuell A bis Z** bietet alphabetisch geordnet Nützliches von Informationen vor Reiseantritt über Essen und Trinken oder Feste und Feiern bis zu Verkehrsmitteln. Hinzu kommt ein umfassender **Sprachführer**. Ein **Kaleidoskop** informativer Kurzessays rundet den Band ab.

Links oben: *Kulinarische Genüsse in stimmungsvollem Ambiente – Cervejaria da Trindade in einem ehem. Kloster in Lissabon*
Links unten: *Höhepunkt gotischer Baukunst und Denkmal portugiesischer Geschichte – Mosteiro de Santa Maria da Vitória in Batalha*
Oben: *Moderne Akzente – Parque das Nações in Lissabon auf dem ehem. Areal der EXPO '98 mit Torre São Gabriel (links) und Centro Comercial Vasco da Gama (rechts)*
Rechts: *Nostalgische Gefühle – traditionelle Trambahnen in Lissabons steilen Gassen*

Geschichte, Kunst, Kultur im Überblick

Von Königen und Pionieren, Diktatoren und Revolutionären und dem Aufbruch in die Zukunft

Vor- und frühgeschichtliche Zeit

10 000–5000 v. Chr. Aus der Mittelsteinzeit stammen Grabstätten, in denen mehr als 200 Skelette gefunden wurden.

3000 v. Chr. Iberer dringen bis zum Algarve vor.

1000 v. Chr. Aus dem Osten rücken Kelten ein und vermischen sich mit den Iberern zu Keltiberern, auch Lusitanier genannt. Diese siedeln ursprünglich zwischen Durius (Douro) und Tagus (Tejo).

800 v. Chr. Griechen und Phönizier legen Handelsstützpunkte an der Atlantikküste an.

700 v. Chr. Lusitanier lassen sich im Süden des heutigen Portugal nieder.

535 v. Chr. Die Karthager übernehmen die Vorherrschaft beiderseits der Straße von Gibraltar.

Römische Herrschaft

218–201 v. Chr. Am Ende des 2. Punischen Krieges muss sich Karthago von der Iberischen Halbinsel zurückziehen, Rom tritt an seine Stelle. Römische Kolonisten gründen Städte, bauen Straßen, bringen Handwerk und nicht zuletzt ihre Sprache mit, aus der sich das Portugiesische entwickelt hat.

149–139 v. Chr. Die Römer unterwerfen die Lusitanier. Lusitanien wird Teil der römischen Provinz Hispania ulterior.

Sueben und Westgoten

5. Jh. Während der Völkerwanderung beenden Germanen die römische Herrschaft. Die Sueben erreichen die römische Provinz Lusitanien und schlagen die römischen Truppen vernichtend. Erstmals wird der Name Portucale erwähnt.

585 Die Westgoten unter König Leowigild erobern Lusitanien und vereinen es mit dem Reich von Toledo.

Maurische Invasion und Reconquista

711–718 Die Mauren setzen über das Mittelmeer und bringen nach nur sieben Jahren – mit Ausnahme der nördlichen Bergregionen – die gesamte Iberische Halbinsel unter ihre Kontrolle. Mit den Mauren halten Wissenschaft und Kultur in bisher nicht gekanntem Ausmaß Einzug in Europa. Der Handel blüht, die Landwirtschaft wird durch Bewässerung und neue Anbaumethoden revolutioniert. Das ehemalige Lusitanien steht nun unter der Oberherrschaft des Emirats von Córdoba. Silves wird Hauptstadt.

722 Asturien erobert das Gebiet zwischen Minho und Douro zurück, das seitdem Terra Portucalensis genannt wird.

868 Das Gebiet der späteren Grafschaft Portucale am Douro ist vollständig unter der Herrschaft der seit 718 aktiven christlichen Rückeroberung (Reconquista).

1035–65 Fernando I., Graf von Kastilien und León, leitet die eigentliche Reconquista ein.

Er findet den Seeweg nach Indien – Vasco da Gama (1467–1524) ▷

1095 Der landlose Heinrich von Burgund erhält anlässlich seiner Hochzeit mit Teresa, Tochter von Afonso VI. von León und Kastilien, und wegen seiner militärischen Dienste in der Reconquista die Grafschaft Portugal (zwischen den Flüssen Minho und Tejo) als Lehen.

Das Königreich Portugal entsteht

1139 Afonso Henriques nimmt als Afonso I. den Königstitel an und befreit sich nach der Schlacht bei Ourique über die Moslems aus der Abhängigkeit von León-Kastilien (Dynastie Burgund).
1147 Afonso I. erobert Lissabon und Santarém von den Mauren.
1250 Afonso III. nimmt die Provinz Algarve ein und beendet damit die portugiesische Reconquista. Die Mauren sind endgültig vertrieben. Portugal erhält damit – bis auf kleine Änderungen – seine heutige territoriale Ausdehnung.
1267 Mit Spanien, das auf den Algarve verzichtet, wird die Grenze endgültig festgelegt.
1319 Der legendäre Christusritter-Orden wird gegründet.
1355 Inês de Castro, die mit dem Thronfolger Pedro heimlich verlobt ist, wird ermordet.
1367–83 Portugal und Kastilien bekriegen sich.
1385 Der illegitime Sohn Pedros I., der Großmeister des Aviz-Ordens, wird als João I. zum portugiesischen König gewählt (Dynastie Aviz).

Das Zeitalter der Entdeckungen

1415 Heinrich (›Henriques‹) der Seefahrer (1394–1460) nimmt an der ersten überseeischen Eroberung Portugals in Ceuta teil.
1419–57 Heinrich der Seefahrer wird Gouverneur des Algarve. Er richtet in Sagres eine Seefahrerschule ein, die den Grundstein für die Entdeckungsreisen bildet. Madeira, die Azoren und die Kapverdischen Inseln werden entdeckt.

Vater der Entdeckungsreisen – Heinrich der Seefahrer (1394–1460)

1458–71 Portugiesische Expeditionsheere erobern 1458 Alcácer Ceguer und 1471 Arcila sowie Tanger.
1487/88 Bartolomeu Dias umsegelt das Kap der Guten Hoffnung, muss aber kurz darauf umkehren.
1495–1521 Manuel I. gründet Niederlassungen in Ostasien, Brasilien, Ostindien und Südafrika. Lissabon wird Mittelpunkt des Welthandels, kann jedoch auf Dauer nur einen Teil seiner Besitzungen sichern. Die Ordenações Manuelinas (Manuelinische Gesetzeskompilation) erscheinen. Die künstlerische Blütezeit findet ihren Niederschlag im manuelinischen Stil.
1498 Vasco da Gama entdeckt den Seeweg nach Indien.
1500 Pedro Álvares Cabral erreicht Brasilien, das zur wichtigsten Kolonie wird.
1506 Bei Massakern an den conversos (zum Christentum übergetretene Juden) in Lissabon werden über 4000 Neuchristen ermordet.
1519–22 Eine Flottille des Portugiesen Fernão de Magalhães (Magellan) führt im Auftrag der spanischen Krone die erste Weltumseglung durch und beweist damit endgültig, dass die Erde rund ist.
1521–57 Tod Manuels I. Unter João III. setzt der wirtschaftliche Verfall ein. Die Inquisition wird 1537 eingeführt, die Universität Coimbra an die Jesuiten übergeben.
1557 Portugiesen gründen in Macao die erste europäische Niederlassung auf chinesischem Boden. João III. stirbt. Die Regentschaft übernimmt sein Enkel Sebastião.
1578 Feldzug nach Nordafrika. König Sebastião I. fällt in der Schlacht von Alcácer-Quibir, sein Großonkel Kardinal Henriques besteigt den Thron.
1580 Mit dem Tod Henriques II. erlischt die Aviz-Dynastie. Nach Erbstreitigkeiten zwischen António, dem Prior von Crato und Sohn einer Neuchristin (Marranin), und Philipp II. von Spanien kommt es zur Schlacht auf den Azoren. Die Spanier erobern Portugal und halten das Land bis 1640 besetzt.

Spanische Fremdherrschaft

1580–1640 Die Könige von Spanien regieren Portugal in Personalunion.
1596 Eine englische Flotille brennt Faro nieder.
1630 Holländer erobern Pernambuco (Brasilien), 1637 São Jorge da Mina (Guinea), 1641 São Tomé, Príncipe, Luanda, Malakka.

Wiedererlangte Unabhängigkeit: das Haus Braganća

1640 Der Herzog von Bragança erhebt sich gegen die Spanier und wird als João IV. zum König (1640–56) gekrönt.
1644 Die Schlacht gegen die Spanier bei Montijo ist siegreich.
1688 Nach mehreren Restaurationskriegen schließen Portugal und Spanien einen Friedensvertrag. Spanien er-

Maria II. da Glória, Königin von Portugal (1819–1853)

kennt die Unabhängigkeit Portugals an.

1703 Portugal schließt mit England den Methuen-Vertrag, durch den die Engländer Textilien nach Portugal exportieren können und die Portugiesen Wein nach England.

1750–77 Unter José I. erreicht der aufgeklärte Absolutismus seinen Höhepunkt. Minister Marquês de Pombal (1699–1782) führt Reformen im Geiste der Aufklärung und des Merkantilismus durch.

1755 Bei einem Erdbeben in Lissabon werden mehr als 30 000 Menschen getötet. Nach der Katastrophe lässt Pombal die zerstörte Stadt wieder aufbauen.

Napoleonische Kriege und englisches Protektorat

1807–11 Frankreich besetzt das Land, der Hof flüchtet nach Brasilien. Im Vertrag von Fontainebleau wird Portugal in drei kleine Königreiche aufgeteilt.

1808 Ein Aufstand in Olhão wendet sich gegen die napoleonischen Truppen.

1810/11 Briten befreien das Land und herrschen bis zur Rückkehr des Königs aus dem Exil.

Konstitutionelle Monarchie

1820 In Porto erhebt sich eine Revolution mit der Forderung nach einer liberalen Verfassung.

1822 Portugal wird konstitutionelle Monarchie, Brasilien erlangt seine Unabhängigkeit und wird unter Pedro I. Kaiserreich. Portugal verliert damit seine wichtigste Kolonie.

1828 Pedros Bruder Miguel setzt die Verfassung außer Kraft und lässt sich zum König ausrufen.

1832–34 Zwischen den Miguelisten und den Liberalen, die von Pedro angeführt werden, bricht ein Bürgerkrieg aus. Landung Pedros I. in Portugal. Dom Miguels Flotte wird vor dem Cabo de São Vicente geschlagen. Wiederherstellung der Konstitution. Vertrag von Évora Monte. Dom Miguel wird verbannt.

1836 Maria II. da Glória heiratet Ferdinand von Sachsen-Coburg-Gotha.

1908 König Carlos I. und Kronprinz Dom Luís Filipe werden ermordet. Manuel II. besteigt den Thron.

1910 Manuel II. wird zur Abdankung gezwungen und flieht nach Großbritannien. Ausrufung der Republik am 5. November, der Historiker Teófilo Braga wird Präsident der provisorischen Regierung.

Die Republik

1910–26 Die junge Republik verliert schnell die Unterstützung der Bevölkerung. In 16 Jahren lösen sich 45 Regierungen ab.

1911 Die Republik gibt sich eine Verfassung. Es werden die Universitäten Lissabon und Porto gegründet.

1914–18 Zunächst neutral, nimmt Portugal ab 1915 aufseiten der Entente am Ersten Weltkrieg teil. Diktatur des Sidónio Pais.

1926/27 Nach dem Militäraufstand unter General Gomes da Costa vom 28. Mai wird Portugal ein autoritärer Ständestaat (Militärdiktatur). General Fragoso Carmona

Das große Erdbeben von 1755 legt Lissabon in Schutt und Asche ▷

Die jubelnde Bevölkerung schmückt die Gewehrläufe der Soldaten mit Nelken zur Feier der unblutigen Revolution im April 1974 ▷

wird Präsident der Republik. Es beginnt eine 48 Jahre während Diktatur.

Der faschistische Staat

1928 Der Wirtschaftsprofessor António de Oliveira Salazar beginnt als Finanzminister mit der Sanierung des bankrotten Staates.
1930 Es wird die allein zugelassene faschistische Nationale Union (União Nacional) gegründet.
1931 Eine Geheimpolizei wird installiert.
1932 Salazar wird Ministerpräsident. Entwurf einer neuen Verfassung nach faschistischem Vorbild. Streiks und Gewerkschaften werden verboten.
1933 Die Verfassung des Estado Novo (Neuer Staat) tritt in Kraft, sie verleiht dem Ministerpräsidenten diktatorische Vollmachten.
1939–45 Im Zweiten Weltkrieg bleibt Portugal neutral, überlässt aber den Alliierten Stützpunkte auf den Azoren.
1949 Portugal wird Gründungsmitglied der NATO. Unabhängigkeitsbewegungen im Kolonialreich (Angola, Moçambique, Portugiesisch-Guinea) werden unterdrückt.
1961 Eine Revolte der Armee scheitert. Am 18. Dezember marschieren indische Truppen in die portugiesischen Enklaven Goa, Damão und Diu ein. Portugal erkennt die Annexion erst 1974 an.
1968 Salazar tritt zurück. Nachfolger wird Marcelo José das Neves Alves Caetano, der nur kurze Zeit einen liberalen Kurs einschlägt.

Die Nelkenrevolution

1974 Die unblutige ›Revolution der Nelken‹ am 25. April unter General António Spínola, die ihren Namen den Blumen verdankt, die den aufständischen Soldaten von der begeisterten Volksmenge in die Gewehrläufe gesteckt wurden, stürzt das alte System. Die am längsten dauernde Diktatur Europas ist beendet. Eine linksdemokratische Regierung unter Vasco dos Santos Gonçalves bildet sich.
1975 Es regieren prokommunistische Militärs. Ein Rechtsputsch unter General Spínola scheitert. Verstaatlichung der Wirtschaft und Einleitung einer Agrarreform. Die Überseeprovinzen erhalten ihre Unabhängigkeit. 800 000 Rückwanderer (retornados) lassen sich wieder in Portugal nieder. Macao wird autonom unter portugiesischer Souveränität (bis 1999).

Das demokratische Portugal

1976 Die Sozialisten siegen bei den Parlamentswahlen. Der Sozialist Mário Soares wird Ministerpräsident (1976–78 und 1983–85), General Eanes Präsident.
1978 Die sozialistische Minderheitsregierung wird aufgrund politischer und wirtschaftlicher Probleme gestürzt. Die Sozialisten bilden mit dem Demokratisch-Sozialen Zentrum die Regierung. Nach Auflösung der Regierung wird Carlos Alberto Mota Pinto Ministerpräsident.
1986 Portugal wird Vollmitglied der EG. Der ehem. Ministerpräsident Mário Soares wird Staatspräsident.
1987 Bei den Parlamentswahlen erreichen die Sozialdemokraten mit Cavaco Silva mehr als 50 % der Stimmen.
1992 Portugal führt für sechs Monate den EG-Vorsitz. Das Land entwickelt sich immer mehr zu einer Dienstleistungsgesellschaft (rund 60 % des Bruttoinlandsprodukts). Dabei spielt der Tourismus eine zunehmend wichtige Rolle.
1995/96 Bei den Parlamentswahlen erhalten die Sozialisten die Mehrheit der Stimmen; im Januar wird Jorge Sampaio zum neuen Präsidenten gewählt.
1998 In Lissabon findet die Weltausstellung EXPO '98 statt, der Parque das Nações mit einer Fülle moderner Bauwerke und Attraktionen entsteht.
2001 Porto wird Kulturhauptstadt Europas.
2003 Coimbra feiert seine Ernennung zur Capital Nacional da Cultura 2003.
2004 Portugal ist Gastgeberland der UEFA-Fußball-Europameisterschaft.
2006 Mit dem früheren Premierminister Anibal Cavaco Silva wird zum ersten Mal ein Nichtsozialist Präsident von Portugal.

Sie soll Europas schönstes Gestade sein – die Felsküste im Westen des Algarve

Unterwegs

Costa Verde – grüne Gärten ohne Ende

Portugals ›grüne Küste‹ macht ihrem Namen alle Ehre: Hinter den ausgedehnten **Sandstränden** erstreckt sich eine vegetationsreiche und fruchtbare Landschaft. Hier wachsen Obst, Gemüse und vor allem Rebstöcke, die die weltberühmten **Portweine** hervorbringen. Im Norden wurde Portugal gegründet. Deshalb drängen sich auf engem Raum geschichtsträchtige **Herrensitze** (*Quintas*) und **Kirchen**. Der gebirgige Osten ist karg und urwüchsig, in den abgelegenen **Bergdörfern** scheint die Zeit stehen geblieben zu sein. Ein Wahrzeichen dieser Landschaft sind die *Espigueiros*, steinerne Vorratsspeicher für Mais und Korn. Hauptstadt der Costa Verde ist die weltoffene, lebendige Handelsstadt **Porto**, die stolz ist auf ihre Tradition und ihre Kaufleute. Ihre reiche Geschichte und bauliche Schönheit brachten Porto 2001 den Titel Kulturhauptstadt Europas ein.

1 Porto

Plan Seite 20

Kühle Kaufmannsstadt mit goldüberzogenen Kirchen und kühnen Brückenkonstruktionen.

Am rechten Ufer des Douro und über den **Granithügeln** wächst die Stadt den Hang empor. Neben Lissabon ist Porto mit seinen 400 000 Einwohnern die einzige portugiesische **Großstadt**. Sie selbst sieht sich als heimliche Hauptstadt des Landes und hat es nie verwunden, dass Portugal von Lissabon aus regiert wird. Immerhin trägt das Land den Namen der Stadt, und Portos imposante **Viadukte** und **Brücken** geben eher das Bild einer urbanen Metropole ab, als man dies von Lissabon behaupten könnte. Ein Sprichwort besagt, dass in Porto das Geld verdient wird, das die Lissabonner mit lockerer Hand ausgeben. Und während sich Lissabon rundum herrschaftlich präsentiert, ist Porto eine von **kaufmännischer Nüchternheit** geprägte, bürgerlich-weltoffene ›urbane Republik‹. Paläste fehlen im Stadtbild, dafür gibt es überall **Handelskontore**, Banken und Juwelierläden. Die Portuenser bekennen sich stolz zu ihrer nüchternen Bescheidenheit und nennen herablassend jeden, der weiter südlich wohnt, einen *Marroco*, einen Marokkaner. Mit Stolz tragen sie die von den Lissabonnern verliehene Bezeichnung **Kaldaunen-Esser** (*Tripeiros*). Denn immerhin war es Heinrich der Seefahrer, der berühmteste Sohn der Stadt, der ihnen diesen ›Schimpfnamen‹ auferlegte. Er überließ ihnen nur die Innereien, die ›Tripas‹, weil er alles Fleisch für seine berühmte *Ceuta-Expedition* (1415) brauchte.

Gleichwohl hatten die Portuenser noch einen Trumpf – ihren vorzüglichen **Portwein**, in den sich schon der römische Historiker M. T. Varro verliebt haben soll. Der Portwein machte Porto zu einer gerade von Engländern geprägten Barockstadt: Im 18. Jh. waren über 15 % der 60 000 Einwohner Engländer.

Geschichte Von den Griechen wurde im 3. Jh. v. Chr. ein kleiner **Handelsplatz** errichtet, den diese *Kalos* (griech. schön) nannten. *Portus cale* nannten die Römer eine Keltensiedlung wenige Kilometer vor der Mündung des Douro in den Atlantik. Gegen Ende ihrer Herrschaft vereinigten die Römer beide Orte zu einer Siedlung. 540 machten die Westgoten die Stadt zur Festung und zum **Bischofssitz**. 797 wurde sie von Al-Mansur erobert und ausgebaut. Zwischen 716 und 868 und von 997 bis 1050 stand Porto unter maurischer Herrschaft, bevor das Gebiet nach der *Reconquista* 1092 endgültig an Spanien fiel. Im 11. Jh. belehnte Afonso VI., der Sohn Ferdinands von Kastilien, den Grafen Heinrich von Burgund mit der abgelegenen Provinz in der nordwestlichen Ecke der Iberischen Halbinsel.

Die malerischen Boote der Portweinkellereien dienen heute nur noch Werbezwecken

Besichtigung Am besten ist es, sich Porto zu erwandern. Vier Spaziergänge stehen zur Auswahl. Der erste führt durch die **Altstadt** zwischen Fluss und Kathedrale, der zweite in die **östliche Innenstadt**, der dritte in die **westliche Innenstadt** und der vierte über den Douro nach **Vila Nova de Gaia**.

Altstadt

Der Fluss spiegelt das facettenreiche, 1996 von der UNESCO zum Weltkulturerbe erklärte Stadtbild wider. An den Kais der Ribeira machen keine Handelsschiffe mehr fest. Heute liegen dort die kleineren und größeren Privatjachten und die zu Werbezwecken gecharterten *Barcos rabelos* der Portweinkompagnien. Vom Ufer des Douro steil nach oben zieht sich das **Ribeira-Viertel**, das älteste Viertel der Stadt. Hier schlägt das Herz der Hafenstadt, hier hat sich der Charme der nordportugiesischen Metropole am stärksten erhalten. Gleichwohl ist es auch das Viertel der armen Leute, die immer noch in den über 3000 verwinkelten, eng beieinander stehenden Häusern wohnen. Aber in jüngster Zeit verdrängen immer mehr Boutiquen, Galerien und gehobene Restaurants die alten Mieter.

Der Bummel sollte an der *Ribeira* beginnen. Die rechteckige und symmetrische **Praça da Ribeira** geht auf einen Entwurf des englischen Konsuls Whitehead (1728–1802) zurück, der zwischen 1780 und 1784 den Platz nach dem Vorbild des *Terreiro do Paço* in Lissabon anlegen ließ. Von ihm stammt auch die **Feitoria Inglesa**, die englische Handelsniederlassung im oberen Abschnitt der *Rua de São João*. Aber auch mit moderner Fliesenkunst schmückt sich das alte Viertel: Von Júlio Resede stammt das Tableau ›Ribeira Negra‹ (Schwarzer Fluss, 1986). Oberhalb der Praça da Ribeira liegt das alte Viertel **Barredo** mit seinen malerischen Gassen, das gerade behutsam erneuert wird. In der *Rua da Alfândega Velha*, unterhalb der nordwestlich gelegenen *Praça Infante Dom Henrique* und des *Palácio da Bolsa*, soll in der **Casa do Infante** ❶, einem alten Zollhaus aus Granitquadern mit einem gotisch-manuelinischen Portal, Heinrich der Seefahrer geboren worden sein. Heute ist hier das **Gabinete da História da Cidade** (Stadtgeschichtliches Museum) untergebracht. Zwischen *Alfândega* und der *Casa do Infante* liegt die prächtigste aller Kirchen Portos, die wegen ihrer vergoldeten Schnitzereien auch *Igreja de Ouro*, Goldene Kirche, genannt wird. Mit dem Bau der gotischen Konventkirche **Igreja de São Francisco** ❷ (tgl. 9–18 Uhr) soll der Überlieferung nach im Jahr 1245 begonnen worden sein. Vollendet wurde sie aber erst 1410. Wegen weitreichender barocker Umgestaltungen im 17. und 18. Jh. sowie wegen eines Brandes im Jahr 1883 ist vom ursprünglichen Bau – bis auf das romanische *Portal* und die frühgotische *Rosette* – nicht mehr viel übrig geblieben. Ende des 17. Jh. wurden Decke, Altäre, Säulen, Ornamente und Rundbögen mit brasilianischem Gold überzogen, sodass man geradezu von einem Verzierungswahn sprechen könnte. Rechts neben dem Eingang steht in einer Nische die *Granitstatue* des hl. Franziskus. Darunter befindet sich ein mittelalterlicher romanischer *Sarkophag* mit der Liegefigur eines Soldaten, welcher in der linken Hand ein Schwert hält. Den dreischiffigen Innenraum erhellt eine schöne Fensterrose. In der *ersten rechten Seitenkapelle* verfehlt das von dem Holzschnitzer Manuel Pereira da Costa Noronha geschaffene *Altarbild* (1751) seine makabre Wirkung nicht: Marokkanische Scharfrichter sind gerade dabei, portugiesische Missionare zu köpfen. Das *Renaissancegrab* (rechte Chorkapelle) des mit Albrecht Dürer befreundeten Kaufmanns Francisco Brandão Pereira (†1528) wird von drei Löwen getragen. Das *linke Seitenschiff* zeigt einen exzellenten aus Holz geschnitzten *Stammbaum Christi* von Filipe Sousa und António Gomes (1718). Vermutlich ist das

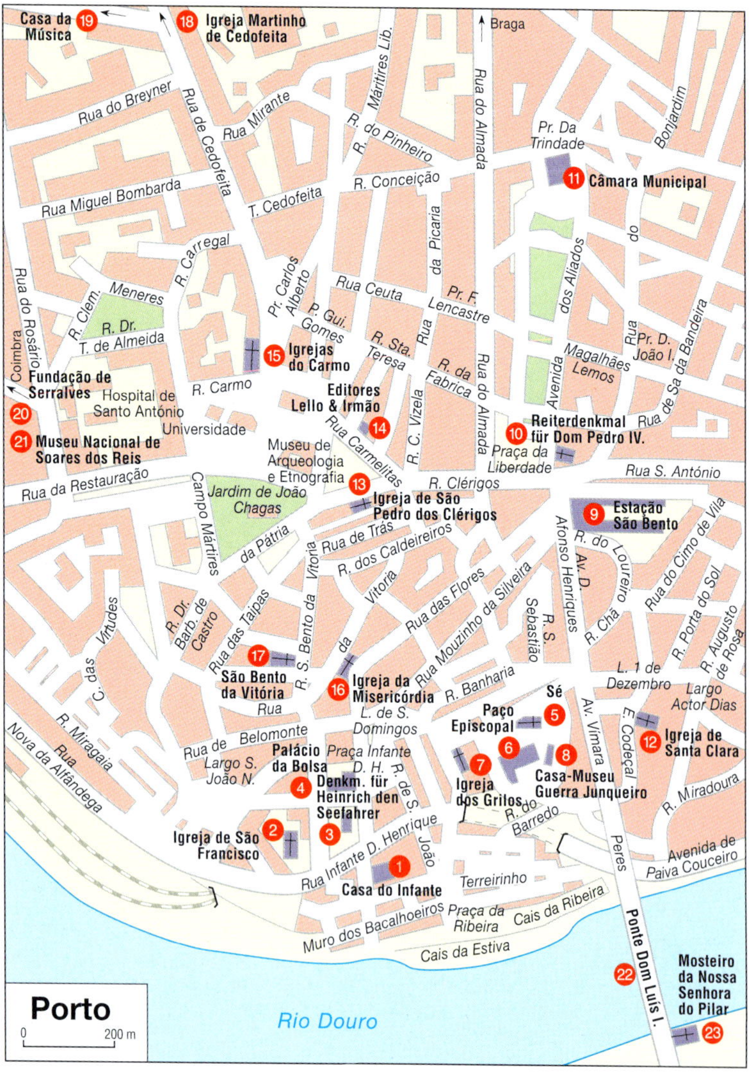

Werk die Kopie einer Arbeit aus dem 17. Jh. Der polychrome Baum besteht aus 12 Bildern. Er stellt die Könige von Juda dar, die sich auf die Äste eines Stammes stützen, der aus dem liegenden Körper von Jesse wächst. An der Spitze des Baumes steht eine Skulptur, welche die Jungfrau mit Kind und dem hl. Josef zeigt. Die düster-makabren **Katakomben** der Kirche dienten in der ersten Hälfte des 19. Jh. als Begräbnisplatz. Die Verstorbenen wurden nicht nur im Mauerwerk begraben, sondern auch unter den Holzbohlen des Fußbodens. Rechts neben der Kirche befindet sich ein kleines *Museum für Sakrale Kunst* (tgl. 9–17.30 Uhr). Ergreifend sind die gotische Anna-Statue und ein Gemälde des einheimischen Malers Francisco Vieira (1799).

Gegenüber dem alten *Mercado Ferreiro Borges* liegt die **Praça do Infante D. Henrique** mit einem kleinen Park, in dem seit 1900 das vom Bildhauer Tomás Costa gestaltete **Denkmal für Heinrich den Seefahrer** 3 steht. Am Fuß des Denkmals sieht man die allegorischen Figuren ›Triumph der portugiesischen Seefahrer‹ sowie eine weibliche Gestalt, die den unerschütterlichen Glauben der Entdecker symbolisieren soll. Westlich vom Denkmal liegt die 1883 errichtete ehem. Markthalle **Mercado de Ferreira Borges** mit strengen und vorzüglich restaurierten Eisen-Glas-Fassaden. Heute wird das Gebäude für Ausstellungen genutzt. Im **Palácio da Bolsa** 4 (Tel. 223 39 90 00, www.palaciodabolsa.pt, April–Okt. tgl. 9–19, Nov.–März tgl. 9–13, 14–18 Uhr) versammelt sich die wirtschaftliche Macht der Stadt. Die Börse ist seit 1844 Sitz der *Associação Comercial do Porto* und wurde nach einem Entwurf des Architekten Joaquim da Costa Lima über den Resten eines niedergebrannten Franziskanerklosters errichtet. Die Mitglieder legten sich selbst eine Steuer auf und sammelten auf diese Weise das Geld für den Bau. Das palastartige Gebäude mit neoklassizistischer Fassade und zentralem Uhrenturm wirkt übertrieben pompös. Im Treppenhaus befinden sich Büsten von Teixeira Lopes und Soares dos Reis. Der ovale **Maurische Saal** (*Salão árabe*), dessen Bau fast 20 Jahre in Anspruch nahm, stammt von Gonçalves de Sousa, der sich von der Alhambra in Granada inspirieren ließ: 32 Säulen und eine wunderschöne, in Blau-, Gold- und Rottönen gehaltene Decke schmücken den zweigeschossigen Saal mit seinen prächtigen Fenstern

Beliebtes Fotomotiv: die weißen Vierecksegel der Barcos rabelos

Hochprozentiger Exportschlager

Die Steilhänge am Oberlauf des Douro sind das Ursprungsgebiet jener Rebsorten, aus denen der berühmte **Portwein** gewonnen wird. Das älteste Weinbaugebiet der Welt wurde 1756 von der königlichen ›Companhia das Vinhas do Alto Douro‹ gegründet. Zum besonderen Geschmack des Weins tragen die **Schieferböden** bei: Sie halten Feuchtigkeit und strahlen in kalten Nächten die tagsüber gespeicherte Wärme ab.

Die Gärung der Trauben wird durch Zugabe von **Weingeist** unterbrochen. Daraus resultieren der hohe Alkoholgehalt und die Haltbarkeit. Zur Lagerung wird der Portwein nach **Vila Nova de Gaia** bei Porto gebracht. Früher transportierte man die Fässer auf dem Douro in den charakteristischen **Barcos rabelos** mit ihren weißen Vierecksegeln. Heute schaffen Lastwagen den Wein auf dem Landweg nach Porto, wo er je nach Qualität in Holzfässern zwischen zwei und 50 Jahren reifen muss. Wer in Muße die verschiedenen Geschmacksrichtungen des Portweins kennenlernen will, ist im **Solar do Vinho** in Porto (Rua Entre Quintas, 220, Tel. 226 08 47 49) willkommen. Über 200 verschiedene Sorten des edlen Tropfens warten hier auf Laien und Kenner.

und Accessoires arabischer Wohnkultur. Es gibt außerdem einen Saal, der im Stil der französischen Renaissance gestaltet ist, sowie die **Sala Dourada**, einen Porträtsaal mit den Bildnissen der letzten Könige aus dem Hause Bragança.

Auf dem 70 m hohen Granithügel *Pena Ventosa* erhebt sich weithin sichtbar die **Sé** 5 (Tel. 222 05 90 28, Mo–Sa 8.45–12.30, 14.30–18, So 14.30–18 Uhr), die Kathedrale von Porto. Sie wurde im Lauf der Jahrhunderte leider so häufig umgebaut, dass von dem romanischen Charakter des Bauwerks nur noch wenig ursprünglich ist. Romanisch sind heute nur noch die Rosette über dem frühbarocken Portal an der **Westfassade** [A], die beiden mächtigen Eingangstürme (ausgenommen die Kuppelaufbauten), der Zinnenkranz am Querhaus sowie die Langhausmauern und die Sakristei. Begonnen wurde mit dem Bau etwa um 1113. Der gewaltige *Innenraum* mit kreuzförmigem Grundriss weist drei Schiffe mit romanisch-gotischen Arkaden auf. Die 56,5 m lange und 14 m breite Basilika mit Querschiff, Chorumgang und drei Chorkapellen erinnert trotz der Umbauten an die normannischen Wehrkirchen. Der rechteckige **Chor** [B] wurde zwischen 1606 und 1610 unter Bischof Dom Gonçalo de Morais im Stil der Renaissance errichtet. Besonders schön sind der holzgeschnitzte, vergoldete **Hauptaltar** [C] von Nicolau Nasoni (um 1727) sowie die Kassettendecke aus Granit und Marmor. In der **Sakramentskapelle** [D] im linken Querhausarm, die mit einem schmiedeeisernen Gitter (*Reixa*) verschlossen ist, befindet sich der aus 800 kg reinen Silbers getriebene prachtvolle *Retablo do Sacramento*. Er wurde 1632 und 1732 von Manuel Teixeira, Manuel Guedes und Bartolomeus sowie weiteren portugiesischen Künstlern hergestellt. Die *Wandmalereien* der Sakramentskapelle werden Nicolau Nasoni zugeschrieben. Im rechten Querhausarm steht in der **Capela de Nossa Senhora da Piedade** [E] die Statue der Senhora de Vendoma (16. Jh.). Sie erinnert an die Ankunft der Franzosen (10. Jh.) aus der Tourraine und gab der Stadt den Namen einer ›Cidade da Virgem‹ (Stadt der Gottesmutter). Rechts daneben befindet sich der Eingang zur **Sakristei** [F], in der marmorne Reliefs und einige Gemälde aufbewahrt werden. Durch eine Barockpforte gelangt man vom rechten Seitenschiff aus in den kleinen, 1385 errichteten **Kreuzgang** [G] mit gotischen Spitzbogen und einem hohen gotischen Kreuz. Die *Azulejo-Paneele* an den vier Arkaden mit Motiven aus den ›Metamorphosen‹ von Ovid sowie aus dem ›Hohe Lied‹ Salomos stammen von António Vital Rijarto. Leider sind einige Fliesen stark beschädigt. Vor dem nördlichen Seitenschiff, dort, wo Nicolau Nasoni 1736 eine **Loggia** [H] anfügte, befindet sich das Reiterstandbild des Ritters Vímara Peres, der 868 Portucale von der maurischen Herrschaft befreien konnte.

Auf dem riesigen Terrassenplatz vor der Kathedrale steht ein spätbarocker

Sé

A Westfassade
B Chor
C Hauptaltar
D Sakramentskapelle
E Capela de Nossa Senhora da Piedade
F Sakristei
G Kreuzgang
H Loggia

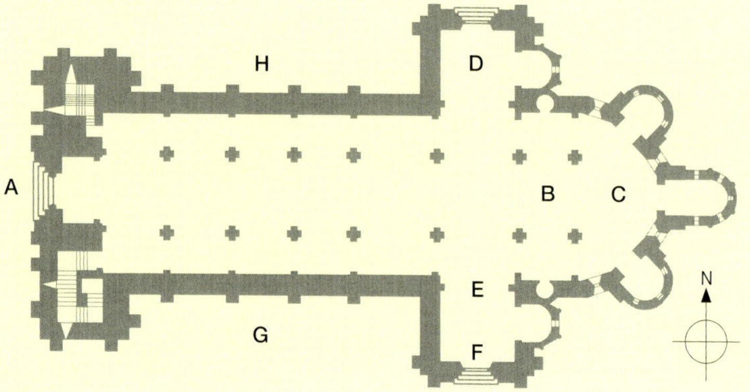

›Arm der Gerechtigkeit‹ – Pelourinho (Schandpfahl) auf dem Platz vor der Kathedrale

Pelourinho, ein Schandpfahl. Er besitzt einen gewundenen Säulenschaft sowie eine mit einer Krone versehene skulptierte Spitze. Vom Fluss her begrenzt der Terrassenplatz den von Nicolau Nasoni 1771 errichteten, ehemaligen **Paço Episcopal** 6 (Bischöflicher Palast). Repräsentativ sind die marmorgerahmten Fenster und Türen, der Spiegelsaal und das prunkvolle Treppenhaus mit seiner grandiosen Barocktreppe. Von der Platzbrüstung hat man einen reizvollen Blick über den Fluss und die Portweinlagerhäuser von Vila Nova de Gaia sowie über die Igreja dos Clérigos. Steigt man die Stufen von der Kathedrale in das Altstadtviertel hinunter, erhebt sich inmitten eines Labyrinths aus engen Gassen und schmalbrüstigen Häusern die westlich der Sé gelegene **Igreja dos Grilos** 7. Ihren Namen verdankt die zwischen 1560 und 1577 errichtete ›Grillenkirche‹ den Barfüßigen Augustinern, die wegen ihrer braunschwarzen Ordenstracht im Volksmund nur *Grilos* (Grillen) genannt wurden. Die nach den Plänen von Baltasar Álvares erbaute Anlage gilt als eine der herrlichsten Barockkirchen Portugals. Ihre *Fassade* ist harmonisch gegliedert, der dreifache Giebel ist mit Voluten verziert. Besonders schön sind auch die etwas zurückgesetzten und mit Trompenkuppeln geschmückten *Glockentürme*. Im einschiffigen, kreuzförmigen *Innenraum* wird das wuchtige, granitene Gewölbe aus 72 Kassetten von dorischen Pfeilern getragen. Zwei Elefantenfiguren stützen in der *Capela-mor* den rötlichen Marmorsarkophag. In ihm befindet sich die Liegefigur des Jesuitenpaters Luís Álvares de Távora, des Gründers der Kirche. Im *Querschiff* beeindruckt ein herrliches Talha-Dourada-Retabel (18. Jh.) mit der Darstellung ›Jesus im Tempel‹.

Schräg gegenüber der ›Grillenkirche‹ liegt an der Rua de Dom Hugo 32 das

Casa-Museu Guerra Junqueiro 8 (Tel. 222 00 36 89, www.cm-porto.pt, Di–Sa 10–12.30., 14–17.30, So 14–17.30 Uhr). Das angeblich nach Plänen von Nicolau Nasoni entstandene Haus, in dem der Schriftsteller und Kunstsammler Abílio Manuel de Guerra Junqueiro wohnte (1850–1923), zeigt neben portugiesischen Möbeln und flämischen Gobelins (16. Jh.) ausgezeichnete Gemälde, eine skulptierte Krippe sowie kunstgewerbliche Arbeiten (16.–18. Jh.) – vor allem aber hispanomaurische Keramiken des 15. und 16. Jh.

Östliche Innenstadt

Wo bis 1895 das Kloster São Bento da Avé-Maria stand, befindet sich seit 1915 die **Estação São Bento** 9 (Hauptbahnhof), deren Eingangshalle 1930 von Jorge Colaço mit außergewöhnlichen Azulejo-Bildern ausgeschmückt wurde. Neben einigen ländlichen Szenen entdeckt man historische Ereignisse aus der portugiesischen Geschichte sowie Bilder aus dem Bereich des Transportwesens, von der Entwicklung des Rades bis zur Eisenbahn – was das Warten auf den nächsten Zug natürlich leichter macht. Fassade und Eingangswand tragen die besten *Azulejos* von Jorge Colaço: ›Marienprozession von Lamego‹ und ›Pilgerzug zu Ehren von São Torcato in Guimarães‹. Am Ende der *Avenida dos Aliados* schlägt mit der **Praça da Liberdade** das Herz der Stadt. Wenn am 24. Juni die *Festa de São João* begangen wird, ziehen Hunderttausende an die Praça und in umliegende Gassen. Die ausgelassenen Portuenser hauen sich mit Schaumstoffhämmern gegenseitig auf die Köpfe. Auf dem Platz steht das 1866 aufgestellte **Reiterdenkmal für Dom Pedro IV.** 10. Es erinnert an den Machtkampf um den portugiesischen Thron zwischen Pedro, der von 1822–31 als Pedro I. Kaiser von Brasilien war, und seinem Bruder Miguel. Den Streit illustrieren zwei historisierende Basreliefs am Marmorsockel. Die *Praça da Liberdade* bildet zusammen mit der *Praça do Município*, die beide durch die breite, mit stattlichen Gebäuden gesäumte *Avenida dos Aliados* miteinander verbunden sind, einen großen Platz. Am oberen Ende der Praça befindet sich die im Stil nordfranzösischer und flämischer Paläste erbaute **Câmara Municipal** 11 (Neues Rathaus) aus Granit. Ein 70 m hoher Turm überragt das mit eleganten rosafarbenen Marmorsäulen (1920) geschmückte Gebäude. Im *Sitzungssaal* illustriert ein 4 x 3 m großer Wandteppich von Camarinha (1950) die wichtigsten historischen Ereignisse der Stadt. Vor dem Rathaus wurde zum 100. Todestag des Dichters Almeida Garrett (1799–1854) eine Statue von Barata Feio aufgestellt. Die *Avenida Afonso Henriques* führt zum *Largo Primeiro de Dezembro*, wo in einem

Historischer Alltag auf Azulejos – der Bahnhof São Bento ist ein Gesamtkunstwerk

Hof die **Igreja de Santa Clara** ⓬ steht. Die ursprünglich gotische, 1416 als Stiftung Dom Joãos I. für Dona Filipa de Lencastre erbaute Klosterkirche wurde im 16. Jh. im Stil der Renaissance erneuert. Im Zuge dieser Veränderung wurde das manuelinische *Spitzbogenportal* mit Säulenpilastern, Medaillons und Nischenfiguren neu gestaltet. Die Pforte, die von zwei spiralförmigen Steinsäulen flankiert und von einer Mariensäule (1697) bekrönt ist, führt in die Klosterräume. Im *Inneren* ist das gotische Gewölbe besonders beachtenswert. Es wurde fast vollständig mit prunkvollen, goldüberzogenen Stuckaturen verziert. Man sieht Rocaillen in allen Formen, Rippen mit Blümchen und Laubwerk, und die bemalte Decke wirkt wie ein riesiger, heiterer Bauernschrank.

Westliche Innenstadt

Ein schlanker Glockenturm ist das markanteste Bauwerk der Innenstadt. Der mit 76 m höchste Kirchturm Portugals diente früher den einlaufenden Seeleuten als Erkennungszeichen. Der Turm gehört zu der prachtvollen Barockkirche **Igreja de São Pedro dos Clérigos** ⓭, die von Nicolau Nasoni zwischen 1732 und 1748 auf elliptischem Grundriss errichtet wurde. Die einschiffige Klerikerkirche besitzt eine harmonische zweistöckige *Barockfassade* und eine doppelte Freitreppe. Im *Inneren* sieht man ein schönes *polychromes Retabel* von Manuel Santos Porto (1780). Die Gräber von Nicolau Nasoni († 1773) und Kardinal Dom Tomás de Almeida, welcher der Kirche 1752 eine Urne mit den Reliquien des Märtyrers Innozenz schenkte, befinden sich in der Krypta. Von der Plattform (240 Stufen) des sechsstöckigen, mit der Kirche verbundenen *Turms* hat man einen schönen Blick auf den *Campo dos Mártires da Pátria* sowie auf den verschwenderisch mit Blumen bepflanzten *Jardim de João Chagas* und auf Vila Nova de Gaia.

In der *Rua das Carmelitas, 144* liegen die Verkaufsräume der ältesten Buchhandlung von Porto, **Editores Lello & Irmão** ⓮ (Tel. 222 018 170, Mo–Fr 10–19.30, Sa 10–19 Uhr). Die in den ersten Stock führende Freitreppe ist eine Augenweide und an Exzentrik nicht zu überbieten. Ganz in der Nähe erheben sich an der *Praça de Gomes Teixeira* unter einem Dach die beiden Kirchen **Igrejas do Carmo** ⓯. Links steht das außen recht schmucklose, 1619–28 erbaute Gotteshaus, rechts befindet sich die 1756–68 errichtete Kirche. Letztere hat eine schöne *Fassade* mit Rocaille, Zinnen, barocken Fenstern und Evangelistenstatuen. Seit 1912 schmückt ein mächtiges, blauweißes *Azulejo-Paneel* mit der Darstellung ›Versammlung der Christen auf dem Berg Karmel‹ die Ostseite. *Innen* besitzen die beiden Kirchen prachtvolle Talha-Dourada-Altäre (Talha Dourada ist geschnitztes und vergoldetes Holz). Die ältere dient heute als Polizeikaserne.

Ehrwürdig und ungewöhnlich: Verkaufsräume der Buchhandlung Editores Lello & Irmão

Am Ende der *Rua das Flores* steht die zwischen 1555 und 1590 erbaute **Igreja da Misericórdia** ⓰, die 1749–50 grundlegend umgestaltet wurde. Bemerkenswert ist neben der dreistöckigen Fassade der weiß-blaue Azulejo-Schmuck am Tonnengewölbe und an den Seitenwänden. Im nebenan gelegenen ehem. Krankenhaus **Santa Casa da Misericórdia** hängt das berühmte Gemälde ›Fons Vitae‹ aus dem 16. Jh., das verschiedenen bedeutenden Malern zugeschrieben wird. Manuel I. hat das 2,70 x 2,10 m große Bild um 1520 der Kirche geschenkt. Es zeigt einen mit dem Blut Christi gefüllten Brunnen, aus dessen Mitte Christus am Kreuz – zwischen der Jungfrau Maria und Johannes – emporragt. Am Brunnenrand knien Dom Manuel I., seine zweite Frau Maria und deren Kinder.

Westlich der Casa da Misericórdia steht die im 17. Jh. an der Stelle einer Synagoge errichtete zweitürmige Renaissancekirche **São Bento da Vitória** 17. Besonders bemerkenswert sind der Hauptaltar mit vergoldetem Schnitzwerk sowie das Chorgestühl (17. Jh.) mit Szenen aus dem Leben des hl. Benedikt.

Am Ende der *Rua de Cedofeita* liegt eine dem Bischof Martin von Tours gewidmete Kirche, die der Legende nach 559 vom Suebenkönig Teodomiro gegründet und vom Araber Al-Mansur zerstört worden sein soll. Von der **Igreja Martinho de Cedofeita** 18, angeblich eine der ältesten Kirchen der Iberischen Halbinsel, wird folgende Geschichte berichtet: Gregor von Tours soll einmal von einem suebischen Herrscher gebeten worden sein, beim hl. Martin für seinen kranken Sohn zu bitten. Nachdem der Kranke geheilt wurde, trat der dankbare König zum Christentum über und stiftete eine Kirche. Und weil der Bau wie durch ein Wunder in kürzester Zeit fertig gestellt wurde, bekam die Kirche den Namen *Cedofeita*, ›die rasch Erbaute‹. Der schmale einschiffige kapellenartige Bau besteht aus grauem Granit. Das Gotteshaus besitzt ein romanisches, dreibogig gerahmtes *Hauptportal* mit zoomorphen Kapitellen. Zu den außergewöhnlichsten romanischen Kunstzeugnissen Portugals zählt das *Tympanon* des *Nordportals*. Es erinnert an das skulptierte Relief von Milreu (heute im *Museum Machado de Castro* in Coimbra): Das apokalyptische Lamm wird eingeschlossen von zwei Kreisen, welche eine Spirale bilden. Das Lamm ist nach rechts gewendet, ohne den Kopf nach dem Kreuz zu drehen, ein Zeichen des Sieges und der Erlösung. An einem der Kapitelle des Portals streckt eine menschliche Gestalt ihre Arme zum Gebet aus. Sie wird von einem Stier (oder einem gehörnten Ochsen) mit dem Maul gepackt. Diese Darstellung könnte eine Anspielung auf die Gefahr des Islams sein oder ein Symbol für die Seele, die sich von der Sünde befreien will.

Seit April 2005 besitzt Porto eine neue architektonische Attraktion: die futuristische **Casa da Música** 19 (Tel. 220 12 02 00, www.casadamusica.com) des holländischen Architekten Rem Koolhaas an der Rotuunda da Boavista 604-610. Das polygonale Klangkristall aus weißem Beton erhebt sich über einem mit edlen Travertinplatten belegten weiten Platz, die Stufen der steilen Treppe hinauf leuchten nachts neongrell. Innen überraschen schräge Baukörper, die sich überschneiden und ineinander übergehen. Musikliebhaber genießen in der Casa da Música die Konzerte des Orquestre Nacional do Porto, zudem finden hier auch Rock- und Pop-Konzerte sowie Jazz Sessions und experimentelle Konzerte mit elektronischer Musik statt.

Südlich der Igreja de Cedofeita führt die *Rua Boa Nova* in westlicher Richtung zu einem ausgezeichneten Museum für moderne Kunst. Die **Fundação de Serralves** 20 (Di–So 10–19 Uhr) stellt in einer eleganten Villa aus den 30er-Jahren des 20. Jh. internationale und nationale zeitgenössische Kunst aus. Eine glückliche Symbiose zwischen Kunst und Natur ist der im englischen Stil gestaltete Park mit seiner manieristisch-französischen Ausstattung. Zum Haupthaus gehört seit 1999 ein neues Ausstellungsgebäude des berühmten portugiesischen Architekten Álvaro Siza Vieira.

In der östlich vom Museum gelegenen *Rua Dom Manuel II.* befindet sich im *Palácio dos Carrancas* das **Museu Nacional de Soares dos Reis** 21 (Di 14–18, Mi–So 10–18 Uhr, www.mnsr-ipmuseus.pt). Als erster königlicher Palast im ›republikanischen‹ Porto wurde das Gebäude 1795 errichtet. In drei Abteilungen werden hier vorgeschichtliche und römische Fundstücke, vor allem Architekturfragmente, gezeigt. Darüber hinaus sind *Porzellan* (Exponate aller nordportugiesischen Manufakturen, so auch seltene Stücke aus dem 17. Jh.), *Möbel*, *Textilien* und *Goldschmiedearbeiten* zu sehen. Ein museales Highlight ist die im 14./15. Jh. in Italien gefertigte Büste des hl. Pantaleão, eines im 4. Jh. enthaupteten Märtyrers und Stadtpatrons. *Meisterwerke* europäischer und portugiesischer *Malerei* werden in der Pinakothek präsentiert, ebenso Gemälde der portugiesischen ›Primitiven‹ (Gaspar Vaz, Vasco Fernandes, Cristóvão de Figueiredo). Außerdem erhält man einen guten Überblick über die portugiesische Malerei des 19. und 20. Jh. anhand der Arbeiten von Henrique Pousão, Columbano, Malhõa, Lupi und Abel Salazar. In den Sälen 16 und 18 des 1. Stockwerks findet man Arbeiten des Bildhau-

Architekturikone der Moderne: Die Casa da Música entwarf der Holländer Rem Koolhaas

ers und Malers *Soares dos Reis* (1847–1889). Nach ihm ist das Museum benannt. Ebenfalls im 1. Stock steht die Marmorskulptur ›Der Verbannte‹, die zu den bedeutendsten portugiesischen *Skulpturen* des 19. Jh. gehört. Das 2. Stockwerk ist *asiatischen Exponaten* vorbehalten. Es werden beispielsweise japanische Stellschirme (*Namban*), Miniaturen und Fayencen gezeigt.

Jenseits des Douro

Die eiserne, 1881–85 errichtete Bogenbrücke **Ponte Dom Luís I.** ㉒ verbindet den Nordteil Portos mit dem Südteil. Die frei gespannte, doppelte Brücke aus 3000 t Eisen (Entwurf vermutlich von Gustave Eiffel) besteht aus einer Fahrebene in 60 m und einer ebenfalls befahrbaren unteren Ebene in 10 m Höhe. Unten ist die Brücke 174 m lang und 8 m breit, oben beträgt die Länge knapp 400 m, die Breite 6 m. Über die obere Fahrbahn gelangt man zum **Mosteiro da Nossa Senhora do Pilar** ㉓. Das Kloster wurde nach Plänen von Filippo Terzi zwischen 1540 und 1602 erbaut. Im Inneren gliedern 36 schlanke dorische Pilaster eine beeindruckende *Rotunde* von 20 m Durchmesser mit kassettiertem Kuppelgewölbe und siebenfenstriger Laterne. Von der *Kuppel* aus hat man einen herrlichen Blick auf die Altstadt.

Der Vorort **Vila Nova de Gaia**, dessen Name das griechische Wort *Kalos* (schön) bewahrt, besitzt nicht nur beachtliche Kirchen und Klöster, sondern lockt vor allem mit zahlreichen **Portweinkellern**. Beinahe alle Portweinproduzenten bieten täglich Besichtigungen ihrer Lager und Weinproben an. Wer den *Tonoeiros*, den Böttchern, bei der Herstellung der typischen *Pipas* (Weinfässer) zuschauen möchte, muss bis nach *Paredes da Cima* im Douro-Tal fahren.

Ausflüge

Top Tipp An der N 106-3, 10 km südwestlich von Penafiel, liegt die **Igreja Conventual de Paço de Sousa** – eine der schönsten romanischen Klosterkirchen des Landes. Der 1088 errichtete dreischiffige Granitbau gehörte ehemals zu einem Benediktinerkloster, von dem nur noch Teile des Kreuzgangs erhalten sind. Im Inneren steht der *Sarkophag des Egas Moniz* (1080–1146), Vertrauter und Erzieher von Afonso I. Henriques und eine der bedeutendsten Persönlichkeiten der portugiesischen Geschichte: Weil sein Herr nach der Schlacht bei Mamede (1127) wortbrüchig geworden war, begab er sich mit seiner Familie freiwillig und mit einem Strick um den Hals in die Gewalt des kastilischen Königs Alfonso VII. Der Spanier verzieh dem aufrechten

Hauptsitz der Portweinkellereien – die Kais von Vila Nova de Gaia

Moniz, der später bestimmte, nach seinem Tod in der Klosterkirche des Mosteiro de São Salvador beigesetzt zu werden. Die *Reliefplatten* des von Löwen getragenen Sarkophags schildern Episoden aus seinem Leben.

Wenige Kilometer nördlich von Porto, in der Nähe der N 13, steht das ehemalige Benediktinerkloster **Leça do Bailío**, von dem nur noch die imposante Klosterkirche erhalten ist. Das ursprünglich romanische Gotteshaus wurde 1330 im gotischen Stil umgebaut, geblieben ist die *Fassade* mit kräftigen Strebepfeilern und der *Turm*. Im *Inneren* sollte man die acht Pfeiler mit figurengeschmückten Kapitellen beachten. Den Sarkophag im Chor sowie das herrliche Taufbecken (1515) schuf Diogo Pires-o-Moço: An der Basis des Oktogons winden sich acht teuflische Tiere. Unter einem Schutzdach aus Beton, etwa 100 m von der Kirche entfernt, steht ein **Kreuz** (1514), das ebenfalls von Pires-o-Moço stammt.

i Praktische Hinweise

Information

Posto de Turismo Zona Histórica, Rua Infante D. Henriques 63, Porto, Tel. 222 06 04 12, www.portoturismo.pt

Posto de Turismo da Câmara, Terreiro da Sé, Porto, Tel. 223 32 51 74

Posto de Turismo Central, Rua Clube dos Fenianos 25, Porto, Tel. 223 39 34 70

Porto Card

Die Porto Card bietet freie Fahrt mit den meisten Metro sowie mit allen Bus- und Tramlinien sowie mit der Guindais-Funicular, freien oder vergünstigten Eintritt in Museen sowie zahlreiche Ermäßigungen für Veranstaltungen, bei Rundfahrten, in Restaurants und Geschäften. Sie ist in den Filialen des Posto de Turismo für 1, 2 oder 3 Tage erhältlich.

Portweinkellereien

Gegenüber vom *Cais da Ribeira*, direkt am Ufer von *Vila Nova de Gaia*, können Besucher in den in Fels gehauenen Portweinkellern das Geheimnis des Portweins erforschen. Die Kellereien *(Caves do Vinho do Porto)* sind im Allgemeinen Mo–Fr 9.30–17 Uhr mit einer Mittagspause und Sa 9.30–12 Uhr geöffnet.

Calem e Filho, Avenida Diogo Leite 26, Porto, Tel. 223 74 66 60, www.calem.pt

A. A. Ferreira, Avenida Ramos Pinto 70, Tel. 223 74 61 06, Porto, www.sogrape.pt

Ramos Pinto, Avenida Ramos Pinto 380, Tel. 223 77 50 11, Porto, www.ramospinto.pt

Sandeman, Largo Miguel Bombarda 3, Porto, Tel. 223 74 05 00, www.sandeman.com

Schiffsfahrten

Am **Cai da Estiva** bieten zahlreiche Ausflugsschiffen 1-2 stündige Flussrundfahrten oder Tagestouren mit Mittag- oder Abendessen.

Hotels

*******Infante de Sagres**, Praça Filipa de Lencastre 62, Porto, Tel. 223 39 85 00, Fax 223 39 85 99, www.hotelinfantesagres.pt. Um 1900 im Stadtzentrum im Belle-Époque-Stil errichtetes Hotel mit exquisitem Restaurant, dessen Ausstattung Heinrich dem Seefahrer gewidmet ist.

*****Casa do Marechal**, Avenida da Boavista, Porto, Tel. 226 10 47 02. Geschmackvoll renovierte Art-Déco-Villa.

*****Grande Hotel do Porto**, Rua de Santa Catarina 197, Porto, Tel. 222 07 66 90, Fax 222 07 66 99, www.grandehotelporto.com. Renoviertes Hotel in der Fußgängerzone, erbaut um 1900.

*****Hotel Internacional**, Rua do Almada 131, Porto, Tel. 222 00 50 32, Fax 222 00 90 63, www.hi-porto.com. Kleines Hotel in einem ehem. Kloster.

Restaurants

Café Majestic, Rua de Santa Catarina 112, Porto, Tel. 222 00 38 87. Traditionsreiches Belle-Epoque-Café mit guten Snacks.

Dom Manoel, Avenida de Montevideu 384, Porto, Tel.226 17 01 79. Hier gibt es vor allem Fisch und Krustentiere. Speisen mit Blick aufs Meer (tgl. außer So.)

Dom Tonho, Cais da Ribeira 13–15, Porto, Tel. 222 00 43 07. Der Rockmusiker Rui Veloso bietet exzellente regionale Küche aus 13 Landschaften Portugals.

Portucale, Rua da Alegria 598, Porto, Tel. 22 57 07 17. Dieses heimische Spezialitätenrestaurant ehrt ein *Michelin*-Stern.

O Tripeiro, Rua de Passos Manuel 195, Porto, Tel. 222 00 58 86. Immer überfüllt, übergroße Portionen. Ein Muss (So geschl.).

2 Vila do Conde

Beliebtes Seebad und Zentrum der Spitzenklöppler.

Die von den Römern am Rio Ave gegründete, später von Kelten besiedelte Stadt, die 27 km nördlich von Porto liegt, wurde 953 als ›Stadt des Grafen‹ erstmals urkundlich erwähnt. 1209 schenkte Dom Sancho sie seiner königlichen Geliebten *Ribeirinha* (Dona Maria Paes Ribeira). An die einstige Bedeutung von Vila do Conde als Hafenstadt erinnern nur noch einige kleine Werften. Heute wird der hübsche Fischerort vor allem wegen seiner nahen, noch wenig touristischen Strände besucht.

Auf einem Hügel hoch über dem Rio Ave, wo einst das römische Kastell und später vermutlich die gräfliche Burg stand, erhebt sich das mächtige ehem. Karmeliterinnenkloster **Mosteiro de San-**

In den repräsentativen Geschäftsräumen der alteingesessenen Portweinfirma Ramos Pinto

ta Clara. Zu besichtigen ist lediglich die Klosterkirche mit der eindrucksvollen *Capela da Conceição*, in die ein manuelinischer Eingangsbogen führt. Die quadratische Seitenkapelle wurde 1525 nördlich des Langhauses angebaut. Im Innenraum ist das mit Familienwappen überdeckte Sternengewölbe besonders sehenswert. Hier stehen auch die prachtvoll gearbeiteten *Sarkophage* der beiden Stifter Dona Teresa Martins de Meneses (aus der Familie jener königlichen Geliebten) und ihr Gemahl Dom Afonso Sanches, der illegitime Lieblingssohn Dom Diniz' I. Die *Liegefiguren* (1526) erinnern an das berühmte königliche Liebespaar von Alcobaça, Inês und Pedro [s. S. 152]. An den Seitenflächen findet man kunstvolle *Basreliefs* mit Szenen aus dem Leben und der Passion Christi sowie Szenen aus dem Marienleben. Im *nördlichen Querhausarm* steht der auf Löwen gesetzte wappengeschmückte Sarkophag der Dona Brites Pereira († 1414), Tochter des Santo Condestável Nuno Álvares Pereira. Unmittelbar südlich der Kirche trifft man im Arkadenhof, einem Teil des alten Kreuzgangs, auf einen fein gearbeiteten, zweischaligen *Renaissancebrunnen*.

In der Altstadt, am Marktplatz, ist die **Igreja Matriz de São João Baptista** zu finden: Ein mächtiger, breiter Glockenturm vor dem linken Seitenschiff erdrückt fast die Fassade der düster und streng wirkenden Kirche, die 1500–14 über kreuzförmigem Grundriss mit Seitenapsiden und Zinnenkranz errichtet wurde. Das prunkvolle *manuelinische Hauptportal* mit Figurenkapitellen wird dem Spanier João de Castilho zugeschrieben. Im Tympanon unter einem Baldachin – eingefasst von den Symbolen der Evangelisten – steht die Statue des Stadtpatrons Johannes des Täufers. Der dreischiffige *Innenraum* mit polygonaler Apsis zeigt den ganzen Reichtum der Kirche: Balkendecke im Langhaus, schräge Holzdecken der Seitenschiffe – im Mudéjar-Stil durch Balken in Einzelflächen gegliedert –, reiche Gewölbe im Chor und in den Seitenapsiden sowie die mit polychromen Azulejos ausgekleidete *Capela dos Marinheiros* aus dem 16. Jh. Sehenswert ist auch das manuelinische *Taufbecken* mit anthropomorphen und vegetabilen Motiven, ebenso eine vergoldete Holzkanzel (spätes 17. Jh.). In den beiden *Querschiffkapellen* sind die Talha-Dourada-Altäre mit schönen Gemälden (Ende des 17. Jh.) eine Besichtigung wert.

Vor der Kirche kündet ein pittoresker **Pelourinho** (1582) mit gedrehtem Säulenschaft und dem ›Arm der Gerechtigkeit‹ von der Macht des Staates. Die um 1714 von Filippo Terzi auf 999 Bogen errichtete, 7 km lange und ausgezeichnet erhaltene **Aquädukt**, die von Terroso (Póvoa de Varzim) bis zum Kloster führt, endet hinter der Apsis.

Eine kleine **Kunsthandwerkausstellung** in der Rua 5 de Outubro sowie zahlreiche Souvenirgeschäfte erinnern an die hiesige Tradition des **Spitzenklöppelns**, für deren Pflege 1912 sogar eine eigene Schule eingerichtet wurde.

Die Altstadt von Vila do Conde wird von der wehrhaften Pfarrkirche beherrscht

Ausflüge

An der N 206, 10 km nordöstlich von Vila do Conde, steht in *Rio Mau* an der Stelle eines frühchristlichen Heiligtums aus dem Jahr 597 die einschiffige romanische Klosterkirche **São Cristóvão**, die zu einem heute nicht mehr vorhandenen Augustinerkloster gehörte. Um 1151 wurde der schlichte Bau aus dunklem Granit errichtet, mit Ausnahme der erst später angefügten und mit Blendarkaden verzierten quadratischen Apsis. Bemerkenswert ist vor allem der Skulpturenschmuck: Das Tympanon des Westportals zeigt einen Bischof mit Stab und Mitra, der segnend die Hand erhebt. Im Tympanon des Nordportals bekämpfen sich zwei Fabeltiere. Die Kapitelle am Triumphbogen stellen Szenen aus der portugiesischen Geschichte dar.

An der N 206, 4 km nördlich von Rio Mau, trifft man auf die Kirche von **São Pe-**

Wenn in Barcelos Markttag ist, gehört die Stadt den Bauern

dro de Rates, eine der kunstgeschichtlich bedeutendsten Kirchen Portugals. Das romanische Gotteshaus wurde vermutlich zu Beginn des 12. Jh. von burgundischen Kluniazensermönchen errichtet. Der hl. Pedro soll mit eigenen Händen das *Oratorium* von Rates erbaut haben, bevor er am Fuß des Altars durch römische Soldaten den Märtyrertod erlitt. Besonders eindrucksvoll ist das *Hauptportal* mit vorzüglich gearbeitetem Figurenschmuck; das Südportal zeigt mozarabische Ornamentik. Im Kircheninneren sind neben figürlichen Säulenkapitellen vor allem die Steinskulpturen am romanischen Taufbecken sehenswert (Ende 12. Jh.).

i Praktische Hinweise

Information

Posto de Turismo, Rua 25 de Abril 103, Vila do Conde, Tel. 252 24 84 73, Fax 252 64 18 76, www.cm-viladoconde.pt

Hotel

*****Estalagem do Brasão**, Avenida João Canavarro, Vila do Conde, Tel. 252 64 20 16, Fax 252 642 028, www.estalagemdobrazao.com. Komfortabel ausgestattetes Haus in zentraler Lage.

Restaurant

Pensão Patarata, Cais Lavandeiras 18, Vila do Conde, Tel. 252 63 18 94. Das sympathische Lokal wird auch von Einheimischen gern besucht.

3 Barcelos

Der Wochenmarkt in Barcelos gilt als der größte in ganz Europa.

Donnerstags gehört die Stadt den Händlern und den Bauern, Holzschnitzern und Winzern, die auf dem **Campo da República**, dem Marktplatz von Barcelos (5000 Einw.), wie in einem orientalischen Basar ihre Töpfe und Körbe, Leintücher und Strohhüte, ihr Gemüse und Obst feil-

Nationales Symbol – der bunte Hahn von Barcelos

bieten. Die Korbflechter aus Vila Boa, Remelhe und Martim, die Töpfer aus Manhente, Galegos de Santa Maria und Lama, die Schnitzer aus São Paio de Carvalho – sie alle verlassen für diesen Markttag ihre Dörfer und kleinen Werkstätten.

Barcelos ist reich an Geschichte und Geschichten: So steht ein **Hahn** im Archäologischen Museum der Stadt, der den Triumph der Gerechtigkeit verkündet. Die **Legende** lässt sich bis ins 14. Jh. zurückverfolgen, als ein junger Mann aus Galizien für ein Verbrechen gehängt werden sollte, das er nicht begangen hatte. In seiner Not wandte er sich an die Jungfrau Maria und den hl. Jakob. Mit dem Mut der Verzweiflung rief er den gerade speisenden Richtern zu: »Dies gebratene Huhn wird zu krähen anfangen, wenn ich die Wahrheit sage.« Der Hahn krähte, und aus Dankbarkeit ließ der junge Mann dort, wo in Barcelos der Galgen stand, eine steinerne **Statue** für seinen gefiederten Retter errichten.

Der *Campo da República* ist der Mittelpunkt des Lebens in Barcelos und zugleich einer der größten Marktplätze Portugals. An der Nordseite der Praça befindet sich die einschiffige Klosterkirche **Nossa Senhora do Terço** (1705). Die *Kassettendecke* illustriert auf 55 Bildtafeln Szenen aus dem Leben des hl. Benedikt von Nursia. An den *Seitenwänden* findet man 14 großformatige Azulejo-Paneele (1720) mit Szenen aus der Vita des Heiligen, die António de Oliveira Bernardes zugeschrieben werden. Die reich mit Blumen, Vögeln, Engeln und geometrischen Mustern verzierte *Steinkanzel* stammt von Gabriel Rodrigues, die Fliesen in der *Capela-mor* werden dem anonymen Fliesenkünstler PMS zugeschrieben.

Auf den Ruinen einer manuelinischen Kapelle steht etwas weiter in südwestlicher Richtung die italienisch inspirierte, oktogonale **Igreja do Bom Jesus da Cruz** (17. Jh.) mit ihrer ausladenden Granitkuppel (10 m Durchmesser), zwei kleinen Türmchen sowie einer umlaufenden Balustrade. Barocke Talha-Dourada-Altäre, zwei Porträts der Könige Fernando II. und Luís I. sowie Azulejo-Friese mit Szenen aus dem Leben des São Bento zieren den marmorgeschmückten *Innenraum* des Gotteshauses. Neben der Kirche erhebt sich die aus mächtigen Granitblöcken erbaute quadratische **Torre de Menagem**. Ihre 2 m starken Mauern sind Reste der mittelalterlichen Stadtbefestigung. Im Inneren werden grotesk-surrealistischen

Tiermenschen aus Keramik von Rosa und Julia Ramalho ausgestellt.

Geht man vom Turm aus bergab in die pittoreske Altstadt, gelangt man zu dem mittelalterlichen, nicht mehr vollständig erhaltenen Palast *Paços dos Condes de Bragança* (15./16. Jh.), in dem das **Museu Arqueológico** (tgl. 9–12, 14–17.30 Uhr) untergebracht ist. Es zeigt Exponate aus der Region von der Römerzeit bis zum Mittelalter. Höhepunkt der Sammlung ist der *Cruzeiro do Senhor do Galo*, ein Wegkreuz aus dem 14. Jh., das auf die Legende vom krähenden Hahn verweist.

Nahebei in der Rua Cónego Joaquim Gaiolas lohnt das **Museu de Olaria** (Di–So 10–12.30, 14–18 Uhr) mit seiner Kollektion von Töpferwaren für den Hausgebrauch und bunten glasierten Keramikhähnen einen Besuch. Neben dem Museum steht die **Igreja Matriz**, die ursprünglich im 13. Jh. erbaut und später mehrfach umgestaltet wurde. Besonders eindrucksvoll sind das romanische Portal mit fantastischer Fensterrose sowie ein graziles Chorgewölbe im Inneren der üppig dekorierten Kirche. Unweit der Igreja Matriz flankieren zwei Türme den gotischen **Solar dos Pinheiros** (1448). Der Adelspalast besitzt eine lange Fassade, ein gotisches Portal sowie einen Arkadenhof.

Viana do Castelo – das portugiesische Rothenburg ob der Tauber

Zwischen dem Museum und dem Solar ragt ein gotischer **Pelourinho** (Schandpfahl) mit sechskantiger Säule und laternenähnlichem Aufsatz (15. Jh.) auf. Ein weiteres sehenswertes Turmhaus ist die **Torre dos Azevedos** (16. Jh.), der Ende des 18. Jh. Seitenflügel angesetzt wurden.

Praktische Hinweise

Information

Posto de Turismo, Torre de Menagem, Barcelos, Tel. 253 81 18 82, Fax 253 82 21 88, www.cm-barcelos.pt

Hotel

*****Residencial Dom Nuno**, Avenida Dom Nuno Álvares Pereira 76, Barcelos, Tel. 253 81 28 10, Fax 253 81 63 36. Gilt nach wie vor als erstes Haus am Platz.

4 Viana do Castelo

TOP TIPP

Die ›schöne Stadt‹ an der Mündung des Rio Lima besitzt zahlreiche Bauten aus Renaissance und Barock. Zugleich ist der Ort wegen seiner langen Sandstrände äußerst beliebt.

Die Schönheit dieser Gegend wird seit langer Zeit schon von allen gepriesen, die hierher kamen. Eine **Legende** erzählt, dass die erste Zenturie, die an den Ufern des Flusses Lima ankam, so überwältigt war von der Schönheit des Ortes, dass sie nicht wagte, den Fluss zu überqueren. Die Männer fürchteten außerdem, ihr Gedächtnis zu verlieren, in der Annahme, es handle sich um **Lethe,** den mythologischen Fluss des Vergessens. Erst als der Befehlshaber mit erhobenem Schwert ins Wasser stieg, folgten die Soldaten.

Die Stadt mit dem ursprünglichen Namen *Viana da Foz do Lima* wurde 1258 von Afonso III. (1248–1279) gegründet. Ihr Reichtum zog sowohl Spanier als auch Piraten an, sodass im 16. Jh. an der Flussmündung ein **Bollwerk**, die Rochetta, zur Verteidigung errichtet wurde. Heute leben etwa 20 000 Einwohner in Viana.

Die im Stadtzentrum gelegene **Praça da República** ist sicherlich einer der malerischsten mittelalterlichen Plätze Portugals, wenn nicht sogar der Iberischen Halbinsel. Die Praça geht auf den kunstsinnigen Dom Manuel I. zurück, der oft und gern in der Stadt weilte. Überall begegnet man den manuelinischen Dekorationen an Türrahmen und Säulen. Oft kopiert, aber nie erreicht: der elegante dreischalige **Renaissancebrunnen** (1553) von João Lopes-o-Velho. Ein wahres Schmuckstück ist die im frühen 16. Jh. aus düsteren Granitquadern errichtete, zinnengekrönte und mit den Symbolen Dom Manuels geschmückte Fassade des **Paço do Concelho** (Altes Rathaus). Unter den Arkaden wurde einst Brot verkauft, im obersten Stockwerk tagte der Stadtrat. Südöstlich der Praça steht die in der 1. Hälfte des 15. Jh. erbaute und im 19. Jh. umgestaltete, von zwei zierlichen zinnengekrönten Fassadentürmen flankierte **Igreja Matriz**. Erwähnenswert sind vor allem das *Portal* mit einer Christusfigur im Bogenfeld und einer Fensterrose. Im Inneren befinden sich mehrfarbige Holzskulpturen, ein Taufstein und in der barocken Sakristei eine herrliche Holztruhe. Ebenfalls sehenswert sind die reich *verzierte Holzdecke* sowie ein kostbares Gemälde mit der Taufe Jesu.

Neben der Kirche steht die im 15. Jh. erbaute und mit Wappen verzierte **Casa de João Lopes-o-Velho**, in der heute ein kleines stadtgeschichtliches Museum untergebracht ist. Nördlich der Praça liegt der Komplex des *Misericórdia-Armenhauses*, daneben die eigenwillige **Igreja da Misericórdia** (16. Jh., restauriert 1714). Vom Baumeister wurden die strengen Geraden unterbrochen, indem Loggien in die Fassade gehängt und Arkaden integriert wurden, die von Atlanten und Karyatiden getragen werden. Der *Innenraum* ist ein wahrer Rausch aus barockem Talha Dourada und Azulejos von António und Policarpo de Oliveira Bernardes. Östlich der Praça errichtete Frei Julião Romero, einer der bedeutendsten Baumeister in Nordportugal, ein Juwel der portugiesischen Renaissance: die **Igreja de São Domingos** (1566–75). Sie besitzt eine strenge Fassade sowie bemerkenswerten Talha-Dourada-Schmuck im rechten Kirchenschiff. Am Platz vor dem Gotteshaus befindet sich im Palacete dos Barbosa Maciel das interessante **Museu Municipal** (Di–So 9.30–12, 14–17 Uhr), das vor allem durch seine Darstellung der Kontinente und Azulejogemälde beeindruckt .

Viana hat bezaubernde Straßen mit vielen denkmalgeschützten Häusern und wertvoller Bauplastik, wie etwa die Rua do Tourinho, Rua Gago Coutinho, Rua da Bandeira, Rua do Poço, Rua de São Pedro und Rua de Viana. Unter den Barockpalästen ist vor allem die **Casa dos Malheiros Reimoẽs** zu erwähnen, die André Soares 1758 erbaute (Rua Gago Coutinho). In der Rua de São Sebastião stehen sehenswerte klassizistische Gebäude.

Ausflüge

Zwischen Caminha und der spanischen Grenze bieten kilometerlange, einsame **Sandstrände** gute Bademöglichkeiten. Ideales Strandhopping mit der Eisenbahn von Viana do Castelo nach Caminha – jeder Stopp ein Bade-Genuss!

Der **Monte Santa Luzia** gibt der Landschaft um Viana ein unverkennbares Profil. 4 km nordöstlich der Stadt baute man in den 1920er-Jahren auf dem Gipfel – im Stil der Pariser Sacre-Cœur – eine eklektizistisch geratene **Wallfahrtskirche**. In der Nähe findet man die Ruinen der vorrömischen Siedlung **Cidade Velha de Santa Luzia**, Vorläuferin des heutigen Viana. Eine Wanderung zum Gipfel führt durch Eukalyptus- und Pinienwälder entlang der museumsreifen Seilbahn.

i Praktische Hinweise

Information

Posto de Turismo, Rua do Hospital Velho/ Praça da Erva, Viana do Castelo, Tel. 258 82 26 20, Fax 258 827873, www.rtam.pt

Hotels

TOP TIPP ***__Casa da Torre da Nossa Senhora das Neves__, Lugar das Neves, Barroselas (10 km südöstl. von Viana do Castelo), Tel. 258 77 13 00, Fax 226 17 88 54, www.casatorredasneves.com. Hinter den meterdicken Mauern des wappenverzierten Herrenhauses verbergen sich fünf Räume mit direktem Zugang zum Garten, Pool und Tennisplatz. Gefrühstückt wird in einem modernen Anbau am Pool, das Diner wird hingegen im vornehmen Speisesaal serviert.

***__Casa Grande da Bandeira__, Largo das Carmelitas, 488, Viana do Castelo, Tel. 258 82 31 69. Haus aus dem 17. Jh. inmitten eines schönen Gartens gelegen, in dem hundertjährige Kamelien und schwarzer Chinabambus wachsen.

Restaurant

O Manel, Rua do Hospital Velho, 80, Viana do Castelo, Tel. 258 82 28 85. Das kleine Restaurant ist berühmt für sein Leitão assado (gegrilltes Spanferkel). Unbedingt einen Lagaço caseiro (hausgebrannten Trester) probieren.

Wehrhaft und trutzig – die zinnenbewehrte Kollegiatskirche Igreja Matriz von Caminha

5 Caminha

Grenzstadt mit Blick auf Spanien.

Dort, wo der *Rio Coura* und der spanisch-portugiesische Grenzfluss *Minho* zusammenfließen, liegt das verschlafene **Fischerstädtchen** Caminha. Die einst stark befestigte Stadt, die wegen ihrer strategischen Lage – südwestlich der spanischen Feste Santa Tecla – Stützpunkt der Verteidigung Nordportugals gegen Galizien war, lockt in heutiger Zeit zahlreiche Touristen an. Zum einen besitzt der Ort eine der interessantesten Kirchen Portugals, ferner befinden sich südwestlich von Caminha mehrere attraktive **Strände**, wie die *Praia de Moledo*, die *Praia do Pirata* oder der *Strand von Vila Praia de Âncora*.

Über den Torbogen des Uhrturms gelangt man zur **Igreja Matriz.** Zwischen 1480 und 1556 errichteten im Auftrag der Bürger der Stadt – und auf deren Kosten – die aus Galizien und dem Baskenland stammenden Architekten Pêro Galego, João und Tomé de Tolosa, Francisco Fial und Diogo Eanes die *Festungskirche* im spätgotischen Stil. Apsis und Apsidiolen sind manuelinisch, die Westfassade und der trutzige, zinnengekrönte Turm wurden im Renaissancestil gebaut. Der dreischiffige Bau mit polygonaler Apsis und seitlich an die Hauptfront gesetztem Turm gehört zu den herrlichsten Anlagen aus der Übergangszeit zur Frührenaissance in Nordportugal. Zwei Strebepfeiler mit Fialentürmchen gliedern das Portal der *Renaissancefassade* bis hoch über die Giebel. Darüber liegen ein üppig ornamentierter *Fries* aus Grotesken und Engelsköpfen, eine ornamental gefasste *Rose* und am Giebelkreuz ein Lamm Gottes. Ein *Wasserspeier* in der nördlichen Ecke der Apsis entblößt – ähnlich wie bei der Sé von Guarda – sein Hinterteil. Die Figur streckt es in Richtung der Spanier, die als die Erzfeinde der Portugiesen gelten. Die Statue der von Engeln flankierten *Nossa Senhora dos Anjos* mit dem Kind befindet sich im dreieckigen Giebelfeld der Fassade, darüber die Statue des gekreuzigten Christus. Das 45 m lange, 16,5 m breite und 16 m hohe *Kirchenschiff* besitzt die vielleicht schönsten geschnitzten Holzdecken Portugals: Aus dreizehn achteckigen Paneelen sowie oktogonalen maurischen Zapfen besteht die *Decke* aus Ahornholz. Geschnitzte Decken im Mudéjar-Stil mit geometrischen Verschlingungen schmücken die 9 m hohen *Seitenschiffe*. Links vom Eingang steht ein hervorragend gearbeiteter *Taufstein* im manuelinischen Stil. Die *Capela dos Mareantes* (Anfang 16. Jh.) bewahrt ein bemerkenswertes Bild des gekreuzigten Christus, das angeblich von den Fischern aus dem Meer geborgen worden sein soll. Darüber hinaus sieht man eine überlebensgroße *Christophorus-Statue*. Mit

den typischen portugiesischen Fliesen sind die Wände der Kapelle verkleidet.

An der von alten Linden bepflanzten **Praça do Conselheiro Silva Torres** stehen mehrere kunsthistorisch bedeutsame Bauten wie etwa der zweistöckige, manuelinische **Paço do Concelho** (Rathaus) aus dem 17. Jh. mit Laubengang und einer imposanten Kassettendecke im Sitzungssaal. Sehenswert ist auch der um 1490 vom galizischen Adeligen Inigo Lopes de Anuncibay errichtete gotische **Palácio dos Pitas** mit einem merkwürdig stilisierten Zinnenkranz. Davor steht der von João Lopes-o-Velho geschaffene dreischalige **Renaissance-Chafariz**, ein Brunnen aus Granit von 1551, darüber ein Christuskreuz und Armillarsphäre (Ringkugel, die die Himmelskreise darstellt). Gegenüber der Praça erhebt sich die quadratische und zinnengekrönte gotische **Torre do Relógio** (Uhrturm) aus dem 15. Jh. Früher war sie ein Teil der Stadtbefestigung. Über dem Torbogen ist die Zahl 1673 sowie eine kleine Statue der Senhora da Conceição zu sehen. Lohnend ist auch ein Besuch der *Rua Direita* mit ihren einstöckigen Häusern. Türen und Fenster dieser Gebäude sind rot bemalt.

Praktische Hinweise

Information

Posto de Turismo, Rua Ricardo Joaquim Sousa, Caminha, Tel. 258 92 19 52, www.rtam.pt

Hotel

*****Quinta da Graça**, Vilarelho, Tel./Fax 258 92 14 67, www.quintadagraca.com. Herrenhaus aus dem 17. Jh. Von der Terrasse hat man einen herrlichen Blick auf den Minho.

Restaurant

O Barão, Rua Barão de São Roque, Caminha, Tel. 258 72 11 30. Im ›Baron‹ sollte man unbedingt den *Arroz de Mariscos* (Reis mit Meeresfrüchten) probieren, dazu einen kräftigen Rotwein.

◁ **Oben:** *Das restliche Europa scheint meilenweit entfernt – Bergdorf Pitões das Júnias*
Mitte: *Immer mehr Menschen aus den nördlichen Regionen verlassen das Land; zurück bleiben die Alten und das Vieh*
Unten: *Speicher auf Stelzen – Espigueiros sind die Wahrzeichen des Nordens*

6 Valença do Minho

Einst Stadt der Jakobspilger und der spanischen Shopping-Touristen.

Die Ende des 12. Jh. von Dom Sancho I. besiedelte alte römische Grenzfestung Valentia war im Mittelalter beliebte Station der Jakobspilger auf ihrem Weg nach Santiago de Compostela. Heute ist die grenznahe Stadt (ca. 2000 Einw.) ein Mekka für spanische Einkaufstouristen, die in den engen Basargassen nach günstigen Textilien und Haushaltswaren suchen.

Sie betreten die von einer Festungsmauer umgebene **Altstadt**, deren Häuser vorkragende Gesimse, Granitbalkone und skulptierte Türstürze zieren, durch die wunderschönen Tore *Porta da Coroada* oder *Porta do Meio*. Sehenswert sind neben der erst im 17. Jh. mit mächtigen Mauern und Wällen neu angelegten **Festung** die 1919 restaurierte romanische Kirche **Santa Maria dos Anjos** (1276). Ebenso lohnt sich die Besichtigung der dreischiffigen **Igreja de Santo Estevão** (um 1400) mit ihrer Renaissancefassade. Die 1792–1805 neu errichtete Kollegiatskirche besitzt sechs Gemälde mit dem Kirchenheiligen sowie ein Bild der ›Virgem do Leite‹ (15. Jh.). Ferner sieht man einen gut erhaltenen Bischofsstuhl aus der zweiten Hälfte des 15. Jh. Der römische Meilenstein (aus der Zeit von Kaiser Claudius) vor der Kirche wurde auf der alten *Via Romana* gefunden, die einst Braga und Tui miteinander verband.

Praktische Hinweise

Information

Posto de Turismo, Avenida de Espanha, Valença do Minho, Tel. 251 82 33 74, www.rtam.pt

Hotel

*****Residencial Pensão Ponte Seca**, Avenida Tito Fontes, Valença do Minho, Tel. 25 12 25 80. Innerhalb der Festungsmauern über der Grenzbrücke zwischen Spanien und Portugal.

7 Monção

Stadt der Ritter- und Drachenspiele.

Für den Dichter António Ribeiro Chiado zählte nur der **Wein**, der aus der Umgebung von Monção kam und den er für

Landschaftsidylle im Nationalpark Peneda-Gerês – urwüchsige Wälder, zerklüftete Bergketten und malerische Stauseen

den besten des Landes hielt. Noch stolzer als auf ihren Wein sind die Bewohner des mittelalterlich verträumten Städtchens (ca. 2500 Einw.) aber auf das Mädchen *Deu-la-Deu Martins*, das 1368 mit einer psychologischen Kriegslist die Belagerung durch die Spanier beendete: In einer Truhe ließ sie ein aus den letzten Mehlresten gebackenes Brot über den Minho setzen mit der Nachricht ›Wenn ihr mehr braucht, lasst es uns wissen‹. Derart demotiviert zogen die Spanier ab. Heute noch backt man zu Ehren der Stadtheldin *Paozinhos*, kleine Brotkuchen.

Kampfspiele liegen den Bewohnern von Monção im Blut, und so lassen sie in der jährlichen **Festa da Coca** an Christi Himmelfahrt den hl. Georg gegen die Coca kämpfen. Die Coca ist ein 2 m hoher und 5 m langer, furchterregender Drache, der wie eine riesige geschuppte Schildkröte aussieht, einen gespaltenen Schwanz und ein gewaltiges Maul besitzt – das Tier soll das Böse symbolisieren. Im Inneren des Drachens stehen zwei Männer und bewegen das Untier vorwärts auf den behelmten und gerüsteten hl. Georg zu, der das Gute verkörpert – und natürlich gewinnt der Heilige.

Der **Largo do Loreto** bildet das Zentrum der verträumten, von Wällen und Türmen geschützten und von verwinkelten Gassen durchzogenen Kleinstadt am Minho. Die ursprünglich romanische **Igreja de Santa Maria dos Anjos** wurde später im manuelinischen Stil umgebaut. Sehenswert sind das manuelinische Hauptportal, der mit *Azulejos* verzierte Chor, eine polychrome Madonna unter einem gotischen Baldachin sowie der kostbare Kirchenschatz (maurische Schatulle, 13 kg schwere Monstranz aus vergoldetem Silber). In der *Capela do Cruzeiro* steht der Kenotaph der Deu-la-Deu Martins (1679). An die gefeierte Lokalheldin erinnert auch das **Denkmal** an der Nordseite der Praça, auf dem sie mythologisch als *Danaide* dargestellt ist.

i Praktische Hinweise

Information

Posto de Turismo, Largo do Loreto, Monção, Tel./Fax 251 65 32 15, www.cm-moncao.pt

Hotel

****Casa de Rodas**, Lugar de Rodas, Monção, Tel. 251 65 21 05. Mittelalterlich eingerichtete Zimmer in einem Herrenhaus aus dem 16. Jh.

8 Parque Nacional da Peneda-Gerês

TOP TIPP *Naturparadies mit unvergleichlicher Fauna und Flora.*

Die *Serra da Peneda* und die *Serra do Gerês* bilden die wichtigsten Gebirge innerhalb des nach ihnen benannten Nationalparks. Er ist der größte und zugleich älteste der zehn Nationalparks Portugals, umfasst 72 000 ha und umschließt hufeisenförmig die Serras da Peneda, do Soajo, Amarela und do Gerês. Die Distrikte **Viano do Castelo** (Melgaço, Arcos de Valvedez und Ponte da Barca), **Braga** (Terras de Bouro) und **Vila Real** (Montalegre) teilen sich diesen wohl eindrucksvollsten und mit Sicherheit ursprünglichsten Nationalpark Portugals. Entlang der über 80 km langen Grenze zu Spanien leben 15 000 Menschen in 114 Dörfern in einem Gebiet, dessen höchste Erhebungen der Giesto (1337 m), Outeiro Alvo (1314 m), Pedrara (1416 m), Lourica (1355 m), Borrageiro (1433 m), Novosa (1515 m)

und Fornos da Fonte Fria (1456 m) sind. Außergewöhnlich ist die **Flora** des Areals: Hier wachsen portugiesische Schlehen, Edelkastanien, Faul- und Erdbeerbäumchen. Ebenso gibt es jahrhundertealte Eichen und Eukalyptus-Bäume. Nicht minder spannend ist die **Tierwelt**. Das Gelände bietet ideale Lebensbedingungen für Wölfe und Wildkatzen, Königsadler, Goldadler, Bussarde, Hühnerhabichte, Rote Milane, Falken und Adlereulen, dunkelgefleckte Ginsterkatzen, Feuersalamander und Schlingnattern, Wildschweine, Marder, Füchse und Ottern. Selbst galizisch-lusitanische Wildpferde durchstreifen noch immer das Reservat. Mit seinen herrlichen Berg- und Stauseen, steilen Felsschluchten und abgelegenen Gebirgsdörfern gehört der Nationalpark zu den schönsten immergrünen Landschaften der Iberischen Halbinsel.

In diesem weiten ruralen Raum haben fünf Jahrtausende menschlicher Besiedlung das Gesicht der Landschaft geprägt. Über 5000 Jahre alte **Dolmengräber** stehen bei Castro Laboreiro, Mourela, Mezio, Paradela, Cambeses, Pitões und Tourem. In Bouça do Colado (Lindoso) wurden vor einigen Jahren acht Felsen mit spiralenförmigen **Inschriften** entdeckt, die große Ähnlichkeit mit der galizischen Felsmalerei aufweisen. In *Ermida* (Ponte da Barca) steht ein **Menhir**, eine vorgeschichtliche Steinsäule. Im Tal des Rio Lima führt eine Straße zum Dorf **Cidadelhe** mit seinen schwarzen Granithäusern mit Außentreppen, früher ein kelt-iberisches *Castro* (Lager). In **Outeiro de Castro** wurden drei vorrömische Zangen aus Gold gefunden.

Und noch immer zeugen alte **Römerstraßen** (vom portugiesischen Grenzübergang *Portela do Homem* Richtung Covide) und Meilensteine von der römischen Herrschaft und intensiven Besiedlung Nordportugals. Südlich von Vilarinho und westlich von Caldas do Gerês liegen in einem unwegsamen Gewirr von Felsbrocken die Überreste der keltischen oder römischen Siedlung **Caledónia**. Geheimnisvolle Erosionsformationen wie die überdimensionale **Tartaruga** (Schildkröte) bei Castro Laboreiro, die ihren Granitpanzer zum Castelo de Castro Laboreiro zu schieben scheint, geben der Landschaft besonders in der Abenddämmerung eine geheimnisvolle Atmosphäre. Drei große *Stauseen* prägen den Park, zwei liegen im Tal des Rio Cavado, der den Nationalpark im Osten und Süden begrenzt. Die weitverzweigten Stauseensysteme von **Albufeira de Canicada** und das abgelegene Stauseegebiet von **Albufeira de Paradela** greifen mit ihren schmalen Seefingern weit in die Waldregion hinein.

Camper und Rucksacktouristen, von den Einheimischen *Caracóis* (Schnecken) genannt, weil sie ihr Dach-über-dem-Kopf stets dabei haben, werden heute nicht mehr geduldet. **Übernachtungsmöglichkeiten** gibt es nur bei Gerês, Lamas de Mouro im Norden, bei Mezio am Fuße der Serra da Peneda und am Entre-Ambos-os-Reis.

Überall im Park begegnen einem die Wahrzeichen Nordportugals: die **Espigueiros** (Maisspeicher), die mit der Einführung des Maisanbaus im 18. Jh. aufgestellt wurden. Man errichtete sie auf Stelzen aus rundgebogenen Ästen mit einem spitzen Strohdach. Später waren sie aus witterungsbeständigem Granit. Auf diese Weise waren die Früchte gegen Ratten und Fäulnis geschützt. Besonders schöne Espigueiros sind bei *Soajo* und *Lindoso* zu sehen, aber auch im Zentrum gibt es zahlreiche Bauwerke und Naturschönheiten zu besichtigen: **Burgruinen** (Melgaço, Lindoso, Castro Laboreiro), **romanische Kirchen** und **Kapellen** (Melgaço: Igreja Matriz, Igreja de Nossa Senhora da Orada; Pitões das Júnias: Santa Maria de Pitões das Júnias), **Wallfahrtskirchen** (Nossa Senhora da Peneda südlich von Castro Laboreiro), uralte **Pelourinhos** (Soajo), **Aussichtspunkte** (Fraga Negra bei Gerês, Portela do Homem bei Lindoso) sowie **Stauseen** (Vilarinho das Furnas, Barragem de Salamonde, Barragem de Cançada).

i Praktische Hinweise

Information

Parque Nacional da Peneda-Gerês, Rua de São Geraldo, 29, Braga, Tel. 25 36 00 34 80, Fax 253 61 31 69

Delegação do Parque, Arcos de Valdevez, Tel. 25 86 53 38

Delegação do Parque, Caldas do Gerês, Tel. 253 39 01 10

Delegação do Parque, Montalegre, Tel. 27 65 22 81.

Unterkunft

Casas de Abrigo (Schutzhäuser): Elf Forsthäuser (Granitbauten) wurden im gesamten Naturpark an extrem schönen Stellen errichtet. Alle mit 4 Schlafzimmern und Solarheizung. Buchung nur über die Parkverwaltung in Braga [s. o.].

◁ *Fantastisch – überlange Menschenfiguren und Tiergestalten aus dem Reich der Fabeln schmücken das Westportal der Igreja de São Salvador in Bravães*

9 Bravães

Eine der bedeutendsten romanischen Burgkirchen Portugals.

Am Ortsende von Bravães – an der Straße von Ponte da Barca nach Ponte de Lima – befindet sich die schlichte, aus mächtigen dunklen Quadern aufgetürmte **Igreja de São Salvador** (um 1125). Die Kirche besteht aus zwei aneinander gesetzten, rechteckigen Bauteilen von bescheidenen Ausmaßen. Das überreich geschmückte romanische *Westportal* erinnert in seinem Skulpturenschmuck an das Südportal von Santiago de Compostela. Vier ornamentierte und bildhaft ausgestaltete *Archivolten* ruhen auf skulptierten Säulen. Die acht Gewändesäulen und fünf Bogenläufe werden von überlangen skulptierten Menschenfiguren, vegetabilen oder geometrischen Mustern geschmückt. Die *Ikonographie* der Portale ist für Portugal ungewöhnlich und konnte bis jetzt nicht eindeutig bestimmt werden. Den einfachen Querbalken über der Tür tragen zwei Widderköpfe. Das romanische *Tympanon* zählt zu den wenigen aus dieser Epoche mit menschlichen Figuren: Christus sitzt auf dem Thron, die eine Hand segnet, die andere hält ein Buch. Zwei Minho-Bauern (Soldaten?) halten die Mandorla. Das Tympanon des lange vermauerten *Nordportals* wurde später aus gefundenen Teilen zusammengesetzt. Hier bilden Vierfüßler verschiedener Größe das Geflecht in der Mitte. Über den Quadern des *Südportals* wölbt sich ein dreifacher, schön ornamentierter Bogen über dem Tympanon. Auf dem Basrelief zwischen dem von zwei Löwenköpfen getragenen Schlussstein und dem Halbrund findet man ein in Portugal häufig vorkommendes Motiv: Lamm und Kreuz (Agnus Dei). Im *Innenraum* sind besonders die von kleinen Säulen gerahmten Fenster, eine mit einem Tierfries dekorierte Triumphbogenwand und die rechteckige Apsis mit Fresken des 14. Jh. bemerkenswert. Bei der Renovierung konnte der ursprüngliche romanische Zustand wieder hergestellt werden. Nur die Fresken aus späterer Zeit wurden abgelöst und dem *Museu Nacional de Arte Antiga* in Lissabon übergeben.

10 Braga

Das portugiesische Rom.

Die **Stadt der Erzbischöfe** ist zusammen mit Porto der Ort mit den meisten Barockbauten. Die spätbarocken Gebäude entstanden unter dem Erzbischof Dom José de Bragança, und viele der Entwürfe stammen vom lange verkannten Baumeister André Soares (1720–1769). Seine meist theatralischen Fassaden haben die Stadt mehr geprägt als die anderer Baumeister. Der barocke Stil beherrscht aber nicht nur Bragas Kirchenbauten, sondern zeigt sich auch an den Profanbauten, wie zum Beispiel an der **Praça dos Touros** (1752) oder an der **Câmara Municipal** (1754), dem alten Rathaus. Weitere barocke Ensembles stehen am Campo das Hortas, Largo de Porta Nova, Campo da Vinha, Largo do Colégio de São Paulo und dem Largo do Reducto. Jedes Jahr gibt es in Braga am Festtag von Johannes dem Täufer (23./24. Juni) große **Prozessionen**, zu denen zahlreiche Menschen aus allen Teilen des Landes kommen.

Die *Rua do Souto* führt ins Herz der Altstadt. Auf der einen Seite liegt der **Antigo Paço Episcopal** (ehem. Bischofspalast), heute eine Bibliothek, auf der anderen die alte **Sé** (Kathedrale). Noch heute sagen die Leute, wenn sie auf etwas sehr Altes hinweisen, es sei »älter als die Sé in Braga«. Mit dem Bau der romanischen Kathedrale wurde nach 1100 begonnen. Von der 1. Hälfte des 16. Jh. bis zum 18. Jh. wurde die Kathedrale mehrfach umgestaltet. Romanisch sind heute nur noch die Grundstruktur, Teile des beschädigten Westportals mit den äußeren Archivolten, das Südportal und die Balustraden des Querhauses sowie mehrere Kapitelle im südlichen Seitenschiff. Zwei niedrige Westtürme flankieren die großartige **Barockfassade** [A]. Die Bogen der im gotischen Stil errichteten Vorhalle wurden 1772 mit einem außergewöhnlich eleganten schmiedeeisernen Gitter (*Reixa*) versehen. Das **Südportal** [B] ist eines der interessantesten Bauteile der Kathedrale. Je drei Säulen mit reich verzierten Kapitellen begrenzen links und rechts den Eingang. Das *Tympanon* ist von einem Malteserkreuz durchbrochen, ein mit Knöpfen geschmücktes Bandgeflecht entspringt Löwenmäulern.

Der dreischiffige, im 18. Jh. barockisierte **Innenraum** ist äußerst beeindruckend: Majestätisch wölbt sich über wuchtigen Pfeilern das hohe Kirchenschiff. Ein ma-

Sé

A Barockfassade
B Südportal
C Taufbecken
D Turmkapelle
E Chor
F Chorkapelle (Rates-Kapelle)
G Capela dos Reis
H Capela de São Geraldo
J Capela da Glória
K Kreuzgang
L Museum für religiöse Kunst
M Statue der Senhora do Leite

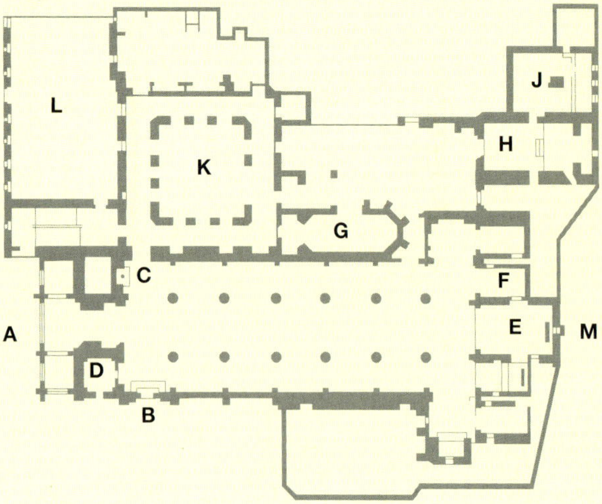

Der ehemalige Bischofspalast in Bragas Altstadt birgt heute kostbare alte Bücher

nuelinisches **Taufbecken** [C] aus dem 16. Jh. befindet sich links vom Eingang. Mit verschlungener Ornamentik ist das Becken gestaltet, Schaft und Basis mit Engeln und Löwenskulpturen. Im Hochchor auf der Fassadenseite lohnt ein Blick auf die verschwenderisch dekorierte *Orgel* (1733–39), die Marceliano de Araújo bis an die Kuppel hochzog. Nicht minder prachtvoll ist das zweiteilige, ursprünglich aus dem 15. Jh. stammende und im 18. Jh. mit herrlichem Schnitzwerk aus exotischen Hölzern gestaltete *Chorgestühl*. In der **Turmkapelle** [D] wird das

Prunkstück im Inneren der Kathedrale Sé– die prachtvoll verzierte Orgel

flämische *Grabmal* des Infanten Afonso (1400) aus vergoldetem Kupfer aufbewahrt. Es wurde im Auftrag der Infantin Isabela, Gemahlin von Philipp dem Guten, errichtet. Im spätgotischen **Chor** [E] befinden sich ein prächtiges Sterngewölbe sowie der mit Gesimsen, Galerien und Fialen versehene *Altaraufsatz* aus Ança-Kalkstein. Zu sehen sind Darstellungen der Himmelfahrt sowie Christus zwischen Engeln und Aposteln. Ein Hauptwerk der mittelalterlichen Bildhauerkunst steht im Ornamentrahmen: eine hoheitsvolle Marienstatue aus dem 14. Jh., die *Santa Maria de Braga*. Das Leben des São Pedro de Rates, des ersten Bischofs von Braga, illustrieren Azulejo-Paneele von António de Oliveira Bernardes (18. Jh.). Man findet diese in der linken **Chorkapelle** [F] (Rates-Kapelle). In der **Capela dos Reis** [G] stehen die 1513 angefertigten *Sarkophage* von Heinrich von Burgund († 1122) und seiner Gemahlin Teresa († 1130) sowie das *Grabmal* des 1397 gestorbenen Erzbischofs Lourenço Vicente Coutinho. In der mit prächtigem Talha-Dourada-Schmuck sowie schönen Azulejo-Darstellungen (18. Jh.) aus dem Leben des Heiligen verzierten **Capela de São Geraldo** [H] sieht man die hölzerne Liegefigur des Erzbischofs. In der rechteckigen **Capela da Glória** [J], die mit Wandmalereien im Mudéjar-Stil dekoriert ist, steht der aus der Werkstatt von Pero und Telo Garcia stammende *Sarkophag* des Erzbischofs Gonçalo Pereira († 1336). Er zählt zu den Meisterwerken der portugiesischen Grabbildkunst. An der Kopfseite ist eine Kreuzigung dargestellt, an der Fußseite ein Christus mit der Jungfrau. Auf den beiden Längsseiten erkennt man die Apostel und Diakone, die die Totenlitanei singen. Die Capela enthält außerdem mittelalterliche, ikonenhaft-volkstümliche *Fresken*.

Über den **Kreuzgang** [K] kommt man in das kleine **Museum für religiöse Kunst** [L]. Hispano-maurische Azulejos aus dem 16. Jh., Skulpturen aus dem 16. und 17. Jh. und polychrome Grabstatuen aus Stein oder Holz kann man dort besichtigen. Darüber befindet sich die **Schatzkammer**, in der manuelinische Kelche und eine *Silberstatue* der Senhora de Nazaré zu sehen sind. Ferner sind dort ein *arabisches Schmuckkästchen* aus skulptiertem Elfenbein (10. Jh., Córdova) aufbewahrt, der *Reliquienbehälter Al-Mansurs*, der mit Hufeisenbögen, persischen Pflanzenmustern und kufischen Lettern dekoriert ist, sowie ein *Prozessionskreuz* aus dem frühen 12. Jh. Es ist das Eisenkreuz, welches der Entdecker Pedro Álvares Cabral in der Hand hielt, als er 1500 zum ersten Mal brasilianischen Boden betrat. Unter einem Baldachin steht an der Außenwand des Chores die Nicolas de Chanterène zugeschriebene, anrührende **Statue der Senhora do Leite** [M] (Unsere Liebe Frau von der Milch). Die gotische Maria ist mit halb entblößter Brust und Kind dargestellt.

Ausflüge

In der Nähe der N 103-3, 5 km nordöstlich von Braga, erhebt sich hoch über der Ebene die herrliche Kirche **Bom Jesus do Monte** (tgl. 8–20 Uhr). Im Barock waren die *Escadarias* (Schautreppen) besonders beliebt. Die schönste Treppe des Landes ist auch die größte. Zum ›Lieben Jesus vom Berg‹ gelangt man über eine gigantische, doppelläufige *Via Sacra*. Es handelt sich dabei um eine Treppenanlage aus fast 600 Stufen. 14 Stationskapellen, zahlreiche Brunnen und Statuen, die Carlos da Cruz Amarante 1725 errichtet hat, flankieren den Aufgang. Hat der Pilger die Spitze erreicht, wird er mit einem herrlichen Weitblick belohnt. Die Wallfahrtskirche schützen acht biblische Gestalten auf riesigen Sockeln. Schöne Bilder und Votivtafeln lohnen einen Besuch des Innenraums. Den Gipfel des steilen Bergs erreicht man auch mit einer putzigen Kabinenbahn, die mit Wasser betrieben wird, was seit 70 Jahren einwandfrei funktioniert.

An der N 309, 22 km südöstlich von Braga, liegt die Ruinenstadt **Citânia de Briteiros** (Di–So 9–18 Uhr). Die Keltiberer haben viele dieser Citânias – so nennt man die Relikte ihrer uralten Wohnstätten – hinterlassen. Allein in Nordportugal sind es mehr als 1000. Die Ruinenstadt Briteiros ist eine um 800 v. Chr. entstandene Bergsiedlung, die 1875 vom Archäologen Francisco Martins Sarmento (1833–1899) freigelegt wurde. Das 120 x 150 m große *Ausgrabungsfeld* – innerhalb eines dreifachen Mauerrings am Monte de São Romão – umfasst neben den Grundmauern ca. 160 *Einraumhäuser* aus zusammengefügten Quadern, die ursprünglich mit Stroh gedeckt waren. Außerdem gibt es zahlreiche gepflasterte Straßen, Gassen, Steinwälle und Wasserleitungen. Das Wasser wurde in einem eigenartig dekorierten Bau gesammelt, in dem einige His-

Pilger müssen leiden, bevor sie ihr Ziel erreichen – eine gigantische, doppelläufige Treppenanlage führt hinauf zur Wallfahrtskirche Bom Jesus do Monte

toriker ein Grabmal, andere ein Dampfbad sehen wollen. Die Rekonstruktion von zwei *Rundhütten* mit Strohdächern befindet sich auf dem Hügel. Die wichtigsten Funde (Keramik, Waffen, Schmuck etc.) sind heute im Museu Martins Sarmento in Guimarães [s. u.] ausgestellt.

i Praktische Hinweise

Information

Posto de Turismo, Avenida da Liberdade 1, Braga, Tel. 253 26 25 50, Fax 253 61 33 87, www.rtvm.pt

Hotels

******Sopete do Elevador**, Parque de Bom Jesus do Monte, Braga, Tel. 253 60 34 00, Fax 253 60 34 09. Teilweise schöner Blick auf das Tal.

*****Casa da Pedra Cavalgada**, Assento, Palmeira, Tel. 253 62 65 96, Fax 253 72 44 01. Landhaus in Braga im Stil der Provinz Minho. Idealer Ausgangspunkt für Ausflüge in die Umgebung.

****João XXI.**, Av. João XXI. 849, Braga, Tel. 253 61 66 30, Fax 253 61 66 31. Am Stadtrand gelegenes, kleines Hotel.

Restaurant

Mardesinos, Rua D. Paio Mendes 89/91, Braga, Tel. 253 26 32 85. Bijou mitten in der Altstadt gegenüber des Doms, hervorragende Weine.

Restaurante São Fruttuoso, Rua Costa Gómez, Braga, Tel. 253 62 33 72. Stockfischgerichte in allerlei Variationen.

11 Guimarães

Bereits 1095 war Guimarães Hauptstadt der Grafschaft Portucale. Noch heute halten die Einwohner die geschichtliche Tradition ihrer vitalen Stadt hoch.

Schon von weitem ist sichtbar – hier wurde Portugal ›geboren‹. »Aqui nasceu Portugal« kann man auf der **Torre da Alfândega** lesen. Wenn Guimarães auch nicht so berühmt ist wie das fast dreimal so große Braga, so kann es die Stadt an Historie doch mit allen im Lande aufnehmen. Ein portugiesisches Sprichwort besagt: »Wenn Braga das Rom Portugals ist, so stellt Guimarães sein Bethlehem dar.« Inmitten eines großen Flachsanbaugebietes liegt die ehem. **Residenzstadt** (35 000 Einw.), und bereits im 19. Jh. gab es hier Spinnereien und Webereien.

Geschichte Der Beiname ›Berço da Nacionalidade‹ (Wiege der Nation) geht auf eine Gründung der reichen galizischen Gräfin Mumadona Dias zurück, die hier um 960 ein wehrhaftes Kloster gestiftet haben soll. Als Heinrich von Burgund 1095 Guimarães zur Hauptstadt seiner Grafschaften machte, ließ er um den Schutzturm der Mumadona eine Burg errichten, in der im Jahr 1109 (oder 1110) sein Sohn Afonso Henriques geboren wurde. 30 Jahre später machte dieser die Stadt nach seinem glänzenden Sieg über die Mauren 1140 zur ersten Hauptstadt des jungen Königreichs. Im 15. Jh. wurde sie Residenz der Herzöge von Bragança.

Das **Kloster** und die **befestigte Burg** bildeten den Ausgangspunkt der Stadtentwicklung, zugleich stellen sie ein gu-

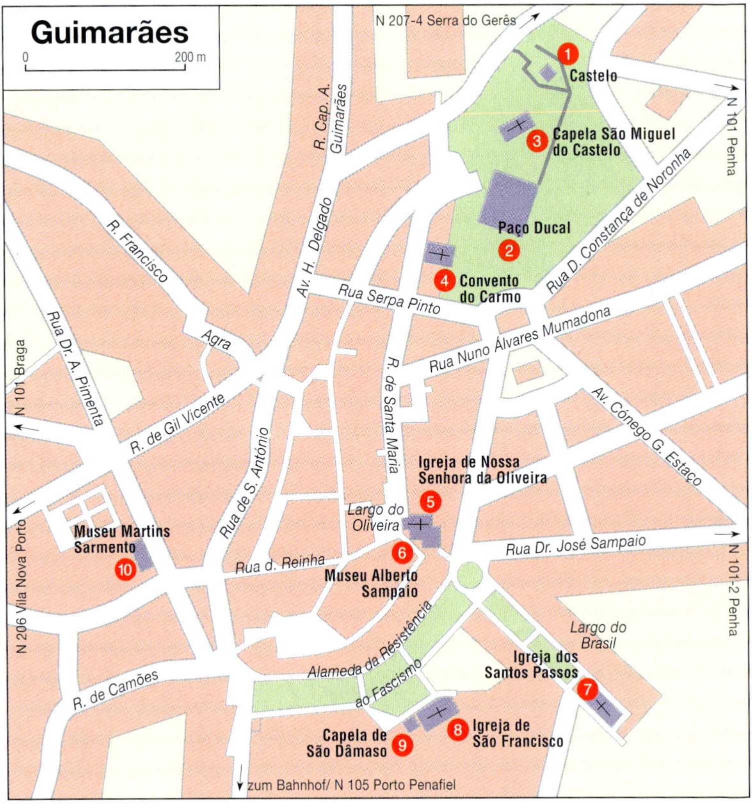

Elegante Pracht: Wertvolle Möbel und Gobelins schmücken die Innenräume des Paço Ducal

tes Beispiel für die Wiederbesiedlung des Landes nach dem Zurückdrängen der muslimischen Eroberer dar.

Besichtigung Die vorbildlich restaurierte Altstadt von Guimarães besteht aus einem Gewirr von Gassen und Gässchen, aus Konventen und Geschäften. Die schönste Straße ist die *Rua de Santa Maria*, die zum *Largo da Oliveira* hinunter führt. Für diese wohl älteste Straße der Stadt sind die zierlichen, mit Eisengittern geschmückten Balkone, Konsolsteine und Traufen typisch. Man findet diese Elemente zum Beispiel an der *Casa do Arco*.

Hauptsehenswürdigkeit der Stadt ist das auf dem heiligen Burghügel (*Colina Sagrada*) erbaute und mit acht Türmen bewehrte romanische **Castelo** 1 (Di–So 9–19, Mo 9–17 Uhr). Die Burganlage stammt aus dem 10. Jh. und wurde danach mehrfach verstärkt. Mit ihrem 27 m hohen *Torre de Menagem* (Bergfried) stellt sie eine der besterhaltenen romanischen Festungen Portugals dar. Der Grundriss ist einfach: Die zinnen- und turmbewehrten Umfassungsmauern umschließen einen nahezu dreieckigen, schildförmigen Hof. In den 1940er-Jahren ließ der Diktator Salazar die Burg erneuern. Das **Denkmal** nahe der Burg für Afonso Henriques ist eine Arbeit des Bildhauers Soares dos Reis (1887). Unterhalb der Burg befindet sich der elegante **Paço Ducal** 2 (tgl. 9–18 Uhr), ein Palast, den sich um 1420 Dom Afonso nach französischem Vorbild vom Architekten Anton im normannisch-burgundischen Stil errichten ließ. Der Palast zählt zu den prächtigsten Adelssitzen des 15. Jh. Bis ins frühe 16. Jh. residierten hier die Herzöge von Bragança. Mit der Verlegung ihrer Residenz nach Vila Viçosa verlor der Paço Ducal jedoch seine Bedeutung. In den reich dekorierten Innenräumen steht man staunend vor den *flämischen Gobelins*, auf denen die portugiesische Eroberung der marokkanischen Stadt Asilah (1471) dargestellt ist, vor den schweren Möbeln, den indo-portugiesischen Fayencen, den Gemälden und den Holzdecken. Zur Jahrtausendfeier ließ Salazar 1960 den Feudalbau zur offiziellen Staatsbleibe umfunktionieren – mit künstlerisch zweifelhaftem Erfolg.

Etwas unterhalb des Eingangs zur Burg liegt die romanische **Capela São Miguel do Castelo** 3 (Anfang 12. Jh.). Am Eingang der kleinen Kapelle steht eine Replik des romanischen *Taufsteins*, über dem 1111 der erste portugiesische König Afonso Henriques getauft worden sein soll. Das Original befindet sich heute in der Igreja de Nossa Senhora da Oliveira. Die Bauornamentik ist äußerst karg. Die schmalen Fenster gleichen Schießscharten, eindrucksvoll hingegen ist der Fußboden mit den vielen *Grabplatten* aus allen Epochen. An der Nordseite befinden sich zwei in die Mauer eingelassene *Grabnischen* aus der Erbauungszeit der Kirche.

Geht man weiter in Richtung Altstadt, so kommt man zum ehemaligen **Convento do Carmo** 4. Die schlichte Barockkirche des ehem. Klosters hat eine azulejogeschmückte Wand, auf der ›Mariä Himmelfahrt‹ dargestellt wird. Davor steht ein holzgeschnitzter Kalvarienberg. Optischer Mittelpunkt des geschichtsträchtigen Platzes *Largo da Oliveira* ist die **Igreja de Nossa Senhora da Oliveira** 5. An der Stelle eines mozarabischen Heiligtums ließ die Gräfin Mumadona Dias um 960 das Kloster errichten. Nach seinem Sieg über die Spanier (1387) beauftragte João I. den aus Toledo stammenden Baumeister João Garcia mit den Erweiterungsbauten (1387–93). Der bedeutendste Prior des Klosters war der Arzt und Theologe Pedro Julião (um 1215–1277), auch Petrus Hispanus genannt, der spätere Papst Johannes XXI. Der massive manuelinische **Glockenturm** (1505) ragt aus den übrigen Gebäudeteilen hervor und wurde (wie in Rates, Leça do Bailío, Azurara, Vila do Conde, Viana do Castelo und Caminha) der Kirche später angesetzt. Der Turm besitzt zweigeteilte Glockenfenster, gedrehte Taue an den Kanten, Wasserspeier sowie einen kandelaberartigen Zinnenkranz. Das *gotische Prunkfenster* über dem bis über den Dachansatz hinausreichenden, überhöhte Westportal besaß ursprünglich einen reichen Figurenschmuck, der im 19. Jh. bei Restaurierungsarbeiten weitgehend zerstört wurde. In den Mauernischen erkennt man noch die Statuen von João I. und seiner Gattin Dona Filipa de Lencastre sowie des Santo Condestável Nuno Álvares Pereira. In kleinen Nischen hoch in der Laibung stehen die kraftvollen Büsten jubilierender Engel und Mönche, die Gesangsbücher in den Händen halten. Im dreischiffigen *Innenraum* ist noch ein Teil des romanischen Kreuzgangs sichtbar: Die Rundbögen der Arkaden werden von kleinen Säulen getragen. Auf einem romanischen *Zwillingskapitell* sind fischähnliche Sirenen zu sehen, ebenso ein Löwe, der eine Sirene und eine Schlange angreift. Die drei Kirchenschiffe bewahren das ursprünglich in der Capela São Miguel do Castelo aufgestellte romanische *Taufbecken*, einen gotischen Steinaltar, einen im 17. Jh. mit Silber beschlagenen Altar sowie zwei große, Pedro Alexandrino de Carvalho zugeschriebene Gemälde. In der *Sakramentskapelle* steht ein kostbarer Silberaltar.

In Kreuzgang, Kapitelsaal und weiteren Räumen des ehem. Klosters ist seit 1928 das bedeutende **Museu Alberto Sampaio** 6 (Di–So 10–12.30, 14–17.30, im Sommer bis 19 Uhr) untergebracht. Die Exponate stammen überwiegend aus den säkularisierten Kirchen der Region, darunter ausgezeichnete Bilder mit religiösen Motiven. Unter den Ausstellungsstücken ist besonders die von einem

Zauberhaft – der Innenhof des Museu Alberto Sampaio

Schwungvolle Formen, üppiges Dekor – die Barockkirche Santos Passos

Mantel umhüllte, herrliche *Steinstatue* (14. Jh.) der hl. Margarida zuerwähnen. Sie wird dem Franzosen Benneveu zugeschrieben.

Auf dem Largo da Oliveira steht seit 1342 vor dem Westportal der Kirche ein quadratischer, gotisch-manuelinischer **Alpendre** (Säulenhalle) mit vier mächtigen Eckpfeilern und hohen, mit einem Zackenband dekorierten Spitzbogen.

Eine Schautreppe mit den Statuen des Sant'Iago Maior und des hl. Bartolomeu führt zur **Igreja dos Santos Passos** 7 am Südende des lang gestreckten *Largo do Brasil*. Die 1769 errichtete, schmale Barockkirche mit zwei nur halb hervortretenden, hohen Fronttürmen bezaubert durch ihre mit Azulejos und Granitskulpturen verzierte konvexe Fassade.

Die ursprünglich gotische, später mehrfach umgebaute **Igreja de São Francisco** 8 (Anfang 15. Jh.) besitzt einen ungewöhnlich breiten Innenraum, der mit herrlichen Azulejos (18. Jh.) verkleidet ist. An den *Seitenaltären* findet man eine ausgezeichnete Statue der ›Schmerzensreichen Jungfrau‹ von Soares dos Reis sowie einen überlebensgroßen hl. Franziskus des italienischen Holzbildhauers Giuseppe Berardi (1884). Man sollte unbedingt in die *Sakristei* gehen, um dort ein schönes altes Kruzifix und einen kunstvollen, im italienischen Stil inkrustierten, runden Marmortisch zu besichtigen.

In der Nähe der Franziskuskirche liegt die dem Papst Damasus I. gewidmete **Capela de São Dâmaso** 9, der um 305 in Guimarães geboren wurde. Im gotischen Kreuzgang eines ehem. Dominikanerklosters (13. Jh.), an der Nordecke des *Largo do Toural*, befindet sich das **Museu Martins Sarmento** 10 (Di–So 9.30–12, 14–

17 Uhr), das nach dem berühmten Erforscher der vorchristlichen Ruinenstädte von Citânia und Sabroso Francisco benannt ist. Das Museum beherbergt vor allem Grabungsfunde – Werkzeuge, Waffen und Hausgeräte aus den lusitanischen Citânias von *Briteiros*, *Sabroso* und der nahen *Serra de Penha*. So sieht man zum Beispiel zwei detailgetreue lusitanische Kriegerstatuen sowie die rätselhafte eisenzeitliche ›Pedra Formosa‹ aus der Citânia de Briteiros – ein 2,18 x 2,90 m großer, flacher Stein mit plastisch verzierten Ritzzeichnungen; vermutlich war die Pedra die Tür eines keltiberischen Verbrennungsraums.

i Praktische Hinweise

Information

Posto de Turismo, Alameda de São Dâmaso 83, Guimarães, Tel. 253 51 87 90, www.guimaraesturismo.com

Hotels

******Pousada da Oliveira**, Rua de Santa Maria, Guimarães, Tel. 253 51 41 57, Fax 253 51 42 04, www.pousadas.pt. Ehem. Herrenhaus im historischen Zentrum der Stadt.

*****Casa de Pombais**, Avenida de Londres, Guimarães, Tel./Fax 253 41 29 17. Herrenhaus aus dem 18. Jh. mit einem herrlichen Garten.

*****Paço de São Cipriano**, Tabuadelo, Tel. 253 56 53 37, Fax 253 56 58 89, www.pacoscipriano.com. Herrschaftlicher Landsitz mit Kapelle aus dem 18. Jh., einem mittelalterlichen Turm und einem Weinberg.

Restaurant

Mira Penha, Guimarães, Tel. 253 51 65 32. In diesem Landhaus wird eine raffiniert-deftige Küche gepflegt.

12 Amarante

TOP TIPP *Am Nordwesthang der Serra do Marão gelegen ist das Städtchen vor allem wegen seines Weins (Vinho verde) und wegen seiner phallusförmigen Plätzchen bekannt.*

Jeden ersten Samstag im Juni füllt sich die Stadt mit Besuchern der jahrmarktähnlichen Feierlichkeiten zu Ehren des Stadtpatrons. Ledige junge Mädchen und Frauen mit Kindern im Arm ziehen zu der nach ihm benannten **Igreja do São Gonçalo** und flehen den Schutzheiligen der Eheleute und Liebenden an, ihnen einen Gatten und Kinder zu verschaffen. Auf den Gassen bieten Bäcker ungeniert die berühmten *Bolos de São Gonçalo* an – phallusförmige Plätzchen, die traditionell die jungen Männer ihrer Angebeteten schenken.

Amarante ist ein romantischer Ort mit vielen hübschen Bürgerhäusern aus der Zeit vom 16. bis 18. Jh. Herausragendes Bauwerk der Stadt ist der ehem. **Convento de São Gonçalo** neben der Römerbrücke. Das Kloster wurde 1540 von Dom João III. und seiner Frau Catarina von Kastilien gegründet und unter Philipp II. im ›Estilo filipino‹ der Renaissance ergänzt. In der *Veranda dos Reis*, einer Nische der über die Straße vorragenden Chorapsis, steht die romanische Statue der *Senhora da Ponte* mit dem Jesuskind auf dem Arm. Diese ursprünglich auf der Brücke aufgestellte Figur gilt als eine der ältesten und ergreifendsten Pietà-Darstellungen in Portugal. Die Arkadenbögen der dreistöckigen Granitfassade sind üppig mit Statuen geschmückt. Die *Loggia* links von der Eingangsfassade zeigt die Statuen der Könige João III., Sebastião, Henriques und Philipp II. Wuchtige Pfeiler tragen die mächtige Vierungskuppel der dreischiffigen Kirche, im *Chor* (1586) verblüfft illusionistische Malerei. Links neben dem Hauptaltar liegt die kleine *Grabkapelle* mit dem Sarkophag des hl. Gonçalo aus buntem Kalkstein. Die **Capela das Ofrendas**, die Kapelle der Gaben, welche sich rechts vom Hauptaltar befindet, bewahrt zahlreiche weihegaben. Über ein schönes Renaissanceportal kommt man in die *Sakristei* (1597). Sie ist geschmückt mit einer bemalten Kassettendecke, Azulejo-Paneelen zum Leben des Heiligen (leider stark zerstört) sowie einem herrlichen Renaissance-Lavabo (Handwaschbecken) von 1554 und einem ›Ecce Homo‹ des spanischen Malers Luis de Morales. Ein kostbarer Talha-Dourada-Altar steht in der *Capela de Santa Cássia* (1749).

TOP TIPP Im ersten Stock des hinteren Kreuzgangs befindet sich das **Museu Amadeo de Souza Cardoso** (Di–So 10–12.30, 14–17.30 Uhr). Neben Arbeiten von Sousa de Machado und António Cândido kann man in dem Museum für portugiesische Kunst des 20. Jh. vor allem auch Gemälde und Skulpturen des aus der Umgebung von Amarante stammenden

Auf der alten Römerbrücke über den Rio Tâmega zur Klosterkirche São Gonçalo – Amarante

Kubisten Amadeo de Souza Cardoso besichtigen. Ausgrabungsgegenstände aus der Umgebung von Amarante werden im Rahmen einer kleinen archäologischen Sammlung im zweiten Stock gezeigt.

Die 1763 eingestürzte, ursprünglich unter Trajan erbaute **Römerbrücke** wurde 1790 von Carlos de Cruz Amarante (1740–1815) als 50 m lange dreibogige Granitbrücke neu errichtet.

Ausflug

Man findet sie nur sehr schwer, die **Casa do Fidalgo**, aber die Suche lohnt sich. Etwa 16 km südwestlich von Amarante, in der Nähe der N 15, steht einsam und verloren auf einem freien Feld voller Eukalyptusbäumen eine prächtige *Fassade* ohne Haus – ein grauer, schwebender Anblick in Licht und Schatten, eine glitzernde surrealistische Vision, die an das große portugiesische Zeitalter und das ausgedehnte Weltreich erinnert. Und wenn nicht daran, so doch an unerfüllte Träume. Den assyrischen Palast von Assurbanipum vor Augen, beauftragte der reiche *António de Vasconcelos Carvalho de Meneses* einen spanischen Baumeister mit dem Bau der Casa do Fidalgo (1745–50). Und kein Geringerer als Nicolau Nasoni wurde mit dem verschwenderischen Fassadenschmuck beauftragt. Aber als der Architekt während einer Besichtigung von einem Baugerüst zu Tode stürzte, ließ der abergläubische Dom Meneses die Arbeiten sofort einstellen. Der Nachwelt blieb eine außergewöhnliche *Unvollendete* erhalten, weswegen die Fassade auch *Casa das Obras*, ›Haus der Bauarbeiten‹ genannt wird.

i Praktische Hinweise

Information

Posto de Turismo, Alameda Teixeira de Pascoães, Amarante, Tel. 253 51 87 90, Fax 255 43 29 80, www.guimaraes turismo.com

Hotel

***Casa Zé de Calçada,** Rua 31 de Janeiro, Amarante, Tel. 255 42 20 23. Stilvoll schlemmen und nächtigen in den Räumen eines ehem. Stadtpalastes.

Montanhas – die Provinz hinter den Bergen

Die historische Provinz ›Hinter den Bergen‹, *Trás-os-Montes*, oder Montanhas, wie sie heute genannt wird, ist eine wildromantische **Gebirgslandschaft** mit Gipfeln, die auch noch im April mit Schnee bedeckt sind, eine Landschaft mit gewaltigen **Talsperren**, urwüchsigen **Wäldern**, weiten Wiesen und Weinbergen. Das karge Hirten- und Bauernland mit seinen glutheißen Sommern und harten Wintern trieb seine Bewohner schon immer in Scharen in die Emigration. Manche **Bergdörfer** sind fast ausgestorben, viele Häuser sind verschlossen oder verfallen. Granit, Schiefer und Lehm sind die bevorzugten Baumaterialien. Oft findet man im ersten Stock die typische **Veranda** mit hölzerner Balustrade.

13 Bragança

Festungsstadt und Stammsitz des letzten portugiesischen Königshauses.

An den Grenzen der historischen Provinz Trás-os-Montes im kargen Nordwesten des Landes liegt die Festungsstadt Bragança, Hauptstadt der 185 000 Einwohner zählenden Region Montanhas. Bragança ist das wirtschaftliche und kulturelle Zentrum des hauptsächlich von Landwirtschaft lebenden Distriktes.

Die Stadt wird überragt von der 1187 errichteten **Fortaleza**, dem Stammschloss der Braganças, die 1442 die Herzogswürde erhielten. Von 1640 bis 1910 regierte dieses Geschlecht Portugal als dritte und letzte königliche Dynastie. 18 Wehrtürme verstärken die doppelte, zinnengekrönte Ringmauer des eindrucksvollen Bauwerks, das lange Zeit als uneinnehmbar galt. Die 33 m hohe gotische *Torre de Menagem* mit ihren zwei Zwillingsfenstern wurde im 15. Jh. errichtet. Ein *Militärmuseum* (Fr–Mi 9.30–12, 13.30–17.30 Uhr) befindet sich heute im Bergfried. Eine schöne Gartenanlage umgibt das Ein ungewöhnlicher, gotischer **Pelourinho** steht vor dem Torre de Menagem. Er baut sich auf dem Rücken eines aus Granit gehauenen Wildschweins auf. Der 6,40 m hohe Pranger soll wohl an die legendären Wildschweine erinnern, die bereits in keltiberischer Zeit als Fruchtbarkeitssymbol galten. Die Festungskirche **Santa Maria do Castelo** (18. Jh.) ersetzt eine ältere Kirche an gleicher Stelle. Sie wird aber nicht nur wegen ihres harmonischen Renaissanceportals und der Muschelfenster aufgesucht oder wegen der schönen Deckengemälde, sondern vor allem aufgrund eines wundersamen Gnadenbildes der Jungfrau Maria. Dieses wurde – so die Legende – kurz nach der Vertreibung der Mauren in der Nähe der Flüsse Fervença und Sabor in einem Gebüsch voller Eidechsen gefunden. Die Kirche wird daher auch heute noch ›Eidechse‹ *(Sardão)* genannt.

◁ *Zur Ginsterblüte zeigt sich die wildromantische Montanhas von ihrer schönsten Seite*

Neben der Kirche entstand auf einem unregelmäßig fünfeckigen Grundriss das kunstgeschichtlich interessanteste Gebäude der Stadt – der **Domus Municipalis** (Rathaus). Der König empfing dort bei seinen regelmäßigen Reisen durchs Land die Stände. Das 1300 über einer Zisterne mit Rundbogengewölbe aus der Römerzeit errichtete Rathaus ist der älteste romanische Profanbau und zugleich einer der schönsten der Iberischen Halbinsel. Da das Gebäude innerhalb der Befestigung über einer unterirdischen Zisterne errichtet wurde – daher auch sein zweiter Name *Casa d'Água* –, war es vermutlich Teil der Verteidigungsanlagen. Auf drei Seiten läuft rundum eine Fenstergalerie, deren Öffnungen auf einem mehrere Meter hohen Mauersockel ruhen. Eine

Im Land der Burgen – Blick auf Bragança mit dem Torre de Menagem, der Festungskirche Santa Maria und dem Domus Municipalis

Treppe führt auf die Südseite zum Eingang. Auf der Westseite schmücken einfache Muster wie Sterne und Kugeln die Bogen. Den **Innenraum**, an dessen Wänden Bänke aus Granit entlanglaufen, zieren Kragsteine mit Blumenornamenten, Masken und andere Ornamente.

Im unteren Stadtteil steht die Johannes dem Täufer gewidmete, ursprünglich romanische Kathedrale **Sé**, die im 16. Jh. im Renaissancestil neu errichtet wurde. Sie besitzt nur einen niedrigen Turm. Auffälligster Fassadenschmuck ist eine Statue der stillenden Madonna über dem Schmuckgiebel des Hauptportals. Im Innenraum zeigen 39 Holztafeln an den Wänden und an der Kassettendecke Szenen aus dem Leben des hl. Ignatius von Loyola. Sehenswert sind weiterhin das *Netzgewölbe* des Chors mit wappengeschmückten Schlusssteinen, der *Kreuzgang* sowie die Azulejos im Kirchenschiff.

Auf dem Platz vor der Sé steht unter einer korinthischen Säule ein **Pelourinho** aus dem Jahre 1689, der mit Weinlaub umrankt ist. In der *Rua do Conselheiro Abílio Beça* befindet sich der ehemalige *Paço Episcopal* (Bischofspalast). Hier ist das **Museu Regional do Abade da Baçal** (Di–So 10–18 Uhr) untergebracht. Man kann dort ethnologische, archäologische und kunsthandwerkliche Exponate besichtigen, ebenso wie Zeichnungen, Aquarelle, Stiche und Ölbilder des Malers und Arztes Abel Salazar (1889–1946).

i Praktische Hinweise

Information

Posto de Turismo, Avenida do 25 de Abril, Bragança, Tel. 273 38 12 73, Fax 273 33 19 13, www.rt-nordeste.pt

Hotels

******Pousada de São Bartolomeu**, Estrada de Turismo, Bragança, Tel. 273 33 14 93, Fax 27 32 34 53, www.pousadas.pt. Südlich der Festung von Bragança. Mit gutem Restaurant.

*****Moinho do Caniço**, Ponte de Castrelos, Bragança, Tel./Fax 273 32 35 77, www.bragancanet.pt/moinho. Alte Mühle in ruhiger Lage am Flussufer.

14 Chaves

Eine altertümliche Stadt mit eindrucksvollen Festungsbauten.

Der *Rio Tâmega* teilt die 78 n. Chr. unter Kaiser Vespasian gegründete Stadt in

zwei Teile, die die Römerbrücke wieder verbindet. Die **Ponte Romano**, die der römische Baumeister Traianus ohne Mörtel errichtet hat, ist eine 140 m lange Brücke aus Granit mit 12 von ursprünglich 16 Bögen. Sie wurde zwischen 98 und 104 n. Chr. erbaut und im Lauf der Jahrhunderte mehrfach umgestaltet. Lediglich Kopien sind die beiden zylindrischen römischen Wegesäulen mit eingemeißelten lateinischen Inschriften in der Mitte der Brücke. Die Originale sind im Regionalmuseum zu sehen.

Die Römerbrücke führt ins Zentrum der Stadt. An der *Praça da República* steht die ursprünglich romanische **Igreja da Santa Maria Maior**, die im 16. Jh. umfassend restauriert wurde. Romanisch sind

Römische Verbindung – die Ponte Romano führt direkt ins Zentrum von Chaves

Von Hektik keine Spur – nachbarschaftlicher Klatsch vor dem Lebensmittelladen

nur noch Turm, Portal sowie Teile des Haupt- und eines Seitenschiffs. Zwei realistische Granitbüsten der Apostel Paulus und Petrus schmücken das Seitenportal im Norden. Im *Innenraum* sind eine Holzdecke, ein mit allegorischen Azulejo-Figuren verkleideter Triumphbogen sowie eine Barockorgel aus dem 18. Jh. sehenswert. Die Statue der hl. Maria Maior in der polygonalen Apsis zählt zu den ältesten Beispielen portugiesischer Bildhauerei.

In der Nähe steht die barocke **Igreja da Misericórdia** (17. Jh.). Im einschiffigen Innenraum sieht man blau-weiße Kachelbilder mit biblischen und ländlichen Motiven. ›Mariä Heimsuchung‹ ist auf der bemalten Holzdecke dargestellt – eine Arbeit von Jerónimo da Rocha Braga (1743). Die hölzerne Wandkanzel und der Talha-Dourada-Altar am barocken Hochaltar des Gotteshauses stammen aus der zweiten Hälfte des 18. Jh.

Im ehem. **Paço dos Duques de Bragança** ist heute das ethnologische und archäologische **Museu da Região Flaviense** (Di–So 9–12.30, 14–17 Uhr) untergebracht. Interessantestes Ausstellungsstück ist eine anthropomorphe Megalithfigur (um 2000 v. Chr.).

Im späten 12. Jh. wurde das **Castelo** erbaut, das sich auf dem Hügel erstreckt. Unter Dom Diniz I. wurde die *Anlage* grundlegend erneuert und im 15. Jh. zu einer Residenz für die Herzöge von Bragança ausgebaut. In der wuchtigen *Torre de Menagem* zeigt ein militärgeschichtliches Museum Waffen aus dem Mittelalter und den Kolonialkriegen.

Praktische Hinweise

Information

Posto de Turismo, Rua Tenente Valadim 39, Bragança, Tel. 276 34 06 61, www.rt-atb.pt

Hotels

******Aquae Flaviae**, Praça do Brasil, Bragança, Tel. 276 30 90 00, Fax 276 30 90 10, www.hoteis-arco.pt. Modernes Haus mit Swimmingpool, Sonnenterrasse und Einkaufspassage.

*****Quinta da Mata**, Estrada de Valpaços, Friões, Tel. 27 62 33 85, Fax 27 62 33 85. Herrensitz aus dem 17. Jh. mit Tennisplätzen und Sauna.

Restaurant

Ponte Romana, Rua do Ponte, Bragança, Tel. 27 62 27 12. In dem direkt am Fluss neben der Brücke gelegenen Lokal wird deftige regionale Küche kredenzt.

Den mühsamen Aufstieg zur Wallfahrtskirche Nossa Senhora dos Remédios verschönen Aussichtsterrassen, Statuen und Brunnen

15 Carrazeda de Ansiães

Charmante Gassen, imposante Ruinen und romanische Kirchenkunst.

Der hübsch gelegene verträumte Ort, dessen Gassen mit Cafés, Restaurants und Läden zum Bummeln einladen, spielte einst im Kampf gegen die Mauren als uneinnehmbarer Zufluchtsort für die christlichen Ritter eine wichtige Rolle. Heute erinnern daran vor allem die riesige verfallene **Burganlage** sowie die nahebei die Ruinen der aus einer vorchristlichen Befestigungsanlage hervorgegangenen Ansiedlung Ansiães. Deren romanische **Igreja de São Salvador** wurde zwischen 1920 und 1924 bei Sprengungen stark beschädigt und später restauriert. Seitdem steht sie unter Denkmalschutz. Die *Westfassade* hat ein tief gestuftes Portal, dessen Skulpturen zum Teil recht verwittert sind, wobei die Ikonographie noch deutlich zu erkennen ist. Auf den Kapitellen sind für die portugiesische Romanik typische Motive wie Raubvögel und Löwen, Frauengestalten sowie der Kampf zwischen Mensch und Tier dargestellt. Über den Kapitellen wölben sich vier Archivolten mit der Darstellung von Katzenköpfen und mehreren Gestalten aus der Heilsgeschichte. Das *Tympanon* zeigt eine Maiestas Domini: Christus thront in einer Mandorla, das Haupt von einem Kreuznimbus hinterfangen. Die rechte Hand ist zum Segen erhoben, und in der Linken hält Christus das Buch. Die Mandorla wird von den Evangelistensymbolen gehalten – dem Engel, dem Löwen, dem Stier und dem Adler. Im *Inneren* tragen zwei kunstvoll gearbeitete Löwen, rechts und links vom Portal, den Bogen. Sie fungieren als Torwächter.

16 Lamego

Am Hang des Monte Penude liegt der reizvolle Wallfahrtsort.

Die Stadt (12 000 Einw.) hat eine alte christliche Tradition: Bei der alljährlichen Wallfahrt am 8. September steigen oder rutschen Hunderttausende auf Knien die 686 Treppenstufen hoch, um in der etwas außerhalb der Stadt gelegenen Wallfahrtskirche **Nossa Senhora dos Remédios** (tgl. 8.30–10 Uhr) Wunder zu erfle-

hen. Terrassen und 14 Stationskapellen unterbrechen mehrfach die prächtige, mit Statuen und Brunnen geschmückte barocke *Escadaria* (eine Replik der Treppe von Bom Jesus bei Braga, s. S. 44). Ein prächtiger Pelikan-Brunnen befindet sich am ersten Treppenabsatz, am zweiten steht eine oktogonale Kapelle. Unterhalb der Kirche, auf der oktogonalen Terrasse *Largo dos Reis*, versammeln sich zwischen Kolonnaden und Buchsbaumbeeten die auf Podesten, Pyramiden, Pfeilern und Antrittspfosten thronenden Statuen von alttestamentarischen Königen und anderen biblischen Gestalten. Man sieht die Könige von Judäa und Menasses, Eleazar und Eliakim – ein Ensemble von theatralischer Wirkung. Ein monumentaler, reliefgeschmückter *Obelisk*, der auf einem Fuß von vier wasserspeienden Atlanten steht, ziert den Mittelteil. Gleich hinter dem Eingang der doppeltürmigen und einschiffigen Kirche liegt das Grab des Kirchengründers José Teixeira Pinto († 1784). Eine Stuckdecke mit weißer Rocaille und blauen Feldern schmückt den barocken Innenraum.

Unübersehbar erhebt sich im Zentrum der Stadt die **Sé**, die im Lauf der Zeit stark verändert wurde. 1129 wurde mit dem Bau der Kathedrale begonnen. Romanisch ist nach den zahlreichen Umbauten nur noch der massige rechteckige Turm. Zwei *Kirchenfenster* fallen durch überbordenden Kugelschmuck auf. Die kleeblattartigen Formen lassen auf mozarabische Einflüsse schließen. Die *Fassade* mit den drei beeindruckenden und mehrfach gestuften Portalen (1508–15) wird João Correia Lopes zugeschrieben. Verwirrend platzierte Cherubinen, Vögel und Chimären in Ranken- und Blumengirlanden schmücken das mittlere Portal. Der von Nicolau Nasoni dekorierte barocke Innenraum zählt zu den großartigsten Leistungen des portugiesischen Barock.

Unterhalb der Burg befindet sich die romanische **Igreja de Santa Maria de Almacave**. Sie wurde Anfang des 12. Jh. über einem christlichen oder islamischen Vorgängerbau aus großen Granitblöcken errichtet. Ihren arabischen Namen verdankt sie dem islamischen Friedhof in der Nähe (das arabische Wort *Al-Maqab* bedeutet Bereich der Toten). Die fein gearbeiteten Kapitelle der acht Säulen am viergestuften Westportal zieren Tauben, Sirenen und Fische. Im ehem. *Paço Episcopal* – vis-à-vis – zeigt das **Museu Regional de Obras de Arte, Arqueológia e Numismâtica** (Di–Sa 10–12.30 und 14–17 Uhr) u. a. Skulpturen und Statuen des 13.–18. Jh. Zu sehen ist außerdem der gotische *Sarkophag* der Gräfin von Barcelos. Dieses mit Szenen einer Wildschweinjagd geschmückte Grabmal ist ein Gegenstück zum Sarkophag ihres 1354 gestorbenen Gatten Pedro, des Grafen von Barcelos. Von der hervorragenden, 20-teiligen *Altarwand* (1506–11), die Grão Vasco für die Sé von Lamego im Auftrag von Bischof João de Madureira malte, sind nur fünf Bilder erhalten – die ›Schöpfung der Tierwelt‹, ›Mariä Verkündigung‹, ›Mariä Heimsuchung‹, ›Mariä Opferung‹ sowie die ›Beschneidung‹.

Südlich der Kathedrale liegt die 1640 von Frei Luís Álvares de Távora gegründete **Capela do Desterro** (Exil-Kirche). Neben der Besichtigung des Renaissanceportals lohnt sich ein Blick in den im 18. Jh. reich ausgeschmückten Innenraum. Dort sieht man fünf ausgezeichnete *Gemälde*: ›Die Verkündigung‹, ›Die Anbetung der Heiligen Drei Könige‹, ›Die Anbetung der Hirten‹, ›Das Opfer im Tempel‹ und ›Die Flucht nach Ägypten‹ – alle von der Hand eines unbekannten Meisters.

Ausflüge

Im Tal des *Rio Balsemão*, 9 km nördlich von Lamego, liegt oberhalb des gestauten *Rio Barosa* die im suebisch-byzantinischen Stil erbaute westgotische Hallenkirche **São Pedro de Balsemão**. Die wahrscheinlich älteste portugiesische Kirche (7. Jh.) erhielt nach der Restaurierung 1643 eine Decke aus 35 Kassetten. Die Säulenkapitelle zeigen pflanzliche Motive. In der Kapelle stehen der gotische Granitsarkophag mit der Liegefigur des Bischofs von Porto, Afonso Pires († 1362), sowie eine Skulptur der schwangeren Maria *(Senhora do O)*.

Etwa 15 km weiter südlich liegt das Zisterzienserkloster **São João de Tarouca** (Di–So 10–17 Uhr). Afonso Henriques hat es um 1152 gegründet. Reste der Wasserleitung künden vom kolonisatorischen Ehrgeiz der Eremiten, die erstmals in der 1. Hälfte des 12. Jh. in Portugal in Erscheinung traten. Vom ursprünglichen, im 18. Jh. stark veränderten und im Jahr 1986 restaurierten Bau ist nur noch die Fens-

Scheinbar endlos – der Treppenaufgang mit 686 Stufen zur Wallfahrtskirche von Lamego ▷

Flair einer mittelalterlichen Stadt – Panorama von Viseu

terrose über dem Hauptportal erhalten. Neben den *Azulejo-Bildern* mit Szenen aus dem Leben Johannes des Täufers ist besonders der große, mit Szenen einer Wildschweinjagd verzierte *Steinsarkophag* für den Grafen Pedro de Barcelos († 1354) sehenswert. Größter Schatz der Kirche ist ein Gemälde, das *Gaspar Vaz* zugeschrieben wird, einem Schüler des Grão Vasco.

4 km östlich von Vila Real liegt **Solar de Mateus**. Der Ort wurde nicht nur wegen des in grünen Bocksbeutelflaschen abgefüllten Rosé-Weines berühmt, sondern vor allem wegen des herrlichen **Landsitzes**. Theatralisch spiegelt sich die grandiose Fassade im 2000 m² großen Schwanenteich. Der im 18. Jh. von dem italienischen Architekten Nicolau Nasoni für António José Botelho Mourão errichtete Landsitz steht inmitten einer kunstvoll gestalteten *Gartenanlage*. Viele halten den Solar mit seinen Außentreppen und Balustraden, fialenartigen Türmchen und den mit prachtvollen Rahmungen geschmückten Fenstern und Türen für den schönsten Landsitz Portugals. Im Inneren gibt es verschwenderisch eingerichtete Säle, eine kostbare Bibliothek sowie ein kleines *Privatmuseum* mit einer sehenswerten Krippe von Machado de Castro zu bewundern.

i Praktische Hinweise

Information

Posto de Turismo, Avenida Visconde Guedes Teixeira, Lamego, Tel. 254 61 20 05, Fax 254 61 40 14, www.douro-turismo.pt

Hotels

****Parque**, Parque de Nossa Senhora dos Remédios, Lamego, Tel. 254 60 91 40, Fax 254 61 52 03. Einfaches Hotel direkt neben der Wallfahrtskirche.

****Pensão Solar da Sé**, Largo da Sé, Lamego, Tel. 25 46 20 60, Fax 254 61 53 45. Komfortabel ausgestattete Zimmer mit Blick auf die Kathedrale.

17 Viseu

Charmante Stadt des Weins und der Maler.

Am Ufer des Rio Paiva liegt, inmitten eines berühmten Weinanbaugebietes (Dão-Wein) die hübsche Distrikthauptstadt Viseu. Der Ort wird auch ›Antiga nobilissima cidade‹ genannt, denn hier gibt es neben zahlreichen Adelspalästen und malerischen Wohnhäusern auch viele Museen. Im 16. Jh. waren in Viseu bedeutende Maler ansässig.

Der Historiker Strabo beschrieb die Menschen dieser Gegend so: »Das kräftigste iberische Volk, das den Armeen der Römer am längsten Widerstand leistete.« Ursprünglich war Viseu eine **Festungsanlage** der Lusitaner, später ein römischer Stützpunkt an der Kreuzung zweier Legionsstraßen. Viriatus, der legendäre Führer der Lusitaner, kämpfte hier angeblich 147–139 v. Chr. gegen die Römer. Reste der sieben **Handels-** und **Militärstraßen** verweisen auf die Römerzeit. Inschriften und Tempel wurden indes bis heute nicht nachgewiesen.

Vor allem aber ist Viseu (22 000 Einw.) eine **Stadt der Maler**. Im 16. Jh. wurde sie Sitz der bedeutendsten portugiesischen Malschulen, deren Hauptvertreter der Landschaftsmaler **Gaspar Vaz** (1505–1565) sowie Vasco Fernandes, genannt **Grão Vasco**, waren. Der ›große Vasco‹ *(O grão Vasco)* wurde 1480 in Viseu geboren und starb auch hier (1543). Seine Arbeiten sind von der niederländischen Malerei beeinflusst, und er bevorzugte dramatische Hell-Dunkel-Kontraste. Vascos Bilder zeigen einen ungeschminkten, leidenschaftlichen Naturalismus, zu dem aber seine Gesichter nicht recht passen wollen, die sich auf allen Bildern täuschend ähneln.

An die große Zeit Lusitaniens erinnert die **Cava de Viriato**, die in der Nähe des Bahnhofs liegt. Das achteckige römische Feldlager war durch einen Graben, den die Flüsse *Paiva* und *Ribeira de Santiago* im Belagerungsfall fluten konnten, gesichert. Neben der Cava steht ein modernes Bronzemonument des spanischen Bildhauers Mariano Benlliure y Fil. Es zeigt den Führer der Lusitaner mit einem kleinen Rundschild, wie er bei den antiken Granitkriegern im Museum von Guimarães zu sehen ist, sowie fünf weitere Krieger.

Auf dem *Adro da Sé*, dem vermutlich an der Stelle einer keltiberischen Festung angelegten mittelalterlichen Stadtkern von Viseu, erhebt sich die romanisch-gotische **Sé** (12. Jh.). Möglicherweise wurde sie von Heinrich von Burgund geplant. Romanisch sind noch der Südturm, das Portal, der Kreuzgang und das Portal des Kapitelsaals. Der wegen seines manuelinischen Knotengewölbes auch ›Kathedrale der Knoten‹ genannte Bau wurde im 16. Jh. umgestaltet und im 18. Jh. mit barocken Elementen ergänzt. Außergewöhnlich ist die *Abóbada dos Nós* (Knotengewölbe): An jedem Joch der drei Schiffe und des Querschiffs werden durch vier Querrippen dicke geknotete Seile vorgetäuscht, welche die wappenförmigen Schlusssteine mit den Scheid- und Gurtbögen verbinden. Im oberen Kreuzgang sieht man zauberhafte Azulejos, auf denen Blumenarrangements zu *Albarrada-Friesen* zusammengestellt sind (Anfang 18. Jh.). Der romanische **Kapitelsaal** zeigt heute als Schatzkammer unter anderem zwei kostbare emaillierte Reliquienschreine aus Limoges (Anfang 13. Jh.) und eine Monstranz aus Elfenbein, die 1495 Dom João II. von einem kongolesischen Fürsten übersandt wurde. Sehenswert ist auch eine Krippe von Machado de Castro (18. Jh.).

Im Renaissancepalast *Paço dos Três Escalões*, nördlich der Kathedrale, ist das **Museu de Grão Vasco** (Di–So 9.30–12.30, 14–17 Uhr) untergebracht. Hier kann man

Ein Muss für Kunstfreunde – das Museu Grão Vasco im ehemaligen Bischofspalast

Skulpturen aus dem 13. bis 16. Jh. besichtigen sowie zahlreiche Gemälde aus der Schule von Viseu. Darüber hinaus gibt es Werke manieristischer Maler des 17. und 18. Jh. und Arbeiten portugiesischer Naturalisten und Aquarellisten zu sehen.

Ein weiteres Museum befindet sich an der Praça da República. Es ist das Privathaus des Kunstsammlers und ersten Direktors des Museums und heißt nach ihm **Museu de Almeida Moreira** (Di–So 9.30–12.30, 14–17.30 Uhr). Hier werden exquisite *kunstgewerbliche Exponate* (Möbel, Keramik und Porzellan) präsentiert, ebenso eine reiche Gemäldesammlung.

i Praktische Hinweise

Information

Região de Turismo Dão Lafões, Avenida Calouste Gulbenkian, Viseu, Tel. 232 42 09 50, Fax 232 42 18 64, www.rtdaolafoes.com

Hotel

*****Casa de Rebordinho**, Rebordinho (in der Nähe von Cabanões bei Viseu), Tel./Fax 232 46 12 58. Erneuertes Gutsherrenhaus aus dem 17. Jh. mit Kapelle.

Alles Fassade – weißgetünchte Barockfront der Igreja da Misericórdia in Chaves

18 Guarda

Einst bedeutende Festung der historischen Provinz Beira Alta, heute ein Luftkurort.

Die wehrhafte Stadt, auf einem 1056 m hohen Granitmassiv im Nordosten der *Serra da Estrela* gelegen, war im Mittelalter eine der wichtigsten **Grenzfestungen** der Region. Über Guarda sagt ein oft zitiertes portugiesisches Sprichwort, dass es *fria* (kalt), *feia* (hässlich), *farta* (üppig) und *forte* (stark) sei. Kalt wird es hier natürlich im Winter, und wehrhaft erscheint die Stadt noch heute, nur hässlich kann man sie auf keinen Fall nennen mit ihrer **pittoresken Altstadt**, den stillen Plätzen, ihren vielen kleinen Barockkirchen und wappengeschmückten Stadtpalästen sowie den mittelalterlichen Häusern mit schönen Balkonen und Fenstern. Auch *falsa* (verlogen) soll sie sein, die Stadt Guarda, weil 1385 der Bischof die Stadtschlüssel dem König von Kastilien übergeben hatte.

Viele Jahre wurde an der *Kathedrale* von Guarda gebaut, deren Formgebung trotz der verschiedenen Bauphasen erstaunlich harmonisch wirkt. Die zwischen 1390 und 1540 im gotischen Stil errichtete **Sé** hat wegen ihrer Granitmauern und

Ausgewogene Proportionen – Innenraum der Kathedrale von Guarda

wegen ihrer hochstrebenden Wände, Türme und Zinnen wehrhaften Charakter. Romanik, Gotik, Renaissance und Manuelinik haben ihre Spuren hinterlassen: 150 Jahre Baugeschichte, welche die Regentschaften von Dom João, dem *Rei de boa-memoria* (König, an den man sich gern erinnert), bis zu Dom Manuel I., dem *Rei venturoso* (glücklicher König), einschließt. Im gotischen Stil zeigt sich das *Hauptportal* am nördlichen Querschiffarm. Manuelinisch sind *Fassade* und *Westportal* von Diogo Boytac (1510). Das Westportal liegt zwischen den beiden mächtigen, achteckigen Türmen. Im Renaissance-Stil ist das figurenreiche Retabel aus Ança-Stein (1550) ausgeführt, das sich im Chor befindet und Jean de Rouen zugeschrieben wird. Die mehr als 100 Figuren des Retabels stellen Szenen aus dem Leben Christi dar. Erst im 18. Jh. wurde die Vergoldung hinzugefügt.

Südöstlich der Kathedrale, im ehem. Paço Episcopal (15./16. Jh.), befindet sich das **Museu da Guarda** (Tel. 271 21 34 60, www.ipmuseus.pt, Di–So 10–12.30, 14–17.30 Uhr) mit archäologischen Funden, Bilddokumenten, Münzen, Gemälden und Skulpturen. Zu den besten Stücken der Sammlung gehören ein lusitanischer Kriegerkopf aus Guarda, eine polychrome Statue der Senhora da Consolação (12./13. Jh.), ein Gemälde von Frei Carlos sowie portugiesische Gemälde des 19. und 20. Jh., darunter Arbeiten von Joaquim Lopes, Carlos Reis, Eduardo Malta, José Tagarro und João Vaz.

Etwas außerhalb der Innenstadt liegt die romanische **Ermida de Nossa Senhora da Póvoa de Mileu**. Vermutlich wurde sie um 1150 von Dona Mafalda, der Frau von Afonso Henriques, gestiftet. Archäologische Ausgrabungen haben bestätigt, dass der Westgotenkönig Chindasvinta in der 2. Hälfte des 7. Jh. an dieser Stelle auf Resten eines römischen Tempels eine Marienkirche errichten ließ. Die bescheidene Kirche besitzt eine schöne *Rosette*. Eine Holzdecke, Kapitelle mit schnäbelnden Vögeln, einem Menschenkopf und einem Esel lohnen einen Blick ins Innere. Unweit der Ermida fand man auch Spuren von Zellen, in welche sich fromme Frauen einmauern ließen.

Oben: *Wanderparadies mit gut angelegten Wegen – die Serra da Estrela*
Links: *Bizarre Felsformationen in den Höhenlagen*

Praktische Hinweise

Information

Posto de Turismo, Praça Luís de Camões, Guarda, Tel. 271 20 55 30, www.rt-serradaestrela.pt

Hotels

*****Pensão Aliança**, Rua Vasco da Gama 8-A, Guarda, Tel. 271 22 22 35, Fax 271 22 14 51. Einfaches, aber familiäres Haus.

*****Pensão Residência Filipe**, Rua Vasco da Gama 9, Guarda, Tel. 271 22 36 59, Fax 271 22 14 02. Elegantes Hotel in zentraler Lage.

*****Quinta da Ponte**, Faia (13 km westl. von Guarda), Tel. 271 92 61 26, Fax 271 92 68 39, www.quintadaponte.pt. Herrschaftliches Landhaus mit Kapelle und französischem Buchsbaumgarten.

19 Serra da Estrela

Die Serra da Estrela, das Sternengebirge, gehört zu den außergewöhnlichen Naturschönheiten Portugals.

Mit seinen kleinen Seen, bizarren Felsformationen und schönen Wäldern ist das knapp 2000 m hohe ›Sternengebirge‹ *Serra da Estrela* nicht nur die Grenze zwischen Nord- und Südportugal, sondern dank seiner in jüngster Zeit angelegten guten **Wanderwege** auch ein beliebtes Ausflugsziel für Naturliebhaber. Auf etwa 100 km Länge und 30 km Breite erstreckt sich die Serra von *Guarda* bis südlich von *Coimbra*. Noch heute zählt das raue Gebirge mit seiner kargen Landschaft zu den ärmsten Regionen Portugals. Doch langsam gewöhnt sich die Bevölkerung an den Tourismus.

Man beginnt eine Fahrt entlang des nordwestlichen Randes der Serra am besten in **Seia**. Die ursprünglich romanische *Pfarrkirche*, die an der Stelle einer alten Burg errichtet wurde, besitzt sehenswerte Barockaltäre und Bilder des Bragenser Malers José Maria Vieira. Wenige Kilometer südlich von Seia liegt die seltsame Felsformation **Cabeça da Velha** (Kopf der Alten). Von hier aus führt die N 339 zum **Malhão da Estrela** (auch Torre genannt), dem höchsten Berg Portugals (1991 m). Vom Aussichtsplateau auf dem Gipfel der Torre hat man einen einzigartigen Panoramablick über das *Mondego*-Tal, die Serra da Lousã und das *Zêzere*-Tal.

Der nächste Ort ist **Gouveia**. Die schon in römischer Zeit erwähnte und von den Turdetanern 500 v. Chr. besiedelte Ortschaft war zur Zeit von Sanchol. (12./13. Jh.) zerstört. Die mit blau-weißen Azulejos verkleidete *Igreja Matriz de São Pedro* steht im Ortszentrum. Nebenan befindet sich der *Paço do Concelho*, das ehem. Jesuitenkloster aus dem 18. Jh. Sehenswert ist ferner die *Casa da Torre* (17. Jh.) der Grafen von Gouveia.

An der N 338-1 liegt das hübsche Örtchen **Folgosinho** mit Resten einer mittelalterlichen *Befestigungsanlage* aus Wehrturm, Kastell und einem Pelourinho. Von hier bieten sich schöne Wanderungen auf den *Monte São Tiago* (1490 m) und den *Monte Santinha* (1590 m). In nordöstlicher Richtung führt die Straße weiter zu dem kleinen, am Fuß des 1283 m hohen *Monte Cabeça Alta* gelegenen Dorf **Linhares**, einem der schönsten Orte der Serra. Sehenswert sind die Ruinen der ehemals bedeutenden, vermutlich über römischen Mauerresten erbauten gotischen Burg mit einer Torre de Menagem und zwei Verteidigungstürmen (1291) sowie zwei Kirchen. In der *Igreja Matriz* kann man die wertvollen Altarbilder ›Anbetung der Heiligen Drei Könige‹, ›Kreuzesabnahme‹ und ›Verkündigung‹ besichtigen, die Grão Vasco (1613) zugeschrieben werden.

20 Belmonte

TOP TIPP *Geburtsort des Brasilienentdeckers Pedro Álvares Cabral.*

Viele der **Juden**, die 1492 vor den spanischen Königen geflüchtet waren, versuchten, in Belmonte unterzukommen. Als vier Jahre später Dom Manuel als künftiger Schwiegersohn Isabellas von Kastilien auch in Portugal die Juden gewaltsam zum Christentum zwang, flohen erneut viele in das Bergstädtchen. Nirgendwo in Portugal ist die kryptojüdische Tradition stärker ausgeprägt als hier. Noch heute pflegen die etwa 500 **Marranen** – so nannten die Spanier die zwangsgetauften Juden – ihre alten Bräuche. Seit dem Jahr 1997 gibt es sogar wieder eine neue jüdische Gemeinde.

Etwas oberhalb des Ortskerns erheben sich die Reste des mächtigen **Castelo** (Schlüssel im Tourismusbüro) aus dem 13. Jh. Im Turmhof befindet sich das Modell der Karavelle, mit der *Pedro Álvares Cabral* (ca. 1467–1520) im Jahr 1500 Brasilien entdeckte. Gegenüber vom Festungsportal steht die romanisch-gotische **Capela de Santiago**. Im Innenraum sieht man die aus einem Stein gemeißelte, gotische Marienskulptur *Nossa Senhora da Esperança* (13. Jh.), die Cabral auf seiner Brasilienreise bei sich hatte und später einem Franziskanerkloster bei Belmonte schenkte. Sehenswert sind die romanischen Kapitelle, Reste des alten Freskenschmucks (Chor) und das Grabmal von Cabrals Mutter. In einem Nebenhof findet man das *Panteão dos Cabrais* mit den Grabmälern von Fernão Cabral und Henrique Francisco Cabral aus dem 17. Jh.

An den großen Sohn Belmontes, den Brasilienfahrer Cabral, erinnert ein Denkmal, das zu seinem 500. Geburtstag an der Hauptstraße aufgestellt wurde. Vor der Stadt, 1,5 km in Richtung Guarda, liegt der beeindruckende römische Turm **Centum Cellae**. Das dreistöckige, 22 m hohe Bauwerk besteht aus behauenen Granitquadern mit je zwei Zinnen zwischen den Ecknasen. Der dritte, heute stark zerstörte Stock wurde im Mittelalter errichtet. Warum der Bau genau 100 Zellen hatte, ist noch nicht geklärt. Ebensowenig wie die Frage, ob es sich um einen Aussichtsturm, eine Festung oder ein Gasthaus handelte.

i Praktische Hinweise

Information

Posto de Turismo, Praça da República, Belmonte, Tel. 275 91 14 88, www.rt-serradaestrela.pt

Hotel

*****Pousada Convento de Belmonte**, Belmonte, Tel. 275 91 03 00, Fax 275 91 03 10, www.pousadas.pt. Geschmackvoll in einem ehemaligen Franziskanerkloster eingerichtete Pousada.

21 Castelo Branco

Ein Barockgarten zum Verlieben.

Im Norden der Stadt an der *Rua Frei Bartolomeu*, ließ Bischof Dom João de Mendoza im frühen 18. Jh. einen der vielen Gärten anlegen, die gerade im Barock so beliebt waren. Mit seinen zahlreichen Teichen, Wasserspielen und Springbrunnen, Bäumen und Buchsbaumhecken sowie barocken Gartenplastiken zählt der **Jardim do Paço Episcopal** (tgl. 9–19.30

Ein Juwel spätbarocker Gartenkunst – der Jardim Episcopal in Castelo Branco ▷

Uhr) zu den schönsten Barockgärten Portugals. Kurios-boshaft ist die Anordnung der Statuen an der Treppe: Die drei spanischen Philipps (1580–1640) stehen am Fuß der Rampe, sind nach außen gewandt und nur halb so groß wie die Könige aus den Häusern Burgund, Aviz und Bragança. Weitere Statuen und Statuetten stellen historische Personen, Allegorien (Caritas mit zwei Kindern; Die vier Elemente) und Tiere dar.

In dem ursprünglich gotischen, 1726 umgebauten Bischofspalast, dem *Paço Episcopal*, befindet sich das 1910 gegründete **Museu Francisco Tavares Proença Júnior** (tgl. 9–12.30, 14–17.30 Uhr). Hier kann man zahlreiche vorgeschichtliche, römische und mittelalterliche Funde der Region sowie eine Sammlung alter Waffen besichtigen. Die ausgezeichnete *Gemäldesammlung* besitzt zahlreiche Werke der portugiesischen Primitiven, darunter Arbeiten von Cristóvão de Figueiredo, Gregório Lopes, Garcia Fernandes und Francisco Henriques. Außerdem präsentiert das Museum Gobelins und eine außergewöhnliche Colcha-Sammlung. Ein manuelinischer Pelourinho (Schandpfahl) mit gedrehter Säule und Algenkrone steht vor dem Palast.

In der Nähe der alten Templerburg trifft man an der *Rua do Mercado* auf die kleine **Igreja Santa Maria do Castelo**. Ursprünglich romanisch, wurde sie später im barocken Stil umgebaut.

i Praktische Hinweise

Information

Posto de Turismo, Alameda da Liberdade, Castelo Branco, Tel. 272 33 03 39, Fax 272 33 03 24, www.cm-castelo branco.pt

Hotel

*****Pensão Arraiana**, Avenida 1 de Maio 18, Castelo Branco, Tel. 272 22 16 34. Sympathische Pension in zentraler Lage.

Restaurant

*****Praça Velha**, Largo Luís de Camões 17, Castelo Branco, Tel. 272 32 86 40. Die Spezialität des Hauses, das gegrillte Zicklein, zergeht auf der Zunge (Mo geschl.).

Planícies – der Brotkorb Portugals

Die Region Planícies umfasst die historischen Provinzen Ribatejo, Alto und Baixo Alentejo. Die Landschaft des **Alentejo** ist weit, monoton und nahezu menschenleer, die riesigen **Weideflächen** sind durch jahrhundertelange extensive Nutzung streckenweise versteppt. Ungewöhnlich geradlinige Straßen, auf denen *Carrinhos*, kleine Wägelchen, die Korkrinde in die Fabriken des Nordens transportieren, führen bis zum Horizont. Im Schatten der immergrünen Zypressen und unter den Kronen der zahllosen **Korkeichen** verharren reglos Schweine, Schafe, Ziegen, vor allem aber Kühe, denen weiße Kuhreiher geduldig die Parasiten aus dem Fell picken. Feldarbeiter, Olivenpflücker, Korkschäler und Hirte – das sind hier die traditionellen Berufe. Bis zur **Nelkenrevolution**, die im Alentejo ihre meisten Anhänger fand, war die Provinz das Land der Großgrundbesitzer und Tagelöhner.

22 Tomar

Inmitten einer fruchtbaren Landschaft liegt die einstige Hochburg der portugiesischen Tempelritter.

Wichtigste Sehenswürdigkeit von Tomar und Wahrzeichen der Region ist der Convento da Ordem de Cristo. Weithin sichtbar künden von der Berghöhe die Vorwerke und Festungsmauern noch heute von der kriegerischen Vergangenheit seiner Bauherren, der Templer.

Convento da Ordem de Cristo

Weil die Krieger des 1119 gegründeten Tempelritterordens bei der Rückeroberung der von Mauren besetzten Gebiete vorzügliche Arbeit geleistet hatten, schenkte ihnen Dom Afonso Henriques 1158 als Dank das *Castelo de Ceras*. Da das Kastell aber strategisch ungünstig gelegen war, ließ Gualdim Pais, damals Großmeister des Ordens, eine Burg auf dem Hügel über der heutigen Stadt Tomar errichten. Von dieser zerfallenen *Templerburg* sind noch immer Mauerreste, die festungsartige Rotunde sowie die *Templerkirche* erhalten. Nach Auflösung des Templerordens 1312 gründete König Diniz I. im Jahr 1318 »zur Verteidigung des Glaubens, zur Bekämpfung der Mauren und zur Vergrößerung der portugiesischen Monarchie« den *Christusritterorden*. Der gesamte Besitz der Templer fiel an den neuen Orden. Wie zuvor schon die Templer, wurden auch die Christusritter zu einem reichen Orden. Sie unterstützten Heinrich den Seefahrer in seinem Engagement für Entdeckungsfahrten über den Indischen Ozean und nach Amerika. 1523 wandelte sich der Ritterorden zum Mönchsorden, 1789 wurde der Konvent säkularisiert und schließlich 1910 aufgelöst.

Über einen herrlichen Hofgarten gelangt man auf die **Plattform** [**A**], auf deren rechter Seite neben der Templerkirche die **Christusritterkirche** [**B**] liegt. Das Gotteshaus – Baubeginn und Architekten sind nicht bekannt – steht in der Tradition der Grabeskirche und der Omar-Moschee in Jerusalem. Der Bau des Klosters ging von der Charola aus, der ursprünglichen Gebetskapelle der Tempelritter. Als nächstes wurden der Chor, das Langhaus, das Claustro do Cemitério (Kreuzgang der Gräber) und das Claustro da Lavagem (Kreuzgang der Waschung) errichtet. Die manuelinische Bauphase ist verbunden mit den Namen der Architekten João de Castilho, Diogo de Arruda,

◁ **Oben:** *Korkeichen und Kornfelder bestimmen das Bild der alentejanischen Landschaft*
Unten: *Schmucke weiße Häuser und die Igreja de São Baptista sind Blickfang in der Altstadt von Tomar*

Diogo de Torralva, Filippo Terzi und Pedro Fernandes. Die Christusritterkirche von Tomar gilt als das größte und wichtigste Gotteshaus des Ordens im Abendland.

Zwischen Chor und Kirche öffnet sich ein hohes, außergewöhnlich reich skulptiertes und ornamentiertes **Portal** [C], dessen Vorbild das große Südportal des Jerónimo-Klosters in Belém [s. S. 131] gewesen sein dürfte. Über dem hohen Portal stehen unter einem spätgotischen Schmuckbaldachin Maria und das Kind, darunter – in der senkrechten Achse – Christusritterkreuz und Armillarsphäre. Fünf fein gearbeitete Figuren befinden sich jeweils links und rechts vom Portal, das João de Castilho 1515 gemeißelt hat. Durch das Portal gelangt man in die **Rotunde** [D] mit der *Charola dos Templários*. Starke Stützpfeiler, die in eine mit Zinnen bestückte Terrasse auslaufen, umgeben von außen den romanischen Rundbau aus dem 12. Jh. Das Innere des ungewöhnlichen Chorraumes bildet ein prismaförmiges Achteck, umgeben von Bögen und Kapitellen in romanisch-byzantinischem Stil und einem sechzehneckigen Umgang. Gekrönt wird die Charola von einer mächtigen Kuppel. In der Mitte erhebt sich über dem Altar ein turmartiges Oktogon, das auf seinen acht Seiten von leicht zugespitzten Bögen durchbrochen ist, sodass sich beim Rundgang durch den äußeren Ring immer wieder neue Durchblicke ergeben. Der ebenfalls achteckige *Innenraum* der Charola ist umgeben von Arkaden mit römisch-byzantinischen Säulenkapitellen. Von der Kuppel, die auf acht sich kreuzenden, breiten Rippen ruht, hängen drei geschnitzte flämische Baldachine. Die *Kuppel* wurde nach einem Blitzschlag 1508 erneuert. An der Decke der Gebetskapelle sind noch Spuren von Freskenmalereien mit heraldischen Motiven, Weltkugeln und Wappen aus der manuelinischen Zeit zu entdecken. Die *romanischen Kapitelle* des Oktogons zeigen paarweise gegenüberstehende Tiere, Basilisken, Harpyien und Drachen, dünne Schlangen, Tier- und Menschenköpfe, aus deren Mäulern Schlingen und Geflecht herauswachsen. Vorzüglich gearbeitet ist das Kapitell mit der Darstellung Daniels in der Löwengrube. Der überbordende Bauschmuck mit Statuen, Malereien, Stuck im Mudéjarstil und Fresken des frühen 16. Jh. zitiert den orientalischen Stil zur Zeit der Tempelritter.

Der gotische **Claustro do Cemitério** [E], der über einem ehem. Friedhof *(Cemitério)* liegt, grenzt auf der nordöstlichen Seite an die Templerkirche. Grabplatten bedecken den Boden, seitlich davon ist ein Fries aus blau-weißen Fliesen mit orientalischen Ornamenten. Die Fliesen stammen wie die manuelinischen Grabmale und -platten von Ordensrittern

Convento da Ordem de Cristo

A Plattform
B Christusritterkirche
C Portal
D Rotunde
E Claustro do Cemiterio
F Claustro da Lavagem
G Höfe
H Claustro da Hospedaria
J Sakristei
K Claustro da Micha
L Claustro dos Corvos
M Claustro dos Felipes
N Claustro de Santa Bárbara

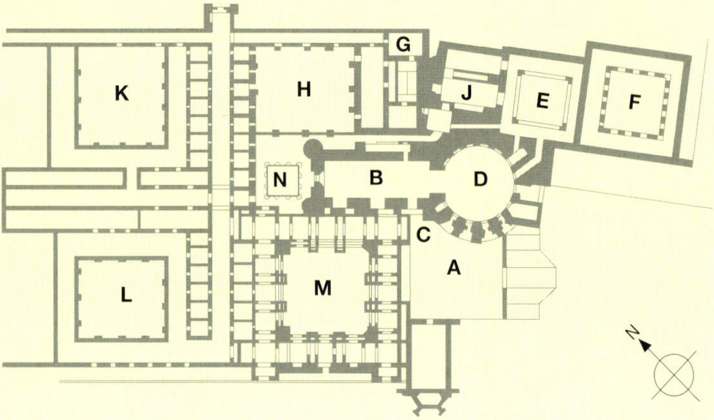

Ritterlicher Anspruch auf Herrschaft – der burgartige Convento da Ordem de Christo

Wappen in der Rotunde zieren die eindrucksvolle Kuppel der Charola dos Templários

aus dem 16. Jh. Die Mumie des Ordensmeisters Baltasar de Faria († 1584), der die Bulle der Inquisition nach Portugal brachte, ist hinter Glas zu sehen. Rechts vom Claustro do Cemitério liegt der mit Azulejos geschmückte, gotische **Claustro da Lavagem** [F], Kreuzgang der Waschung genannt, da in seinen unteren Räumen die Kleidung der Mönche gewaschen wurde. Er stammt aus dem 15. Jh. Die **Höfe** [G] sowie der **Claustro da Hospedaria** [H] schließen sich in nördlicher Richtung an die **Sakristei** [J] an. Weitere Kreuzgänge, welche die Anlage nach außen hin abschließen, sind der **Claustro da Micha** [K], wo die Armenspeisung stattfand, sowie der **Claustro dos Corvos** [L]. Von der Christusritterkirche gelangt man durch ein Tor in den

Wild wucherndes Dekor – das manuelinische Fenster der Christusritterkirche

Claustro dos Felipes [M], in dem Philipp I. von Spanien 1580 zum portugiesischen Herrscher gekrönt worden sein soll. Über die Treppenhäuser des Claustro dos Felipes kommt man zur Plattform des Kreuzgangs. Von hier aus ist die gesamte Klosteranlage zu überblicken. Eine Tür an der Nordseite des Gebäudeteils führt in den *Kapitelsaal*, der mit Bildwerken und Fayencen reich ausgestattet ist. Einen schönen Blick auf den **Claustro de Santa Bárbara** [N] hat man von einer Ecke des Kapitelsaals aus. Dem Claustro gegenüber liegt die Westfassade der **Christusritterkirche** mit ihrem berühmten *Rundfenster* des Hochchors. Es wird gerahmt von mächtigen Strebepfeilern, welche entwurzelte Bäume darstellen, um deren kräftige Stämme das Hosenband (Zeichen des höchsten britischen Ordens) und eine stark gliedrige Kette geschlungen sind. Ferner sieht man Säulen aus Löcherkoralle, knospende Zweige und Skulpturen. Neben Tauen mit Reihen von Korkringen und Seilknoten finden sich überall die Motive Armillarsphäre und Christusritterkreuz – ein typisches Fenster im manuelinischen Stil und zugleich Reminiszenz an die Ritter zur See.

Tomars Innenstadt

Im Zentrum der Stadt, an der *Praça da República*, steht die um 1490 errichtete **Igreja de São Baptista**, König Manuels Kirche für Johannes den Täufer. Die Kirche besitzt einen unten viereckigen, darüber achteckigen wuchtigen Glockenturm, den ein mit zwei Steinschnüren verziertes Pyramidendach krönt. Über dem Portal an der Hauptfassade befindet sich ein Tympanon mit Armillarsphäre, Christuskreuz und königlichem Wappen. Vermutlich stammt es von einem französischen Künstler. Im *Innenraum* stützen mächtige Pfeiler mit Vierpass-Grundriss gotische Bögen. Beeindruckend sind die *Kassettendecke* sowie barocke Holzschnitzereien. Die zierliche spätgotische *Steinkanzel* mit manuelinischen Emblemen ist leider stark beschädigt. Sehenswert sind der Azulejo-Schmuck sowie mehrere *Wandgemälde*, die alle dem Hofmaler Manuels I., Gregório Lopes († 1550), zugeschrieben werden. Im *Baptisterium* lohnt sich der Blick auf ein Triptychon aus der lusoflämischen Schule mit der Darstellung der ›Hochzeit von Kana‹ und der ›Versuchung Jesu‹ sowie einer Darstellung des Kirchenpatrons Johannes d. T. und des hl. Andreas.

Eleganter Prachtbau im Stil der italienischen Renaissance – der Claustro dos Felipes im Convento da Ordem de Christo von Tomar

Am linken Ufer des *Rio Nabão* steht die Kirche **Santa Maria dos Olivais**. Gualdim Pais ließ die dreischiffige gotische Templerkirche gleichzeitig mit dem Kastell errichten. Vom Gotteshaus steht nur noch die *dreigeschossige Westfront* mit Vorhalle und Fensterrose. Die übrigen Gebäudeteile wurden um 1540 umgebaut. In der oberen Archivolte des gestuften Portals sieht man das Zeichen der Tempelherren, den Fünfstern *(signum Salomonis)*. Aus dieser Zeit stammen auch die *12 Kapellen* in der Südmauer. In der zweiten Kapelle sind noch die Reste von 29 Grabsteinen der hier beigesetzten Großmeister des Ordens aufbewahrt, darunter befindet sich auch die Grabplatte des 1195 verstorbenen Templer-Großmeisters Gualdim Pais.

Unweit der Santa Maria dos Olivais steht die **Capela de Santa Iria**. Die einschiffige Renaissancekapelle ist der hl. Iria (Irene) geweiht. Die nach der Legende in einem Klarissinnenkloster lebende Märtyrerin und Stadtpatronin von Tomar wurde von einem verschmähten Liebhaber ermordet und in den Fluss Nabão geworfen. Neben dem *manuelinischen Portal* aus der Schule des João de Castilho sind ein aus weißem Ança-Stein gefertigtes *Kreuzigungsretabel* sowie mehrere mit Medaillons und Büsten brasilianischer Häuptlinge geschmückte *Renaissancebögen* sehenswert.

Am nordöstlichen Stadtrand, in der Nähe der Auffahrt zur Christusritterburg, findet man die 1530 errichtete dreischiffige **Capela de Nossa Senhora da Concei-**

Versteinerte Weltmacht

Der **manuelinische Stil**, der sich im frühen 16. Jh. unter König Manuel I. entwickelt hat, spiegelt die Eindrücke der portugiesischen **Entdecker** in fremden Kontinenten wider. Die Künstler, die sie begleiteten, hielten in ihren Zeichenbüchern das persische naturalistische Blumendekor ebenso fest wie die mythischen und fantastischen Geschöpfe Äthiopiens, Angolas und Brasiliens. Mit den Erfahrungen und Reichtümern der **Neuen Welt** bauten sie für den König, die Vizekönige und die in Afrika und Asien reich gewordenen Kaufleute monumentale Bauten, die bautechnisches Können mit der Vorliebe für ein üppig wucherndes Dekor im Stil der **Frührenaissance** verbanden. Unbekümmert und witzig verfremdeten die Architekten die Gotik und ergänzten sie mit dem Beiwerk **fremdartiger Stile**. Und das Fremde versetzten sie wiederum mit Motiven aus dem Leben der portugiesischen Bauern und Seefahrer. In vielen Werken scheint der Stein entmaterialisiert, spektakulär im filigranen Dekor und bis ins Extreme stilisiert. Ein besonders beliebtes Motiv ist die **Armillarsphäre**, ein altes astronomisches Gerät zum Messen der Himmelskreise. Ebenso häufig ist das achtspitzige **Kreuz der Christusritter**, das Symbol der portugiesischen Seeleute und Entdecker. Zu den Hauptwerken der Manuelinik gehören das **Hieronymitenkloster** von Belém, die **Capelas Imperfeitas** in Batalha und das berühmte Fenster der **Christusritterkirche** in Tomar.

ção. Der außen schlichte Quaderbau ähnelt innen mehr einem römischen Tempel als einer Kirche. Bemerkenswert sind ionische Eckpfeiler und mit Giebeln versehene Fenster, deren Konsolen schräg nach außen gestellt sind.

An der *Rua da Joaquim Jacinto* befindet sich das **Museu Luso-Hebraico Abraham Zacuto** (Do–Di 9.30–12.30, 14–18 Uhr). Das Haus im ehem. Judenviertel *(Judiaria)* ist die älteste Synagoge Portugals. Nur noch zwei Gebäude erinnern an die glanzvolle Zeit der jüdischen Gemeinde von Tomar: In dem einen befindet sich die Synagoge, in der heute Grabsteine aus Beja, Belmonte, Lissabon, Espiche und Monchique Oporto ausgestellt sind; in dem anderen war früher eine *Miqve* (rituelles Bad). Die Synagoge von Tomar ist in ihrer Form ein einmaliges – und nunmehr das einzige – Beispiel für die Synagogenarchitektur in Portugal aus der Zeit vor 1492.

i Praktische Hinweise

Information

Posto de Turismo, Avenida Cándido Madureira 1, Tomar, Tel. 249 32 24 27, Fax 249 32 98 23, www.rttemplarios.pt

Hotel

*****Quinta da Anunciada Velha**, Madalena, Cem Soldos, Tel. 249 34 52 18, Fax 249 34 57 25, www.anunciadavelha.com. Das elegante Landhaus mit Kapelle war früher Wohnsitz der Grafen von Tomar.

Restaurant

Bela Vista, Rua Fonte do Choupo 6, Tomar, Tel. 249 31 28 70. Regionale Küche auf einer weinumrankten Terrasse direkt an der Steinbrücke.

23 Castelo de Almourol

TOP TIPP

Auf einer kleinen Insel im Tejo, die durch einen Fährmann erreichbar ist, steht eine elftürmige Bilderbuchburg.

Zwischen Eukalyptus, Agaven und Weiden ragen auf einer kleinen Felseninsel aus der Mitte des Tejo die Zinnen des geheimnisvollen, elftürmigen Castelo de Almourol in den blauen Himmel. Beinahe zauberhaft funkelt diese **Templerburg** im Licht, ihr Dekor scheint für Legenden wie geschaffen. Der legendäre Ordensmeister *Gualdim Pais* ließ sie 1171 über römischen und maurischen Grundmauern zum Schutz gegen die Mauren errichten. Heute ist die im 19. Jh. im Geist der Romantik restaurierte Märchenburg ist eine der malerischsten Befestigungen des Mittelalters.

Von den Bauten des 12. Jh. sind noch die doppelten *Umfassungsmauern* mit ihren zehn flankierenden *Rundtürmen* sowie der viereckige, zweistöckige Bergfried erhalten. Von dessen Plattform aus hat man einen schönen Blick über die Flusslandschaft des Tejo und die Felder der Umgebung.

24 Castelo de Vide

TOP TIPP *Malerischer Bergort mit schmucken, weiß gekalkten Häusern.*

Seinen Beinamen *Cidade branca* (weiße Stadt) verdankt Castelo de Vide den weiß gekalkten niedrigen Häusern mit den typischen Kaminen, mittelalterlichen Türen, manuelinischen Fensterrahmungen und schmiedeeisernen Balkongittern, welche die schmalen Gassen säumen. Mittelpunkt des Ortes ist das **Castelo de São Roque**, das im 14. Jh. auf den Ruinen einer maurischen Burg errichtet wurde. Von hier bietet sich ein herrlicher Blick über das Häusergewirr und die Serra de São Mamede. Zur Festung gehört die vollständig mit Azulejos ausgekleidete **Capela de Nossa Senhora da Alegria** (17. Jh.). Neben der von barocken Kirchen, Palästen und dem Rathaus gesäumten **Praça de Dom Pedro V.** ist vor allem die **Judiaria**, das ehem. Judenviertel, mit der restaurierten mittelalterlichen Synagoge sehenswert.

In der landschaftlich reizvollen Umgebung des Ortes findet man bedeutende Zeugnisse der alentejanischen Megalithkultur: die **Necrópole de Santo Amarinho**, den **Parque Megalítico dos Coureleiros** und den 8 m hohen **Menir da Meada**. Die **Anta do Tapadão da Relva** schließlich gehört zu den bedeutendsten Megalithbauten des Alentejo.

Sagenumwoben – die zinnenbewehrte Templerburg Almourol

Praktische Hinweise

Information

Posto de Turismo, Rua Bartolomeu Álvares da Santa 81, Castelo de Vide, Tel. 245 90 13 61, www.rtsm.pt

Hotels

*****Quinta da Bela Vista**, N 384, Póvoa e Meadas (12 km nordwestl. von Castelo de Vide), Tel. 245 96 81 25, Fax 245 96 81 32, www.eespe.com/belavista. Gemütliches Landhaus im typischen Stil der Region.

Einheit von Landschaft und Architektur – der Bergort Castelo de Vide

*****Residencial Isabelinha**, Largo do Paço Novo, Castelo de Vide, Tel. 245 90 18 96. Modern ausgestattete Pension am Hang mit hauseigenem Swimmingpool.

Restaurant

Dom Pedro, Praça Dom Pedro V., Castelo de Vide, Tel. 24 59 12 36. Regionale Spezialitäten in rustikalem Ambiente.

25 Marvão

TOP TIPP *Von gewaltigen Stadtmauern umgebenes Städtchen mit noch unverfälschtem mittelalterlichem Ortsbild.*

Marvão thront wie ein Adlerhorst auf einer 870 m hohen Felsnase. Der befestigte Bergort geht auf die Mauren zurück und spielte in den Grenzkriegen gegen Spanien das ganze Mittelalter hindurch und auch später eine wichtige Rolle. Die **Rua do Castelo** führt durch das immer noch mittelalterlich wirkende Städtchen mit seinen engen, verwinkelten Gassen, malerischen Plätzen und blumengeschmückten Häusern. Von der im frühen 17. Jh. erweiterten **Festung** bietet sich ein weiter Rundblick: im Osten nach Spanien, im Süden und Westen über die Serra de São Mamede und im Norden zur Serra de Estrela.

i Praktische Hinweise

Information

Posto de Turismo, Largo de Santa Maria, Marvão, Tel. 245 99 38 86, www.rtsm.pt

Hotel

******Pousada de Santa Maria**, Rua 24 de Janeiro 7, Marvão, Tel. 245 99 32 01, Fax 245 99 34 40, www.pousadas.pt. Nobelherberge in den Mauern der alten Zitadelle.

In Marvão ist der Weitblick zu Hause – Panorama von der Festung

Inbegriff des Manierismus – die Fassade der Jesuitenkirche in Santarém

26 Santarém

Auf einem Hügel liegt die Hauptstadt der historischen Provinz Ribatejo, die wegen ihrer vielen Klöster und Kirchen als Zentrum der portugiesischen Gotik gilt.

»Diese Stadt«, schreibt der portugiesische Romancier Almeida Garrett, »ist ein Stein gewordenes Buch, in dem der interessanteste und poetischste Teil unserer nationalen Chroniken geschrieben steht.« Neben 14 Klöstern und 13 Kirchen hat die **Hauptstadt der portugiesischen Gotik** auch auf dem landwirtschaftlichen Sektor einiges zu bieten. Gemüse, Getreide und Wein werden in der Umgebung angebaut. Anfang Juni feiert Santarém die **Feira da Agricultura**, die größte Landwirtschaftsmesse Portugals.

Den besten Überblick über die Stadt (20 000 Einw.) hat man vom südöstlich der *Avenida 5 de Outobro* gelegenen und flusswärts gerichteten Felsplateau. Von der **Portas do Sol**, einer 1895 an der Stelle eines ehem. maurischen Kastells angelegten Aussichtsterrasse, kann man auf die Flusslandschaft, das Tejo-Tal und auf das für seinen vorzüglichen Weißwein bekannte Almeirim sehen. Ebenso hat man einen herrlichen Blick auf die 1200 m lange **Ponte Dom Luís**, die 1876–81 erbaut wurde und den Tejo in einer Höhe von 22 m überbrückt.

An der *Praça Visconde Serra Pilar* steht die Kirche **Santa Maria de Marvila**. Das auffälligste Wahrzeichen des von João de Castilho in der ersten Hälfte des 16. Jh. erbauten Gotteshauses ist das wuchtige manuelinische *Portal* (1520), dessen Torbogen von Schlangenkakteen-Stängeln geschmückt sind. Das dreischiffige *Innere* mit flacher Kassettendecke gliedern ionische Säulen mit schönen Kapitellen, deren Deckplatten Engel und bärtige Masken zieren. Blickfang der Ausstattung sind die blau-gelben *Azulejos enxaquetados* (1617) sowie das Holzaltarbild ›Mariä Himmelfahrt‹ des romantischen Malers Arcangelo Fuschini (1829). Ein weiteres manuelinisches Portal führt zur *Sakristei* mit einer schönen Holzdecke, einem Azulejo-Paneel und einer im indoportugiesischen Stil gearbeiteten, kleinen Elfenbeinfigur des gekreuzigten Christus.

Nahebei in südöstlicher Richtung erstreckt sich der *Largo da Graça* mit der **Igreja da Graça** – ein Triumph des gotischen Flamboyant-Stils. Die Kirche wurde um 1380 von Dom João Afonso Tellez de Meneses erbaut und 1951 restauriert. Das eindrucksvolle *Portal* der harmonischen Fassade meißelte wahrscheinlich der Batalha-Baumeister Domingues. Die fünf Archivolten besitzen fein gearbeitete Kapitelle mit pflanzlichen Verzierungen. Im Feld über dem Kielbogen sieht man Blendarkaden mit den beiden Stifterwappen. Besonders sehenswert ist die aus einem einzigen Stein herausgeschlagene *Fensterrose*. Der dreischiffige, sehr harmonisch wirkende spätgotische *Innenraum* wurde mit einer gebrochenen Holzdecke sowie hohen Arkadenbögen auf Bündelsäulen mit pflanzlichem und figürlichem Kapitellschmuck prachtvoll ausgestaltet. Zu sehen gibt es außerdem kunstvolle Grabmäler. Eichenblätter umranken einen *Doppelsarkophag*, der von acht Löwen getragen wird. Die Liegefiguren halten sich innig die Hände. Es ist das Grabmal des 1437 verstorbenen ersten Gouverneurs von Ceuta, Pedro de Meneses, und seiner Gemahlin Dona Beatriz Coutinho. Rechts vom Chor liegt das *Grabmal* für den 1526 verstorbenen Seefahrer *Pedro Álvares Cabral*, der 1500 Brasilien entdeckte. Vor der Gnadenkirche wurde 1968 ein *Gedenkstein* für den großen Entdecker aufgestellt.

In der *Rua de São de Martinho*, nahe der *Torre das Cabaças*, liegt die älteste Kirche der Stadt. Die um 1200 errichtete **Igreja de São João de Alporão** veranschaulicht eindrucksvoll die glückliche Mischung von anglo-normannischer Gotik mit dem zierlichen mozarabischen Stil. Ein frei stehender Verteidigungsturm auf der linken Seite sowie das in einen tiefen fünfeckigen Mauervorbau gestufte romanische *Westportal* vermitteln einen wehrhaften Eindruck, den auch die darüberliegende Fensterrose kaum mindert. Die Rose öffnet sich aus acht säulenartigen Speichen. Der einschiffige gotische *Innenraum*, der eine lichtvolle Weite suggeriert, besitzt einen bemerkenswerten *Triumphbogen* mit pflanzlichen und zoomorphen Kapitellen.

Im *Chor* – mit frühgotischem Sterngewölbe – ist heute das **Museu Arqueológico de São João de Alporão** (Di–So 9.30–12.30, 14–18 Uhr) untergebracht. Zwei Steinelefanten aus Indien stehen am Eingang des Chors. Ferner sind Skulpturen, Sarkophage, römische Tonwaren, Fliesen, arabische Kapitelle, aber auch weitere exotische Tiere zu sehen. Ein kurioses Exponat ist das prachtvoll gemeißelte gotisch-flämische *Kenotaph* mit der Liegefigur von Duarte de Meneses, Sohn Pedros I., der im Jahre 1458 in der Schlacht fiel. Nur ein Zahn von ihm wurde in die Heimat zurückgebracht. Er wird heute gesondert ausgestellt. Ein gemeißelter Bogen mit einem Relief der Kreuzigung Christi unter dem Baldachin im oberen Bogenfeld kennzeichnet den Kenotaphen. In Rüstung und mit gezogenem Schwert ist die Liegefigur dargestellt.

Gegenüber der Museumskirche sieht man die 22 m hohe, quadratische **Torre das Cabaças** (Kürbisturm). Angeblich ist sie ein ehem. maurisches Minarett aus

Häuser erzählen Geschichte(n) – Azulejos am Marktgebäude

dem frühen 16. Jh. Die Torre besitzt ein Glockengeschoss, über der Turmglocke hängen kürbisförmige Resonanzamphoren aus Stein, die den Klang verstärken und dem Turm seinen merkwürdigen Namen gaben.

i Praktische Hinweise

Information

Posto de Turismo, Casa do Campino, Emilio Infante de Câmara, Santarém, Tel. 243 30 44 37, www.rtribatejo.org

Hotel

*****Residencial Abidis**, Rua Guilherme de Azevedo 4, Santarém, Tel. 24 32 20 17. Belle-Époque-Gebäude in der Stadtmitte.

Restaurant

*****Café Central**, Rua Guilherme de Azevedo 32, Santarém, Tel. 24 32 23 03. Traditionsreiches Restaurant im Art-Déco-Stil.

27 Estremoz

Weiße Stadt, wo der Marmor glänzt.

Das von den Portugiesen gerne als ›glückliche Stadt‹ gepriesene Estremoz besteht aus der mittelalterlichen **Oberstadt** mit Burg und Festungsanlagen sowie der **Unterstadt** mit dem *Rossio*. Häufig wird hier der weiße Marmor als Baumaterial verwendet, der aus der Umgebung stammt. Bereits im Mittelalter war Estremoz deswegen berühmt.

Unterstadt

Die Praça do Marquês de Pombal, kurz *Rossio* genannt, ist das Zentrum der Stadt. Am Südende trifft man auf die **Câmara Municipal** (Rathaus), die ein sehenswertes Treppenhaus besitzt. An den Wänden schildern großartige blau-weiße Azulejo-Paneele (2. Hälfte 18. Jh.) Szenen aus dem Leben des hl. Philippus. Im *Oratório do Arcebispo*, der Hauskapelle des Erzbischofs, lohnt ein Blick auf die Kachel-Tableaus von Manuel dos Santos.

Ebenfalls an der Praça steht die gotische **Igreja São Francisco**. Sie stammt aus dem Jahr 1213 und ist mit einem hölzernen Satteldach gedeckt. Auf romanisch-gotischen Säulen ruht das Kreuzrippengewölbe im dreischiffigen Innenraum. Bemerkenswert sind das Renaissanceportal, die manuelinischen Fenster

Stierkampf auf portugiesisch

Man mag vom Stierkampf halten, was man will – aus der iberischen Kultur ist er noch lange nicht wegzudenken. Anders als in Spanien folgt die portugiesische **Tourada** jedoch der Tradition ritterlicher Turnierspiele. Aufgabe des berittenen **Cavalheiros** ist es, dem Stier im Vorüberreiten geschmückte Stäbe mit Widerhaken in den Nacken zu bohren. Wenn der Stier müde ist, bauen sich acht **Forcados** (Kämpfer zu Fuß) hintereinander in der Arena auf und versuchen, das anstürmende Tier zu stoppen, am Schwanz zu packen und in die Knie zu zwingen. Der Stier wird besiegt, aber nur symbolisch getötet.

Die Stierkampfsaison dauert von Ostersonntag bis Oktober. Zweimal in der Woche findet eine Tourada statt, am Donnerstag und Sonntag. Die **Eintrittskarten** sind in drei Klassen unterteilt: Sol (Sonne), Sol e sombra (Sonne und Schatten) und Sombra (Schatten). An der Kasse werden **Sitzkissen** (Almofadas) verliehen – durchaus zu empfehlen bei den harten Bänken. Klassische portugiesische Touradas finden vor allem im Ribatejo statt, berühmt sind die Stierkämpfe in **Santarém** und in **Vila Franca de Xira**. Bei vielen Dörfern sieht man eingezäunte Felder, auf denen die Dorfjugend am Sonntagnachmittag mit noch nicht kampftüchtigen jungen Stieren eine Vorstellung gibt.

Bollwerk gegen die Spanier – die monumentale Burgfestung von Estremoz

und der Marmorsarkophag für Vasco Esteves Gato (15. Jh.). Auf drei Kissen ist das Haupt der Liegefigur gebettet, die Hand hält das Schwert, zu ihren Füßen sitzen zwei Hasen. Beachtlich sind weiter ein großartiger ›Baum Jesse‹ (17. Jh.) und einige Holzskulpturen.

An Markttagen pulsierendes Zentrum der Stadt Estremoz – der Rossio

Oberstadt

Innerhalb des Befestigungsgürtels – im Stil französischer Festungsbauten – liegt das **Castelo** mit dem wuchtigen, aber doch eleganten, 27 m hohen *Bergfried*. Dieser besteht aus Marmor, und man sieht Balkone auf Pechnasen und abschließendem Zinnenkranz. In seinem ursprünglichen Zustand ist heute noch im zweiten Geschoss der oktogonale Rittersaal mit den Kleeblattfenstern erhalten, die meisten anderen Bauten der Burg wurden im Lauf der Zeit mehrfach verändert. Im ehemaligen Königspalast wurde die *Pousada da Rainha Santa Isabel* eingerichtet [s. u.], eine charmantes Hotel nicht nur für Romantiker.

Auf dem Largo vor der Alcáçova steht die von António Paiva geschaffene, beeindruckende **Marmorstatue** der Rainha Santa Isabel.

Die dreischiffige Hallenkirche **Santa Maria do Castelo**, gegenüber dem Kastell, bewahrt eine ausgezeichnete Sammlung früher portugiesischer Tafelbilder. Ebenso ist dort eine ›Anbetung der Heiligen Drei Könige‹ sowie eine ›Enthauptung Johannes d. T.‹ zu sehen. Beide Bilder werden *El Greco* zugeschrieben.

i Praktische Hinweise

Information

Posto de Turismo, Rua Alonso Gomes, Estremoz, Tel. 268 33 92 00, www.rtevora.pt

Hotels

****__Hotel Convento de São Paulo__, Aldeia da Serra, Redondo, Estremoz, Tel. 266 98 91 60, Fax 266 99 91 44. Zwischen Estremoz und Redondo liegt inmitten einer herrlichen Gartenanlage das kleine Hotel, das in einem 1376 erbauten Kloster untergebracht ist.

****__Pousada da Rainha Santa Isabel__, Largo Dom Diniz, Estremoz, Tel. 268 33 20 75, Fax 268 33 20 79, www.pousadas.pt. Liebevoll renovierter Königspalast mit antiken Möbeln. Hervorragendes Restaurant.

***__Quinta do Monte dos Pensamentos__, Estrada da Estação do Ameixal, Estremoz, Tel. 268 33 31 66, Fax 268 33 24 09 Prächtiges Landhaus aus dem 19. Jh.

Restaurant

Águias d'Ouro, Praça do Marquês de Pombal 27, Estremoz, Tel. 268 33 91 00. Nicht nur wegen seiner Hammelspezialitäten ist es einen Besuch wert.

In der Antike ein Superlativ – Elvas besitzt die größte historische Wasserleitung

28 Elvas

Alte Festungsstadt nahe der spanischen Grenze.

Inmitten von Olivenhainen und Obstkulturen liegt das Städtchen Elvas, das durch seine Nähe zur spanischen Grenze in seiner Geschichte mehrfach Angriffsziel spanischer Expansionsbestrebungen war. Berühmtheit unter diesen Auseinandersetzungen genießt der ›Orangenkrieg‹, der seinen Namen jenen Orangenzweigen verdankt, die der spanische General Manuel de Godoy 1801 nach seinem Sieg über das Nachbardorf Olivença in Elvas pflücken und seiner Königin Maria-Luisa schicken ließ mit der Ankündigung, bis nach Lissabon vorzudringen. Dies gelang ihm freilich nicht, doch musste Portugal im Frieden von Badajoz den Grenzort Olivença an Spanien abtreten und sein Bündnis mit England auflösen.

Was António Sardinha (1888–1925) vor vielen Jahren geschrieben hat, gilt auch heute noch: »Mit seinen Bollwerken und Türmen, mit seinen Terrassen und seiner Wasserleitung konnte Elvas seinen einzigartigen mittelalterlich-maurischen Charakter bewahren.« Die mit einem weiß-schwarzen Mosaik gepflasterte *Praça da República* wird von städtischen Gebäuden eingefasst. An der Nordseite ragt die festungsartige gotische **Igreja de Nossa Senhora da Assunção** auf,

überhöht wird sie durch den pyramidenförmig spitz nach oben zulaufenden Glockenturm. Die ehem. Kathedrale wurde 1515–20 von Francisco de Arruda über einer romanisch-gotischen Vorgängerkirche errichtet. Die nüchtern gestaltete *Fassade* besitzt drei Portale: ein klassizistisches Rundbogenportal sowie zwei manuelinische Seitenportale. Der dreischiffige *Innenraum* mit Kreuz- und Sterngewölbe ist mit Deckenmalereien verziert. 1749 kleidete Francisco de Abreu den *Chor* ganz mit Estremoz-Marmor aus. Die gewaltige Barockorgel baute der Italiener Pasqual Caetano Ordoni (1762).

Geht man weiter in nordwestlicher Richtung, trifft man auf den hübschen *Largo de Santa Clara*, auf dem der berühmte **Pelourinho de Elvas** steht. Die achteckige Marmorsäule mit Pyramidenturm und vier geschmiedeten Haken wird von Steintauen, üppigen Verschlingungen und Tropfenformen verziert. Über die Praça da República kommt man zum ehem. Jesuitenkloster aus dem 17. Jh. Heute ist dort das **Museu Arqueológico e Etnológico de António Tomás Pires** (Di–So 9–12.30, 14–17.30 Uhr) untergebracht. Es zeigt wertvolle Keramik, Münzen, Bilder und Plastiken des 13.–16. Jh. Außerdem sieht man römische Mosaiken, Funde von dem römischen Bauernhof bei Torre de Cabeçal, Funde aus Vila Viçosa sowie Volkskunst.

Eine der bedeutendsten Attraktionen der Elvas ist der 7454 m lange **Aqueduto da Amoreira** – die größte historische Wasserleitung der Alten Welt, die am Largo Salazar am Stadtrand mit der 1622 von Diogo Marques geschaffenen marmornen *Fonte da Vila* endet. Noch heute führt sie Wasser zu diesem Stadtbrunnen. Die Leitung entstand zwischen 1498 und 1622 nach Plänen von Diogo de Arruda auf den Grundmauern eines römischen Aquädukts. Das Bauwerk ist bis zu 31 m hoch. Insgesamt 843 Bögen sind an einigen Stellen vierreihig übereinandergesetzt. Den dazugehörigen Marmorbrunnen deckt eine von sechs Säulen gestützte, zylindrische Kuppel.

Ebenfalls außerhalb des Stadtkerns findet man Befestigungsmauern, die ein Gebiet von 1000 x 600 m umschließen, sowie das **Fort Nossa Senhora da Graça** (1763–92). Graf Wilhelm von Schaumburg-Lippe, der 1762–64 das portugiesische Heer befehligte, ließ das Fort in der Tradition des französischen Festungsbaumeisters Vauban anlegen. Die Türme São Vicente, Esquina und Nossa Senhora da Conceição sind doppelt gesichert, geschmückt mit Kartuschen und Trophäen.

Im Süden der Stadt liegt das **Fort Santa Luzia** (1640–87). Heute ist hier eine Pousada (Gästehaus) untergebracht.

i Praktische Hinweise

Information

Posto do Turismo, Praça da República, Elvas, Tel. 268 62 22 36, www.rtsm.pt

Hotel

*****Pousada de Santa Luzia**, Avenida de Badajoz, Elvas, Tel. 268 36 74 70, Fax 268 62 21 27. Im Jahr 1942 wurde das Haus in Alentejo-Architektur als erste Pousada Portugals eröffnet.

Restaurant

Flor do Jardim, Jardim Municipal, Elvas, Tel. 268 62 31 74. Alteingesessenes Lokal mit regionalen Spezialitäten.

29 Vila Viçosa

Die ›Prinzessin des Alentejo‹ ist eine Stadt des Marmors.

In dem schönen Städtchen mit seinen zahllosen Gärten und Bauten aus Marmor, der in den großen Brüchen bei Borba abgebaut wird, dominieren die Farben grün und weiß. Heute nennt es sich stolz **Prinzessin des Alentejo**. Die eindrucksvollsten Bauten verdankt Vila Viçosa den Bragança, die hier nach der Ernennung von João IV. zum König 1640 ihren Hauptwohnsitz einrichteten. Weitere illustre Persönlichkeiten des Ortes waren der impressionistisch beeinflusste Maler *Henríque Pousão* (1859–1884) und die Dichterin *Florbela Espanca* (1894–1930), an die am Aufgang zum Castelo ein Denkmal erinnert. Beide wurden in Vila Viçosa geboren und ließen sich hier ansehnliche Stadthäuser errichten.

Eine der schönsten Platzanlagen Portugals ist der große **Terreiro do Paço**, früher Mittelpunkt des alten Residenz-

Oben: *Ein Bild des Friedens – weidende Stiere im Ribatejo*
Mitte: *Nur noch Minuten bis zum großen Auftritt – in der Arena warten Kämpfer auf den Stier*
Unten: *Schafherde in der Serra da Serpa*

viertels und Schauplatz prächtiger Hoffeste sowie Arena für Stierkämpfe. Blickfang im Zentrum des Terreiro do Paço ist das bronzene *Reiterdenkmal von König João IV.*, das von Francisco Franco geschaffen wurde. Die Ostseite dominiert der **Convento dos Agostinhos** (17./18. Jh.) mit der Grablege der Herzöge von Bragança, die Grabmäler ihrer Gemahlinnen befinden sich in der Kirche des ehem. **Convento de Chagas de Christo** (1530) an der Südseite des Platzes. Heute bietet der Konvent einen würdigen Rahmen für die luxuriöse *Pousada Dom João IV.* [s. u.], die in den einstigen Klosterräumen eingerichtet wurde.

Prachtvoller Höhepunkt des Terreiro do Paço ist der **Paço Ducal** (Di–So 9–13, 14–17 Uhr) mit seiner eindrucksvollen, 110 m langen und im Stil der italienischen Renaissance errichteten, dreistöckigen *Fassade* aus Marmor. Das Herzogliche Schloss besitzt hervorragende Deckengemälde, Porträts aller Herzöge von Bragança, dazu Fayencen, Azulejos, wertvolle Möbel und Aubusson-Teppiche, Gemälde, Waffen und Kutschen. Außerdem ist dort eine herrliche **Bibliothek** (*Sala dos Reservados*) mit wertvollen Bänden untergebracht. Unter anderem findet man die *Editio princeps* der Lusiaden von Camões (Lissabon, 1572) sowie das zweitälteste in Portugal gedruckte hebräische Buch, ›Perush Ha-Tora‹ von Moses ben Nahman (Lissabon, 1489).

Am Ortseingang stehen noch Reste der Stadtmauern sowie zwei berühmte Tore: Eines davon ist die im 16. Jh. errichtete **Porta dos Nós** (Knotentor) mit seltsamen, scheinbar durch Taue verbundenen runden Steinbogen. Es symbolisiert zudem den an vielen Gebäuden des Landes angebrachten Wappenspruch der Bragança: »Depois de vós – nós« – »Nach euch kommen wir«.

Eine restaurierte Zugbrücke führt über einen 6 m breiten Graben in das **Castelo**. Dom Diniz I. ließ es Anfang des 13. Jh. über römischen und maurischen Grundmauern errichten und schützte es mit einer zinnengekrönten Umfassungsmauer. Vor der Burg steht ein 8 m hoher **Pelourinho** aus Granit, bekrönt von einer eleganten, mit Akanthusblättern und Girlanden geschmückten Laterne.

Die ursprünglich gotische **Igreja de Nossa Senhora da Conceição** wurde mit blauen und gelben Azulejos aus dem 17. Jh. verziert. Zwei Bilder der Lissabonner Schule gehören zu den Kirchenschätzen.

Praktische Hinweise

Information

Posto de Turismo, Terreiro do Paço, Vila Viçosa, Tel. 268 88 11 01, www.rtevora.pt

Hotels

**** **Pousada Dom João IV.**, Convento de Chagas de Christo, Tel. 268 98 07 42, Fax 268 98 07 47, www.pousadas.pt. Moderne Nobelherberge mit allem Komfort und Pool.

*****Casa dos Arcos**, Praça Martim Afonso de Sousa, 16, Tel./Fax 268 98 05 18. Elegante Residenz aus dem 18. Jh. mit Restaurant.

*****Casa de Peixinhos**, Estrada do Paúl, Conceição, Tel. 268 98 04 72, Fax 268 88 13 48. Herrschaftliches Haus aus dem 17. Jh. auf einem Landgut; angeschlossen ist ein sehr gutes Restaurant.

30 Évora

Plan Seite 88

Die ›weiße Stadt‹ zählt zu den bedeutendsten Kunst- und Kulturstädten Portugals.

Malerisch erstreckt sich die Hauptstadt des gleichnamigen Distriktes auf einer flachen Anhöhe. Der Ort mit 40 000 Einwohnern ist Universitätsstadt und zugleich Sitz eines Erzbischofs. Évora ist aber nicht nur **Kulturstadt**, hier gibt es auch den größten Umschlagplatz für landwirtschaftliche Produkte. »In Évora ist die Geschichte ständig präsent – in jeder Straße und auf jedem Platz, in jedem Stein und in allen Schatten. In Évora konnte die Vergangenheit ihren Platz bewahren, ohne der Gegenwart den Raum zu stehlen«: Für den portugiesischen Schriftsteller und Nobelpreisträger José Saramago ist Évora eine der schönsten Städte Portugals. Die fast ganz von einer **römischen Ringmauer** umgebene Stadt nennt man wegen ihrer mittelalterlich-maurischen Gebäude aus Kalk, Granit oder Marmor, der Kathedrale sowie wegen zahlreicher anderer Baudenkmäler auch *Cidade museu* (Museumsstadt). 1987 wurde der Stadtkern von der **UNESCO** als Weltkulturerbe unter Schutz gestellt. Typisch für die Bauweise in Évora ist eine Variante des manuelinischen Stils, der als *Mudéjarismo alentejano* in die Kunstgeschichte einging: Gotische und maurische Formen werden im Mudéjarstil ver-

Perle des Alentejo – Évora gehört seit 1986 zum Weltkulturerbe

bunden. Bezeichnend dafür sind gekoppelte Fenster *(Ajimez)*, die von zwei Hufeisenbögen unter einem gemeinsamen Kielbogen bekrönt sind, sowie die dekorative Anwendung von Backstein *(Tijolo)* an Balustraden und Steingittern.

Der Spaziergang durch die Stadt beginnt an der lang gestreckten und arkadengesäumten **Praça do Giraldo** 1, in römischer Zeit das *Forum Civicum*, heute das urbane Zentrum der Stadt. Man sieht hier zahlreiche schöne Häuser mit Arkaden auf teilweise antiken Säulen. Zentrum des Platzes bildet der achtrohrige, marmorne **Heinrichsbrunnen** mit der Armillarsphäre an der Spitze. Er wurde 1571 von Afonso Álvares an der Stelle eines römischen Triumphbogens errichtet. Dessen antike Säulen wurden auch beim Bau der Laubengänge an der Ostseite der Praça do Giraldo wieder verwendet. Schräg gegenüber erhebt sich die **Igreja de Santo Antão**, die 1553–68 nach Plänen von Manuel Pires im Renaissancestil des Alentejo errichtet wurde. Die schmucklose Hallenkirche besitzt drei *Granitportale* (eines mit einer Inschrift des Dichters André de Resende). Im rechteckigen Innenraum findet man einen beachtlichen Barockaltar und ein vermutlich von Coelho da Silva gemaltes Abendmahl sowie bunte und blau-weiße Kachelbilder.

Geht man die *Rua de 5 Outubro* in östlicher Richtung, erblickt man zunächst den hochragenden, fünfeckigen ›Turm des Sisibut‹ (Teil der römisch-gotischen Mauer) und erreicht dann die **Sé de Santa Maria** 2, die wie die Kathedralen in Porto, Lissabon und Braga eine Wehrkirche ist. Die frühgotische Sé ist Évoras bedeutendstes Bauwerk und zählt zu den schönsten Kathedralen Portugals. Den Grundstein legte man 1186 nach der Rückeroberung der Stadt von den Mauren. Das Gebäude, das romanische und gotische Elemente harmonisch vereint, wurde schließlich 1330 vollendet. Romanisch ist vor allem der Bauplan: ein basilikales, siebenjochiges Langhaus, dem zwischen den Westtürmen ein Narthex (Vorhalle) vorangestellt ist. Anders als in Braga, Coimbra und Lissabon handelt es sich bei der Sé in Évora um einen kreuzförmigen Grundriss mit deutlich hervortretenden Querschiffarmen. In die Gewölbekonstruktion ist das technische Wissen der Zisterzienser von Tarouca und Alcobaça eingeflossen. Festungsartig erhebt sich die von zwei asymmetrischen, gedrungenen und wehrhaften Türmen flankierte **Fassade** [A]. Zwischen den Türmen (nur der rechte Turm zeigt Strebepfeiler) befinden sich am *Portalgewände* auf Marmorsäulen 12 archaisch wirkende Apostelfiguren aus weißem Marmor. Sie

Auf der geschäftigen Praça do Giraldo trifft sich Évora zum Schwätzchen

sind im Gespräch miteinander dargestellt – eine in Portugal seltene Form. Die Figuren zählen zu den frühesten Beispielen gotischer Plastik in Portugal. Der Vierungsturm ist von einem Kranz mit acht kleinen Türmen auf einer achteckigen Trommel eingefasst. Abgeschlossen wird er von einer mit Schuppen gedeckten, kegelförmigen Kuppel.

Der dreischiffige *Innenraum* ist 70 m lang, damit ist die Sé von Évora die größte Kathedrale des Landes. Bemerkenswert sind die malerischen Streifen der rotbraunen Granitquader und der weißen Fugen. Von eindrucksvoller Höhe zeigt sich das spitzbogig gebrochene Tonnengewölbe. Im Mittelschiff stehen sich zwei polychrome Holzstatuen gegenüber: eine gotische *Madonna von O* sowie die goldüberzogene manuelinische Figur des *Erzengels Gabriel* (16. Jh.), die Olivier de Gand zugeschrieben wird.

Auf der Empore des **Hochchors** [**B**] findet man ein mit reicher Renaissanceschnitzerei verziertes und mit grazilen, profanen Motiven (Köpfe, Putten) geschmücktes Chorgestühl (1562).

Der aus Bayern stammende Baumeister João Frederico Ludovice (Johann Friedrich Ludwig) erweiterte 1718 den mit Marmor überreich ausgestatteten barocken **Chor** [**C**]. Man sieht Skulpturen von Antonio Bellini und Gemälde von Agostinho Mazzucci sowie eine beachtenswerte Renaissancekanzel. Im linken Querschiffarm gelangt man durch einen von Nicolas de Chanterène gemeißelten, marmornen Portalbogen (1529) in die von einem Sterngewölbe überspannte quadratische **Esporão-Kapelle** [**D**]. Sie stellt das erste Beispiel der Frührenaissance in Évora dar. Vom gotischen **Kreuzgang** [**E**] aus führen mehrere Aufgänge zur Dachterrasse der Kathedrale. Von dort bietet sich ein schöner Blick. Das 1983 im südlichen Fassadenturm eingerichtete **Museu de Arte Sacra** (Di–So 9–12, 14–17 Uhr) stellt in vier Abteilungen (Malerei, Goldarbeiten, Skulpturen und Liturgische Gewänder) sehenswerte sakrale Schätze aus. Hervorzuheben sind Bilder von Gregório Lopes sowie Werke, die den Malern Garcia Fernandes und Cristóvão de Figueiredo zugeschrieben werden. Prunkstück dieser Sammlung ist die 51 cm hohe Statue einer französischen *Elfenbeinmadonna* (Virgem do Paraíso) aus dem späten 13. Jh. Die Figur lässt sich öffnen und bildet dann ein Triptychon mit Szenen aus dem Marienleben. Beachtung verdienen auch der manuelinische *Bischofsstab* des Kardinal-Königs Henrique aus vergoldetem Silber sowie das mit 1246 wertvollen Edelsteinen besetzte *Reliquienkreuz* Cruz do Santo Lenho.

An der Nordseite des ehem. Paço Episcopal aus dem 16./17. Jh. werden im **Museu de Évora** 3 (Mo, Di 14–17.30, Mi–So 9–17.30 Uhr) römische, romanische und gotische Architekturfragmente, Grabsteine sowie Renaissance-Skulpturen präsentiert. Außerdem sieht man portugiesische und spanische *Azulejos* (16./17. Jh.), Sarkophage und die um 1535 von Nicolas de Chanterène gemeißelten Kenotaphe für Bischof Afonso de Portugal und Álvaro da Costa. Zu den besten Stücken zählen das Triptychon ›A Paixão de Cristo‹ (Frankreich, 16. Jh.) und das Altarbild ›Vida da Virgem‹ (um 1500, Brüsseler Schule).

Im Zeichen des Kreuzes – Inneres der Kathedrale Sé de Santa Maria von Évora

Der **Templo Romano** 4 gegenüber der Sé ist das Wahrzeichen der Stadt und das einzige erhaltene Beispiel eines römischen Tempels auf der Iberischen Halbinsel. Der 25 x 15 m große und 3,5 m hohe Diana-Tempel wurde wahrscheinlich im 2. oder 3. Jh. n.Chr. errichtet. Der im hellenistischen Stil erbaute Tempel besitzt Ähnlichkeiten mit der *Maison Carrée* in Nîmes, dem *Tempel des Antonius Pius und der Faustina* in Rom (heute Kirche S. Lorenzo in Miranda) sowie dem

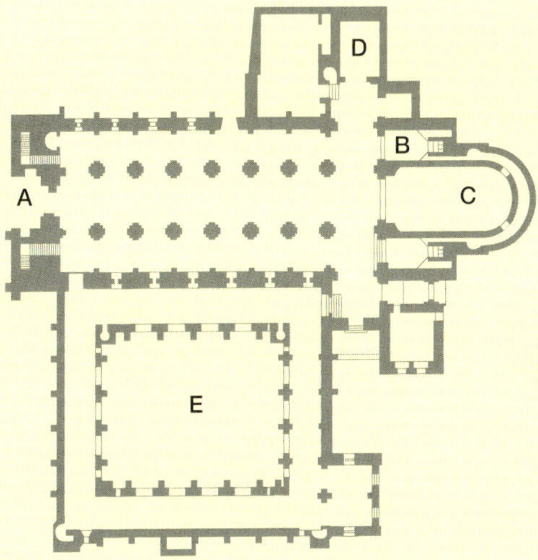

Sé de Santa Maria

A Fassade
B Hochchor
C Chor
D Esporão-Kapelle
E Kreuzgang

Tempel des Augustus und der Livia in Vienne-sur-le-Rhône (Provence). Vom Tempel stehen noch 14 kannelierte korinthische Säulen aus Granit (zwei davon ohne Kapitelle), die durch Reste des Architravs miteinander verbunden sind. Aus weißem Estremoz-Marmor sind die Basen und Kapitelle. Im Mittelalter wurden die freien Flächen zwischen den Säulen vermauert. Zunächst nutzte man den Tempel als Festung, später als Schlachthof. Erst 1870 wurde er in seiner ursprünglichen Form wieder hergestellt. Seit einigen Jahren erforschen Archäologen die Umgebung des Tempels auf der Suche nach weiteren Zeugnissen der römischen Stadt *Liberalitas Julia*.

Unweit davon befindet sich die **Igreja de São Evangelista** 5. Man kann dort schöne Grabplatten, ein Nicolas de Chanterène zugeschriebenes *Marmorgrabmal* des Wissenschaftlers Francisco de Melo († 1536), flämische Bronzetafeln (14./15. Jh.) sowie Azulejo-Darstellungen (1711) von Policarpo de Oliveira Bernardes zum Leben des hl. Laurentius besichtigen.

Die am 1. November 1559 vom Kardinal-König Dom Henrique im *Colégio do Espírito Santo* gegründete **Universidade Velha** 6 (Alte Universität) ist ein gewaltiger Renaissancebau. Von Valentim de Almeida stammen die sehr schönen Azulejo-Tableaus. Im Chor der Universitätskirche und in der Aula kann man weitere manieristisch beeinflusste Fliesen-Kompositionen (um 1631) sehen.

In der *Rua da República* befindet sich eines der bedeutendsten manuelinischen Bauwerke Südportugals. Die zwischen 1480 und 1510 im gotisch-manuelinischen Stil errichtete, fensterlose **Igreja Real de São Francisco** 7 hat ein beeindruckendes Kirchenschiff mit rotbraunen Quadern und weißen Fugen. An das mit einer Spitzbogendecke überwölbte Schiff schließen sich zwölf Seitenkapellen an. Das Grab des Goldschmieds und Dichters *Gil Vicente* († 1536), dessen Stücke häufig in Évora vor dem königlichen Hof aufgeführt wurden, befindet sich links im vorderen Abschnitt des Langhauses. In der vermutlich von einem

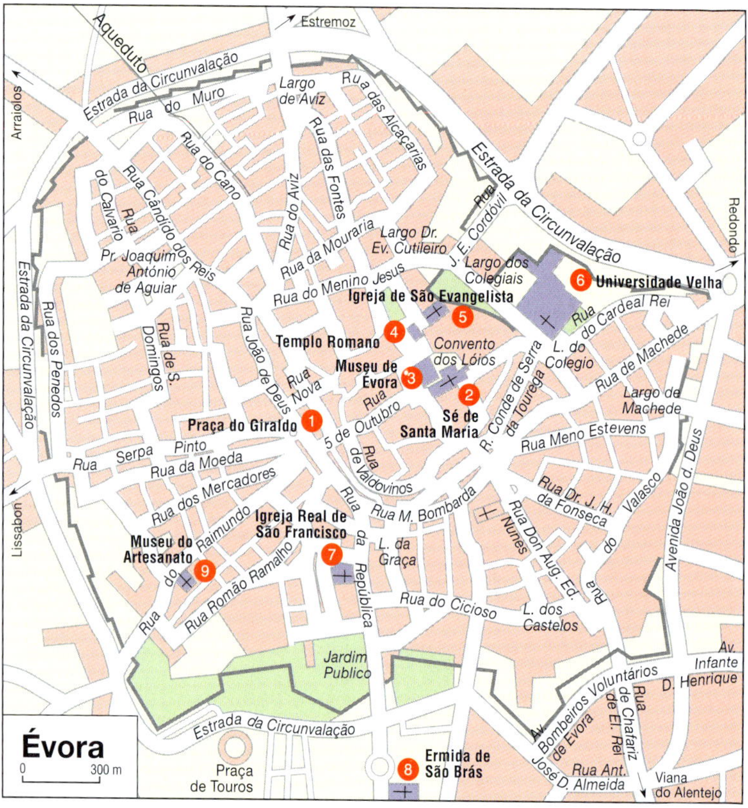

Eindrucksvolles Zeugnis antiker Baukunst – der Templo Romano von Évora

Franziskanermönch um 1600 angelegten **Capela dos Ossos**, der Knochenkapelle, sind Gebeine von mehr als 5000 Toten ›verarbeitet‹. Wände, Pfeiler und Bogen wurden kunstvoll aus menschlichen Knochen gestaltet. Auf dem benachbarten großen Platz mit der *Markthalle* bieten einfache Restaurants vorzügliche regionale Küche.

An der *Avenida Doutor Francisco Barahona* liegt die nach 1485 errichtete, festungsartige **Ermida de São Brás** 8. Die kleine, fensterlose Kapelle im spätgotisch-maurischen Mudéjarstil besitzt Zinnen, Rundpfeiler mit konischen Spitzen und eine wuchtige Vorhalle. Die Kirche hat ein einschiffiges, zinnengekröntes Langhaus, das auf jeder Seite von sechs starken Rundtürmen flankiert wird. Zwei weitere bilden die Eckpfeiler der quadratischen Vorhalle. Erstaunlich sind die Fliesenausstattung der Kuppel sowie die Umrahmungen der Fenster und Bögen mit schlichten geometrischen Mustern (1575). Der strenge diagonale Rhythmus des schräg verlegten Schachbrettmusters wurde durch das Ansetzen schmaler Umrandungen und kleiner Vierecke noch verstärkt. Diese Kompositionen werden *Enxaquetadas* (Karomuster) oder *Caixilhos* (Rahmenmuster) genannt.

An der *Rua do Raimundo* ist in der *Igreja da Mercês* das **Museu do Artesanato** 9 (tgl. 10–12 und 14–17.30 Uhr) eingerichtet. Man findet hier schöne Azulejos mit Motiven aus dem Marienleben und Szenen aus dem Leben des hl. Augustin. Weiter sind Goldschmiedearbeiten, Kelche, Arraiolos-Teppiche aus der Zeit von Dona Maria I. und ein indo-portugiesisches Oratorium aus dem 17. Jh. sehenswert. Die bemalte Holzfigur der Jungfrau mit dem Jesuskind befindet sich unter einem Baldachin. Gesicht und Hände der Figur bestehen aus Elfenbein.

Ausflüge

Im *Alto Alentejo* stehen einige der schönsten Zeugnisse der Megalithkultur: Die Dolmen *(Antas)*, Menhire und Kromlechs sind großartige Zeugnisse einer eigenständigen portugiesischen Groß-stein-Kultur. Der besterhaltene und wichtigste Steinkreis ist der **Cromleque dos Almendres** (bei der Kooperative Água-de-Lupe in der Nähe des Hügels von Herdade dos Almendres an der N 114, Richtung Guadalupe). Vor dem Steinkreis steht ein 2,5 m hoher *Menhir*, der als Phallussymbol gedeutet wird und dem wohl magische Wirkung bei Fruchtbarkeitswünschen zugeschrieben wurde. Von dort führt ein kurzer Spaziergang durch einen kleinen Korkeichenwald zu der vorgeschichtlichen Kultstätte aus kreisförmig aufgestellten, roh bearbeiteten Steinblöcken. Der Steinkreis bildet eine Ellipse von 60 m Länge und 30 m Breite und umfasst noch 95 mit symbolischen Zeichen versehene Granitmonolithe *(Pedras talhas)*. Diese sind durchschnittlich 2 m lang.

In der Nähe des kleinen Dorfes *Valverde* liegt die größte bisher auf der Iberi-

Für viele die schönste weiße Stadt des Alentejo – Monsaraz

schen Halbinsel entdeckte Steinsetzung: die **Anta Grande do Zambujeiro** mit über 6 m hohen und 3 m dicken *Dolmen*. Deren Totenkammern waren mit großen Fliesen ausgekleidet und von einem Stein bedeckt, der entweder *Mesa* (Tisch) oder *Chapeu* (Hut) genannt wird. Die Toten wurden in Rückenlage und mit angezogenen Beinen bestattet, außerdem mit Schmuck und Lebensmitteln als Grabbeigaben versehen. Die Erdanhäufung, die jeden Dolmen mit einer leicht gewölbten Kuppe bedeckte, ist heute verschwunden.

i Praktische Hinweise

Information

Posto de Turismo, Rua de Aviz 90, Évora, Tel. 266 74 25 34, Fax 266 70 52 38, www.rtevora.pt

Hotels

******Pousada dos Lóios**, Largo Conde de Vila Flor, Évora, Tel. 266 70 40 51, Fax 266 70 72 48, www.pousadas.pt. Hotel in ehem. Kloster. Der Speisesaal befindet sich im wunderschönen Kreuzgang.

*****Solar de Monfalim**, Largo da Misericórdia 1, Évora, Tel. 266 75 00 00, Fax 266 74 23 67. Prächtig restauriertes Renaissancepalais (Mitte des 17. Jh.) inmitten des historischen Zentrums zwischen Praça do Giraldo und Universität.

Eine der besten Adressen in ganz Portugal – die Pousada dos Lóios

Restaurants

TOP TIPP **Cozinha de Santo Humberto**, Rua da Moeda 39, Évora, Tel. 266 70 42 51. Im ehem. Judenviertel liegt das wohl beste Restaurant der Stadt. Täglich wird hier der Beweis angetreten, dass die alentejanische Küche zu Recht als die schmackhafteste des Landes gilt. Besonders die Fischgerichte sind zu empfehlen (Do geschl.).

O Fialho, Travessa das Mascarenhas, 16, Évora, Tel. 266 70 30 79. Die Küche des Szene-Restaurants wird nicht immer mit dem Erfolg fertig. Noch immer zu empfehlen: Wildgerichte.

31 Monsaraz

TOP TIPP *Der abgeschiedene Gebirgsort nahe der spanischen Grenze zählt zu den schönsten weißen Marktflecken des Alentejo.*

Das täglich mit seiner Ernennung zum Weltkulturerbe rechnende Städtchen hoch über dem durch die Aufstauung des Rio Guadiana entstandenen Stausee von Alqueva ist einer der besterhaltenen mittelalterlichen Orte Portugals. Malerische, weiß gekalkte Häuser säumen die engen Gassen. An die große Vergangen-

heit der ehem. Grenzfestung erinnert das unter Dom Afonso III. errichtete **Castelo**, von dem der fünfeckige Bergfried, die Porta da Traição und die Porta da Torre erhalten sind.

Sehenswert ist auch die gotische **Igreja Matriz** mit dem Marmorgrabmal des Ritters Tomás Martins (14. Jh.), auf dem ein Trauerzug mit Figuren von Mönchen, Rittern und ein Priester dargestellt ist. Im Inneren des früheren **Paço do Concelho** (Justizpalast) in der Rua Direita befindet sich ein interessantes Fresko mit der allegorischen Darstellung der redlichen und der unredlichen Justitia (15. Jh.).

i Praktische Hinweise

Information

Posto de Turismo, Praça Dom Nuno Álvares Pereira 5, Monsaraz, Tel. 266 55 71 36, www.rtevora.pt

Hotel

******Estalagem de Monsaraz**, Largo de São Bartolomeu 5, Monsaraz,

Auf dem Weg zur Museumskulisse – der Alentejo leidet an Entvölkerung

Tel. 266 55 71 12, Fax 266 55 71 01. Rustikal eingerichtete Gästezimmer mit schönem Blick auf das Tal.

Restaurant

TOP TIPP **Casa do Forno**, Travessa da Sanabrosa, Monsaraz, Tel. 266 55 71 90. An großen runden Tischen serviert der Küchenchef vorzügliche Lamm- und Kaninchengerichte sowie eine hervorragende Auswahl kräftiger Rotweine. Den täglich wechselnden, kalorienreichen Desserts kann kaum ein Gast widerstehen.

32 Beja

Die ›Königin der Ebene‹ war Ort einer romantischen Liebe.

Auf einer Anhöhe liegt die Stadt Beja (20 000 Einw.), ein wichtiges Handelszentrum für landwirtschaftliche Produkte. In der 2. Hälfte des 17. Jh. wurden die hiesigen Klöster Schauplätze zahlreicher Liebesaffären. Die Verführer nannte man *Freiráticos*, Liebhaber der *Freiras* (Nonnen). Einige erlangten gar literarischen Ruhm: Von ihrem Fenster im ersten Stock aus soll die Ordensfrau *Mariana Alcoforado* (1640–1723) den *Chevalier de Chamilly* zum ersten Mal gesehen und sich später in ihn verliebt haben. Mit der Rückkehr ihres Geliebten nach Frankreich endete die Romanze. Mariana soll dem Chevalier fünf ›Portugiesische Briefe‹ einer verlassenen Liebenden nachgeschickt haben. Sie wurden dann 1669 erstmals (in Köln) veröffentlicht und rührten ganz Europa zu Tränen. Rainer Maria Rilke übersetzte diese Briefe 1913 ins Deutsche.

Alles Koriander?

Im Alentejo erwartet den Besucher deftige Küche. Brot, Olivenöl und Kräuter (Polei, Koriander, Minze) sind die wichtigsten Zutaten für die **Migas**, einen würzigen Brei aus frittiertem Brot mit wildem Spargel oder Gambas. Auch die **Açordas**, Brotbreisuppen mit Oliven, Stockfisch (**Bacalhau**), Sardinen oder Miesmuscheln oder **Cozidos**, Eintöpfe mit Schweinefleisch greifen auf diese Basis zurück. Ungewohnt herzhaft schmeckt die **Sopa do Cardo** aus weißen Bohnen und wild wachsender Distel. Die traditionelle Küche verwendet neben deftigem, im Holzofen gebratenen Lamm vor allem Kaninchen und Rebhuhn und an der Küste einen Fischeintopf mit Nudeln, Meeraalgulasch (**Ensopada de enguias**) oder würzig gebratenen Aal. Gewöhnungsbedürftig ist **Sarapatel**, ein Schlachteintopf mit Blut und Innereien von Lamm oder Zicklein. Das Kennenlernen dieser Küche erleichtern beispielsweise die Cozinha de Santo Humberto und das O Fialho in **Évora**, die Casa do Forno in **Monsaraz** oder das Migas in **Mértola**. Zu allen Gerichten sollte man einen der Weine aus dem **Alentejo** probieren. Über Weinrouten informiert **Rota dos Vinhos do Alentejo**, Evora, Praça Joaquim António de Aguiar 20, Tel. 266 74 64 98, Fax 266 74 66 02, www.vinhosdoalentejo.pt.

Der zwischen 1459 und 1506 errichtete **Convento da Nossa Senhora da Conceição** zeigt bereits deutlich manuelinische Stilelemente. Flachdächer und Plattform des spitzen Glockenturms werden von einer umlaufenden Balustrade geschmückt. Beachtlich sind der verschwenderisch dekorierte barocke *Talha-Dourada-Altar* (1741), der *Kapitelsaal* sowie der *Kreuzgang* aus dem 16. Jh., der mit vorzüglichen hispano-maurischen Azulejos verziert ist. In der Bibliothek und in mehreren Räumen des Obergeschosses des ehem. Klosters befindet sich das hervorragende **Museu Regional da Rainha Dona Leonor** (Di–So 9.30–12.30, 14–17.15 Uhr). Hier werden iberische Inschriften, römische Keramik, bunte Mosaiken, Statuen, Grabsteine, westgotische Kapitelle, Säulen und Pilaster präsentiert. Außerdem sieht man maurische Keramik und Münzen, portugiesische Keramik, eine kostbare Azulejo-Sammlung, manuelinische Baufragmente, Sarkophage, Grabplatten, Skulpturen und Gemälde.

Schräg unterhalb des Klosters steht die **Igreja de Santa Maria** (13. Jh.). Sie ist im Stil der Alentejaner Gotik errichtet und völlig mit weißem Kalk verputzt. Die einschiffige Kirche besitzt vier Rundtürme und drei gotische Portalbögen. Sehenswert sind Barock- und Rokokoaltäre aus dem 18. Jh.

Nordwestlich des Klosters steht auf der *Praça da República* die quadratische, nach drei Seiten offene **Igreja da Misericórdia**. Der Infante Dom Luís, Herzog von Beja, ließ 1550 einen dreischiffigen Saal im Renaissancestil errichten. Er sollte als überdachte Markthalle oder Schlachthof dienen. Durch Hinzufügen eines ebenfalls quadratischen Kapellenquerschiffs wurde die Markthalle im Nachhinein zur Kirche umgestaltet. Vier schmale Säulen stützen die neun Gewölbe der gewaltigen Halle.

Westlich der Kirche steht am *Largo do Lidador* das **Castelo**. Es wurde nach der Rückeroberung der Stadt von den Mauren 1272 unter Dom Afonso III. größtenteils über römischen und westgotischen Resten neu aufgebaut. Von den römischen Verteidigungsanlagen sind noch die Torbögen *Porta de Avis* und *Porta de Évora* erhalten. Um einen ausladenden Hof herum stehen zahlreiche feste Türme, die durch Mauern miteinander verbunden sind und über die Wehrgänge laufen. Der Turm aus Granit und Marmor wurde 1310 unter Dom Diniz I. errichtet. Die **Torre de Menagem** wurde zinnenbewehrt und mit vier Erkern sowie mit einem Doppelfenster an jeder Seite geschmückt. Mit 40 m ist sie der höchste Burgturm Portugals. In den unteren Stockwerken befindet sich ein Rittersaal mit maurischem Sterngewölbe, in dem eine Statue des Ritters Gonçalo Mendes da Maia steht. 197 Stufen führen auf die Spitze des dreistöckigen Bergfrieds. Von dort aus hat man einen schönen Blick auf die weiß leuchtenden Herrenhäuser der Stadt. Am Nordrand des Largo steht die dreischiffige **Capela de Santo Amaro**. Ihre Usprünge gehen zurück auf ein westgotisches Bauwerk des späten 6. Jh., von dem eine einzigartige Sammlung *westgotischer Skulpturen* im Inneren erhalten ist. Mit ihren spiralenartig kannelierten Säulen und byzantinisch-romanischen Kapitellen zählt sie zu den vier erhaltenen frühromanischen Kirchen Portugals.

Praktische Hinweise

Information

Posto de Turismo, Praça da República 12, Beja, Tel. 284 31 01 50, www.rt-planicie dourada.pt

Hotel

******Pousada de São Gens**, Serpa (29 km südöstl. von Beja), Tel. 284 54 04 20, Fax 284 54 43 37, www.pousadas.pt. Hübsch liegt die kleine Pousada mit sehr gutem Restaurant auf einem Hügel über dem Dorf.

Weiß nach Maurenart – Mértola

33 Mértola

Römischer Hafen, mittelalterliche Stadt.

Am rechten Ufer des *Rio Guadiana* liegt malerisch das Städtchen Mértola. Noch heute sieht man Reste der Römerstadt *Myrtilis*, und viele Häuser schmücken sich mit römischen Architekturfragmenten. Von der Praça aus kommt man zur **Igreja Matriz**, einem schneeweißen Bau mit maurischen Zinnen und Kegeln am Dachansatz. Früher war das Gotteshaus eine bedeutende *Moschee*. Nach der Vertreibung der Mauren wurde sie 1238 in eine Kirche umgewandelt. Im quadratischen *Innenraum* verweisen die Anordnung der schlanken, mit kunstvollen Kapitellen geschmückten Säulen, der *Mihrab* (islamische Gebetsnische) hinter dem Hochaltar sowie der Hufeisenbogen über der Tür zur Sakristei auf den baulichen Ursprung.

Praktische Hinweise

Information

Posto de Turismo, Largo Vasco da Gama, Mértola, Tel. 286 61 01 09, www.rt-planiciedourada.pt

Hotel

Casa Rosmarinho, Rua 25 de Abril 29, Mértola, Tel. 286 61 20 05. Angenehme Zimmer im schmucken Stadtzentrum.

Restaurant

Migas, Largo Vasco da Gama, Mértola, Tel. 286 61 28 11. Das kleine Lokal neben der Markthalle überrascht mit seiner deftig-fantasievollen Küche (So geschl.).

Algarve – Urlaub machen, wo die Sonne überwintert

Herrliche **Strände** und bizarre **Felsskulpturen** im tiefblauen Meer haben den Algarve zu einem Paradies für Urlauber gemacht – ein Paradies, das durch die unkontrollierte Bautätigkeit der vergangenen Jahrzehnte allerdings viel von seinem ursprünglichen Charme eingebüßt hat. Der Tourismus konzentriert sich auf die malerischen Badebuchten des sog. **Felsalgarve** im Westen. Weniger bekannt ist die östliche Küste mit ihren langen Sandstränden und Sumpfgebieten. Im Norden erstreckt sich eine einsame, praktisch unerschlossene **Berglandschaft**.

Afrika in Europa: Der Algarve war der westlichste Teil des islamischen Reichs. Und auch noch 750 Jahre nach der Vertreibung der **Mauren** ist ihr Einfluss deutlich zu spüren. **Bauweise** und **Trachten** spiegeln ihr Erbe, in Namen und Sprache sind Reste aus dem Arabischen erhalten – hierzu gehört nicht zuletzt der Name Algarve (*Al-Gharb* = der Westen) selbst.

34 Faro

Provinzhauptstadt und Eingangstor in den Algarve.

Wer Urlaub am Algarve macht, der kommt mit Sicherheit auch nach Faro, der Hauptstadt der Region, wo neben Sehenswürdigkeiten der scheinbar endlose Sandstrand *Praia de Faro* lockt.

Geschichte Unter Vespasian (69–79) wurde der **Handelsplatz** *Ossonaba* (das heutige Faro), den die Archäologen heute aber bei *Estói* [s. S. 98] oder bei den Thermalbädern von *Milreu* lokalisieren, zur *Res publica*. 711 eroberte der maurische Volksstamm der Bani Harum die Stadt und nannte sie **Haro**. Nach dem Zusammenbruch des Kalifats von Córdoba und der Eroberung des Algarve gründete *Mutatid ibn Abad* von Sevilla das unabhängige Fürstentum Xantamaryat de Occidente. Dom Afonso III. vertrieb 1249 die Mauren und die portugiesischen Könige gaben sich fortan den Titel ›König von Portugal und des Algarve‹. 1540 erhielt Faro die Stadtrechte. In den Jahren 1722 und 1755 verwüsteten Erdbeben den Ort. Heute ist die Universität Faro das **wirtschaftliche und politische Zentrum** des Algarve.

Besichtigung Als Opfer des Erdbebens von 1755 besitzt die Stadt Faro (50 000 Einw.) nur wenige historische Bauten. Auch wenn sich Faro »das Meer zum Nachbarn genommen hat«, wie der maurische Historiograph Arrasi im 10. Jh. schrieb, sollte der Rundgang innerhalb des überschaubaren Areals der Stadtmauern beginnen, wo fast alle Sehenswürdigkeiten liegen. Ausgangspunkt ist die **Praça de Dom Francisco Gomes**, auf der zu Ehren des Diplomaten und Kunstsammlers *Ferreira de Almeida* (1847–1902) ein 15 m hoher Obelisk errichtet wurde.

Von der Südseite der Praça gelangt man zur **Igreja da Misericórdia** (16. Jh.), vor der alljährlich die großen Osterprozessionen ihren Ausgang nehmen. Die Fassade und ihre zwei kannelierten ionischen Säulen krönt eine Skulptur der Jungfrau. Das manuelinische Hauptportal, welches die Erdbeben von 1722 und 1755 überstanden hat, führt in den *Innenraum*, der mit Azulejo-Tableaus aus dem 18. Jh. und einem Retabel aus dem 17. Jh. (Szenen der Passion Christi) geschmückt ist. Sehenswert ist auch ein mit barockem Talha-Dourada-Schmuck überzogener und mit Muschel- und Blumen-Motiven reich dekorierter Triumphbogen.

Der Rundgang durch Faro führt weiter in südlicher Richtung zum Wahrzeichen

Ihre Anziehungskraft ist ungebrochen – die lebhafte Provinzhauptstadt Faro

der Stadt: 1814 errichtete der Genuese Francisco Xavier Fabri auf Kosten der Bruderschaft der Fischer den mächtigen Torbogen **Arco da Vila** im italienisierenden Renaissancestil – das fotogenste und bekannteste Monument der Stadt Faro. Der Stadtbogen bildete mit dem *Arco do Repouso* und der *Porta Nova* den Eingang zur ›Stadt in der Stadt‹ (Área da Vila Adentro). Den Bogen schmücken zwei ionische Säulen und eine weiße *Marmorstatue* des Stadtheiligen Thomas von Aquin. Der hl. Thomas soll der Legende nach Faro vor der Pest bewahrt haben, die am Anfang des 17. Jh. die Stadt und das ganze Land bedrohte.

Der Torbogen führt direkt in den mauerumgürteten Stadtkern mit dem **Largo da Sé**, den die festungsartige Kathedrale Sé, das Seminário, der Bischofspalast und das Rathaus umgeben. Auf dem weiten Platz befand sich in römischer Zeit das Forum. 1933–39 wurden hier ein Tempel sowie phönizische, römische und maurische Zeugnisse freigelegt. Vor der Kathedr0ale erinnert eine hohe Statue aus dem Jahre 1940 an den Bischof Dom *Francisco Gomes de Avelar* († 1816). Die ursprünglich gotische **Sé** verwirrt durch ihr unorthodoxes Stil-Potpourri aus Elementen der Gotik, der Renaissance und des Barock. Der Bau wurde 1251 über den Resten einer Moschee errichtet, die vermutlich wiederum auf phönizischen-römischen-westgotischen Strukturen stand. Gotisch sind nach dem Erdbeben von 1755 nur noch der trutzige *Glockenturm* mit Spitzbogenportalen sowie zwei Kapellen der Vierung, *Capela de Nossa Senhora da Conceição* und *Capela de São Domingos*. Der unterste Teil des Turms dient als Vorhalle der Kirche und trägt an der Westseite einen schmalen Aufbau. Im *Innenraum* des dreischiffigen Renaissancebaus (ab 1760) stützen dorische Säulen die schöne Holzdecke. Eine polychrome, vergoldete Kassettentonne deckt den *Chor*, in dem ein Renaissance-Retabel und die Bilder der Apostel Petrus und Paulus sowie der Gottesmutter bemerkenswert sind. Die *Reliquienkapelle* birgt einen Schrein (18. Jh.) und das Kenotaph des Bischofs Dom António Pereira da Silva. In der *Rosenkranzkapelle* befinden sich herrliche Azulejos des Spaniers Gabriel del Barco (18. Jh.) sowie mehrere Talha-Dourada-Retabeln. Die *Capela de São Bráz* bewahrt eine ›Gottesmutter der Freuden‹, und in der zweiten Kapelle zeigen Fliesenbilder Szenen der ›Flucht der Heiligen Familie aus Ägypten‹. Die prächtige *Barockorgel*, die zu den schönsten Portugals zählt, wurde von Francisco Cordeiro 1716–51 bemalt und in

Holland aus Mitteln der Gulbenkian-Stiftung mustergültig restauriert. Die Kirche bewahrt weiter einige gute Bilder, darunter einen ›Hl. Thomas von Aquin‹ des italienischen Malers Libório Guerrini.

Besonders bei Azulejo-Kennern geschätzt wird der Bischofspalast **Paço Episcopal** (Mo 14.30–17.30, Di–Sa 10–13, 14.30–17.30 Uhr) am Largo da Sé: Die Wände im Innenhof, die Schautreppe und einige Säle sind mit bemerkenswerten Azulejo-Darstellungen aus der Lissabonner *Fábrica do Rato* verkleidet.

An der *Praça Afonso III.* liegt der ehem., 1561 vollendete **Convento de Nossa Senhora da Assunção**. Das Kloster, das zu den schönsten Renaissancebauten Portugals zählt (Baumeister waren u. a. *Álvaro* und *Diogo Pires*), besitzt ein sehenswertes kleines Portal mit korinthischen Ornamentpilastern, einem Wappen oberhalb des Gesimses und ausgezeichneten Basreliefs. Im 19. Jh. wurde das Kloster in eine Fabrik umgewandelt. Im Kreuzgang zeigt seit 1973 das **Museu Municipal de Faro** (April–Sept. Di–Fr 10–20, Sa, So 13.30–20 Uhr, Okt.–März Di–Fr 9–18, Sa, So 11.30–18 Uhr) seine prähistorischen, römischen und maurischen Schätze. Das Museum, dessen Sammlung auf den Kanoniker Joaquim Maria Pereira Boto zurückgeht, wurde 1894 gegründet und in der Igreja de Santo António dos Capuchos untergebracht, später im Rathaus. Unter den Exponaten sind vor allem Grabungsfunde aus Ossonaba und Faro sehenswert, ebenso Büsten und ein 4 × 11 m großes Mosaik aus den Ruinen von Milreu, ferner Steinwaffen, alte Münzen, Skulpturenfragmente, Reliefs, maurische Fliesen und Vasen. Von den Gemälden sollte man besonders die von Vieira Portuense, Columbano und Domingos Sequeira beachten. Eine von Ferreira de Almeida zusammengetragene *Kunstsammlung* (Mo–Fr 9.30–12, 14–17 Uhr) (Silberarbeiten, Fayencen, Gemälde und Stiche) befindet sich in einer Kapelle des Klosters, darunter Werke von bedeutenden Malern wie Dürer, Rembrandt, Gauguin und Toulouse-Lautrec.

Der mittelalterliche **Arco do Repouso** (Bogen der Rast) zählt zu den ersten maurischen und mittelalterlichen Bauwerken der Stadt *Xantamaria de Ossónaba*. Hier soll sich einer Legende zufolge Afonso III. nach der Einnahme der Stadt ausgeruht haben. Der Bogen führt zu dem weitläufigen *Largo de São Francisco* und zur einschiffigen **Igreja de São Francisco** (17. Jh.). Die auf den Ruinen des Convento de Santo António errichtete Franziskanerkirche (heute eine Kaserne) enthält wertvolle blau-weiße Azulejo-Paneele mit Szenen aus dem Leben des Schutzpatrons sowie am Hochaltar ein

Paradies für Kauflustige – die Rua de Santo António in Faro

polychromes Fliesenbild. Hier ist die ›Krönung der Jungfrau‹ dargestellt. Die Bilder mit Szenen aus dem Leben des hl. Franziskus stammen von den italienischen Historienmalern *Libório Guerrini* (1750–1825) und *Marcello Leopardi* († 1795). Im ehem. *Klostergarten* (Horta do Ferrigia) steht ein sechseckiger Kornspeicher (*Celeiro*), der mit mythologische Figuren darstellenden Flachreliefs geschmückt ist.

Nördlich der Franziskanerkirche widmet sich das an der *Praça da Liberdade/ Rua do Pé da Cruz* gelegene **Museu Regional do Algarve** (Mo–Fr 9–12.30, 14–17.30 Uhr) liebevoll dem traditionellen Arbeitsleben der Handwerker, Bauern und Fischer. Unter den aus dem ganzen Algarve zusammengetragenen völkerkundlichen Exponaten (Korkarbeiten, Kostüme, Zaumzeug, Fischernetze) sind besonders detailgetreue Nachbildungen typischer Häuser der Region, eine Statue der hl. Anna von Machado de Castro sowie Gemälde mit algarvischen Motiven sehenswert.

Nördlich des Hafens wurde an der *Avenida da República* in der Hafenkommandantur das **Museo Marítimo Ramalho Ortigão** (Mo–Fr 9–12, 14.30–17 Uhr) eingerichtet, das einen hervorragenden Überblick über die Schifffahrt und das Fischereiwesen des Algarve gibt: Man sieht Navigationsgeräte und Galionsfiguren, alte Seeuhren und hölzerne Seilwinden sowie Modelle berühmter Schiffe aus der portugiesischen Entdeckerzeit – die *Flor de la Mar* des Afonso de Albuquerque und die *São Gabriel* von Vasco da Gama, ferner nachgebaute Thunfischfallen.

i Praktische Hinweise

Information

Posto de Turismo, Avenida 5 de Outubro 18, Faro, Tel. 289 80 04 00, Fax 289 80 04 89, www.visitalgarve.pt

Posto de Turismo, Rua da Misericórdia 8, Faro, Tel. 289 80 36 04

Hotels

*******La Réserve**, Estrada de Esteval/ Sítio da Igreja 855, Santa Bárbara de Nexe, Tel. 289 99 92 34, Fax 28 99 04 02. Angenehmes Hotel mit Restaurant unter Schweizer Leitung.

******Hotel Eva**, Avenida da República 1, Faro, Tel. 289 00 10 00, Fax 289 00 10 02, www.tdhotels.pt. Zentral gelegen mit herrlichem Blick auf den Jachthafen.

Am Hafen von Olhão – Fischer beim Ausbessern der Reusen und Netze

*****Casa da Lumena**, Praça Alexandre Herculano 27, Faro, Tel. 289 80 19 90, Fax 289 80 40 19. Kleines Hotel im Stadtzentrum mit einem blumenreichen Innenhof und elf einfachen Zimmern.

Restaurants

A Tasca, Rua do Alportel 38, Faro, Tel. 289 82 47 39. Traditionelles Restaurant mit feinen, unverfälschten Gerichten.

Mesa dos Mouros, Largo da Sé, Faro, Tel. 289 87 88 73. Die ›Maurentafel‹ serviert leckere *Petiscos* (Appetithappen) sowie köstliche Wild- und Fischgerichte.

35 Olhão

Stadt der Kuben, Schornsteine und Balustraden.

Als eine herausgeputzte *Vorstadt Nordafrikas* möchte sich Olhão dem Betrachter präsentieren – doch was maurisch wirkt, ist erst nach dem Auszug der Mauren entstanden. So bietet sich die Stadt (20 000 Einw.) dem Besucher als ein in Kuben gewürfelter, morgenländischer Architektur-Traum dar, in dem weiße,

Morgenländischer Traum aus weißen Kuben – die Altstadt von Olhão

schachtelförmige und mehrstöckige **Würfelhäuschen** mit Dachterrassen (*Açoteias*) und **Aussichtstürmchen** (*Mirantes*) zu sehen sind. Eine Außentreppe führt vom Flachdach des Hauses auf das Dach des Türmchens, das wie das Hauptflachdach von einer halbhohen Mauerbrüstung umgeben ist. Bei den durchbrochenen **Schmuckkaminen** übertrifft der Algarve an Formenreichtum sogar den Alentejo: Vierkantig sind sie, tragen ein aufgesetztes kleines Dach und eine Kugel oder sonstige Zierfiguren am oberen Abschluss. An den Seitenflächen sind sie mit Ornamenten geschmückt – entstanden durch Weglassen von Steinen oder durch Ausschnitte.

An der *Praça da Restauração* steht die barocke **Igreja de Nossa Senhora do Rosário**, die Fischer aus Aveiro zwischen 1681 und 1698 auf eigene Rechnung errichten ließen. Über der zweigeschossigen Fassade befindet sich ein großer, dekorativer Giebel mit einem Tympanon, der einen von Engeln gekrönten Schild zeigt. In dem von einem Tonnengewölbe gedeckten *Innenraum* sind besonders die barocke Holzfigur des ›Auferstandenen Christus‹, eine Monstranz aus Silber sowie ein Prozessionskreuz (beide aus dem 17. Jh.) bemerkenswert. In der **Capela do Senhor dos Aflitos**, in der zu jeder Tages- und Nachtzeit Kerzen brennen, beten die Angehörigen der Fischer um sichere Rückkehr. Vom Glockenturm aus hat man einen hinreißenden Blick auf das schneeweiß gekalkte Häusermeer.

Eine Fährverbindung besteht von Olhão aus zu den Inseln *Culatra* und *Armona*, wo es schöne Sandstrände gibt.

i Praktische Hinweise

Information

Posto de Turismo, Largo de Sebastião Martins Mestre 6 A, Olhão, Tel. 289 71 39 36, www.visitalgarve.pt

Hotel

*****Adolfo da Quinta**, Moncarapacho (8 km nordöstl. von Olhão Richtung Sta. Catarina), Tel. 289 79 25 19, www.adolfo-da-quinta.de. Hübsches Luxus-Landhotel, Abendessen für Gäste.

Restaurant

O Tamboril, Avda. 5 de Outubro 174, Olhão, Tel. 289 71 46 25. Bekannt für sehr gute Regionalküche, vor allem den Fisch!

36 Estói

Kleines Schloss mit romantischem Garten.

Nur wenige Schritte vom Marktplatz entfernt, hinter Palmen, knorrigen Olivenbäumen, Agaven und inmitten großer Orangenhaine, liegt der kleine **Palácio do**

Visconde de Estói aus dem späten 18. Jh. Zur Zeit wird das Schlösschen zu einer Jugendherberge umgebaut und ist nicht zu besichtigen. Lohnend ist jedoch ein Spaziergang in dem romantisch verwilderten **Lustgarten** (Di–Sa 9–12, 13.30–17.30 Uhr, der Gebäude umgibt. Das Ensemble in Estói ist dreistufig aufgebaut zu Füßen der Schlossterrasse erstrecken sich eine absteigende Rotunde mit bemoosten Brunnen und Büsten berühmter Portugiesen (zum Beispiel Castilho, Bocage, Garrett, Marquês de Pombal) sowie eine Allee. Frauentorsi räkeln sich lasziv auf muschelförmigen Wasserbecken – der nach italienischem Vorbild gestaltete Park, die Azulejo-Bänke, Rokokobrunnen und Balustraden zeigen alle Stadien eines unaufhaltsamen Verfalls. Jeden Augenblick überrascht und verzaubert der Park durch die Vielzahl seiner sehenswerten Details: Auf der unteren Schlossterrasse zeigen die Rückwände der aus Stein gehauenen halbrunden Bänke das letzte deutsche Kaiserpaar. Ein rechteckiges Bassin ist in die Terrasse des Schlossgartens eingelassen, aus dessen Mitte sich eine italienische Figurengruppe erhebt. Es ist dies eine Arbeit des Genuesen Francisco Xavier Fabri. Links auf der oberen Terrasse steht ein romantischer Liebespavillon mit blau-weißen Azulejo-Allegorien (›Leda und der Schwan‹, ›Amor‹, ›Faune‹ und ein ›Satyr‹ auf Fresken mit üppigem, floralem Dekor). Die beeindruckende geflieste Freitreppe führt vom Garten hinab in eine Grotte. Der Boden ist mit antiken Mosaiken aus Milreu ausgelegt.

i Praktische Hinweise

Hotel

**** **Monte do Casal**, Cerro do Lobo (4 km östlich von Estói Richtung Moncarapacho), Tel. 289 99 15 03, Fax 289 99 13 41, www.montedocasal.pt. Palast des 18. Jh. mit wenigen, aber stilvoll eingerichteten Zimmern, Pool und Tennisplatz.

Restaurant

Retiro dos Arcos, Rua de Faro 75, Estói, Tel. 289 41 38 61. Gute Fischgerichte vom Grill.

37 Tavira

Bedeutender maurischer Ort und alter Fischerhafen mit mehr als 30 Kirchen.

»Terra pacta e melancolica« hat ein Italiener die Gegend von Tavira genannt – ein friedliches und melancholisches Fleckchen Erde. Und wirklich – malerisch, friedlich, ursprünglich und melancholisch wirkt das maurisch anmutende **kleine Seebad** noch immer. Einst war Tavira die Hauptstadt des Algarve, und sie diente drei portugiesischen Königen als Residenz. Aber der königliche Glanz ging

Dornröschenschloss mit romantisch verwildertem Park – der Palácio de Estói

auch hier im Erdbeben von 1755 unter. Über zwei Hügeln, beiderseits des palmenbewachsenen *Rio Gilão* (*Ribeira de Asseca*), der aus der *Serra do Caldeirão* bei *São Brás de Alportel* hinunterfließt, erstreckt sich das kleine Städtchen. Es wird wegen der morbiden Fassaden seiner Patrizierhäuser, die sich im Fluss spiegeln, auch *Veneza Algarvia*, das algarvische Venedig, genannt.

Das Herz der von *Pombal* und dem *Bischof Francisco Gomes de Avelar* wieder aufgebauten Stadt ist die **Rua da Liberdade**. Weiter nördlich schließt sich die von mittelalterlichen Arkaden umgebene **Praça da República** an. Die siebenbogige Brücke am nordwestlichen Ende der Praça, deren Rundbögen teilweise noch aus römischer Zeit stammen sollen – sie war damals Teil der Heerstraße zwischen Faro und Mértola –, verbindet die beiden weit auseinander liegenden Stadtviertel. Die Brücke wurde im 19. Jh. nach alten Vorbildern rekonstruiert.

Von der Praça führt die *Rua Galeria* zur manuelinischen **Igreja da Misericórdia** aus dem Jahre 1541. Trotz der Umbauten im 18. Jh. gilt das Gotteshaus als bedeutendster Renaissancebau des Algarve. Harmonisch ausgewogen wirkt die klassizistische Fassade mit dem vierstufigen, zweifarbigen und von vier prächtigen, korinthischen Rahmenpilastern gerahmten *Renaissanceportal*. In der Nische über dem Portal flankieren Statuen der Apostel Petrus und Paulus die Figur der *Senhora da Misericórdia*. Nicht zuletzt wegen der blau-weißen *Azulejos* mit der Darstellung der 14 Werke der Barmherzigkeit, wegen des eindrucksvoll geschnitzten Rokokoaltars, aufgrund des geschnitzten Chorgestühls sowie wegen der Treppe mit Ziergitter gilt das Gotteshaus als eine der schönsten Kirchen des Algarve.

Oberhalb der Kirche liegt das im 18. Jh. restaurierte **Castro dos Mouros**, von dem nur noch wenige Mauerabschnitte an das ursprünglich römisch-maurisch-portugiesische Kastell erinnern. Direkt neben der Burg steht die breite, dreischiffige **Igreja de Santa Maria do Castelo**, die wie viele andere Kirchen Portugals auch als Wehr- und Zufluchtsort diente. Das bedeutendste historische Bauwerk der Stadt wurde 1244 von Dom Sancho I. dem Orden von *São Tiago* übergeben. Vom ursprünglichen, maurisch-gotischen Bauwerk, das die *Algarvios* stolz ›das schönste des Algarve‹ nennen, ist nur noch das gotische Portal erhalten. Die klassizistische *Fassade* besitzt ein vierfach gestuftes gotisches Portal und ein elegantes gotisches Fenster. Im *Glockenturm* links sieht man ein typisch arabisches Zwillingsfenster. Rechts beim Hochaltar liegen die Steinsärge (mit den sieben roten Kreuzen) für die sieben christlichen Ritter des São-Tiago-Ordens, die 1242 von den Mauren, angeblich während eines Waffenstillstands, ermordet wurden und somit Dom Paio Peres Correia den Vorwand für die blutige Eroberung der Stadt gaben. Links vom Hochaltar liegt der *Grabstein für Dom Paio Peres Correia* († 1275), der die Stadt von den Mauren befreite und sie zur Hauptstadt des Königreichs Algarve erhob. In der Seitenwand erinnert eine Inschrift an die Ritter: »Hier ruhen die Gebeine der 7 Ritter, die bei der Einnahme der Stadt von den Mauren am 11. Juni 1242 den Tod fanden.« Weiter sind die *Capela do Senhor dos Passos*, die mit Azulejo-Paneelen (1748) geschmückt ist, die geflieste *Sakramentskapelle* sowie die mit Spitzbogen gedeckte *Capela do Senhor Morto* sehenswert.

Wer nach ausgiebiger Stadtbesichtigung hübsche Badeplätze sucht, sollte sich von *Quatro Águas* aus auf die **Ilha de Tavira** übersetzen lassen.

i Praktische Hinweise

Information

Posto de Turismo, Rua da Galería 9, Tavira, Tel. 281 32 25 11, www.visitalgarve.pt

Hotels

*****Pedras d'El Rei**, Santa Luzia, Tel. 281 38 06 00, Fax 281 38 06 19, www.pedrasdelrei.com. Bungalow-Dorf in einer Oliven- und Mandel-Plantage am Barril-Sandstrand.

*****Quinta do Caracol**, Bairro de São Pedro, Tavira, Tel. 281 32 24 75, Fax 281 32 31 75, www.quintadocaracol.pa-net.pt. Sieben schöne Zimmer in einem Landhaus oberhalb des Bahnhofs mit Pool und Tennisplätzen.

Restaurants

Aquasul, Rua Silva Carvalho 13, Tavira, Tel. 281 32 51 66. Exotische Gerichte aus den ehem. portugiesischen Kolonien.

Bica, Rua Almirante Cândido dos Reis 24, Tavira, Tel. 281 32 38 43. Volkstümliches Restaurant mit köstlichen Fischgerichten.

Die Hafenpromenade von Tavira zeigt südländische Gelassenheit

38 Parque Natural da Ria Formosa

Reservat für seltene Wasservögel und Schalentiere.

Von *Ancão* bis zur *Praia da Manta Rocha* erstreckt sich das fast 60 km^2 große Naturschutzgebiet *Parque Natural da Ria Formosa,* in dem neben einer Vielzahl seltener Vögel über 50 Fischarten sowie Muscheln und Krustentiere optimale Lebensbedingungen vorfinden. Immer wieder stößt man auf einen der 1500 Muschelteiche, in denen jährlich über 10 000 t Schalentiere gezogen werden.

Ausflug

Zwischen Wattenmeer, Orangen- und Olivenhainen sind am östlichen Ausläufer der Ria Formosa die kleinen weißen Quaderhäuschen des schönen Fischerdorfs **Cacela** (arab. *Al-Qastalla* = Burg) gelegen. Auf der vorgelagerten Nehrung (bei Ebbe zu Fuß erreichbar) bieten sich wunderbare Bademöglichkeiten, und noch immer suchen eifrige Sammler mit hochgekrempelten Hosen, Rechen und Eimern nach Muscheln.

39 Vila Real de Santo António

Stadt in Schachbrettform an der spanischen Grenze.

Am rechten Ufer des Guadiana liegt die kleine Stadt Vila Real de Santo António (9000 Einw.). Nach dem verheerenden Erdbeben von 1755 waren Grenzstädte wie *Castro Marim* und *Cacela* verwüstet: willkommener Anlass für den energischen **Minister Pombal**, die südlichste Grenzregion am Rio Guadiana neu aufzubauen – immer in Hinblick auf die Bedrohung aus Spanien. 1774 waren die Sümpfe trockengelegt, und innerhalb eines knappen halben Jahres wurde eine Stadt aus dem Boden gestampft. Nach dem Muster des Wiederaufbaus der *Baixa* in Lissabon legte man den Ort über einem symmetrischen **Schachbrettmuster** mit teilweise vorgefertigten Hausteilen an – so, wie es bereits in Brasilien erfolgreich praktiziert worden war. Pombal förderte den Schiffbau, rief eine Fischereigesellschaft ins Leben und führte das Zollwesen ein. In einem Gebiet, wo Schmuggel das Überleben sicherte, war dies nicht ganz unproblematisch. Die neue Stadt stand unter dem Schutz des Königs (*Vila Real* = königliche Stadt). Die Fischer aus Monte Gordo weigerten sich jedoch, in diese **Retortenstadt** zu ziehen. Vielleicht, weil sie ihren Fischfang nicht königlicher Kontrolle unterwerfen wollten. Als Pombal wenige Jahre später beim König in Ungnade fiel, geriet sein kühnes Experiment in Vergessenheit. Erst 1879 wurde die *Geisterstadt* wieder entdeckt. Zunächst gab es hier eine Thunfischkonservenfabrik, und mit dem Bau der Eisenbahn erfüllte sich mehr als 100 Jahre später der Traum des Marquês de Pombal. Vila Real war bis Anfang der 1960er-Jahre ein bedeutender Verarbeitungsplatz für Thunfisch und ist heute ein wichtiger Ausfuhrhafen für Kupfer und Zinn.

Zentrum der an historischen Bauten armen Stadt ist die **Praça do Marquês de Pombal**, deren westlicher und nördlicher Teil bei einem Brand Anfang des 20. Jh. in Mitleidenschaft gezogen wurden. Die späteren Bauten haben dem Platz leider etwas von seiner theatralischen Wirkung genommen. Im Zentrum des gewaltigen Rechtecks sieht man eine sternförmige Mosaikfläche aus schwarzen und weißen Pflastersteinchen. Ein *Obelisk* mit Armillarsphäre in der Platzmitte erinnert an den Minister Pombal. An der Nordseite der Praça steht die mehrfach umgebaute *Igreja Matriz*. Zwischen der Kirche und der *Avenida da República* befindet sich in den Räumen des Rathauses das **Museu Municipal Manuel Cabanas** (Di–Sa 10–14 Uhr), das unter anderem eine sehenswerte Sammlung von Holzschnitten des Malers und Kupferstechers Manuel Cabanas präsentiert.

Ausflug

Der Ort **Castro Marim** (ca. 7 km nördlich von Vila Real de Santo António) war ab 1319 Hauptsitz des Christusritterordens, bis dieser 1356 nach Tomar verlegt wurde. Von dieser ruhmreichen Epoche zeugen noch die mächtigen Ruinen des **Castelo** aus dem 13. Jh. Von der Burg aus hat man einen ausgezeichneten Rundblick auf das 2089 ha große Vogelschutzgebiet **Reserva Natural do Sapal de Castro Marim** (Auskunft für Führungen Tel. 281 51 06 80, www.icn.pt). Die Aluvialböden und Salzwassergärten – noch wird in den Salinen am Fuße der Stadt auf traditionelle Weise Salz gewonnen – bieten ideale Lebensbedingungen für Störche, Kraniche, Schnepfen und Seidenreiher sowie andere **seltene Vögel**. Die seichten Gewässer werden von zahlreichen Fischarten als Laichgründe genutzt, auch diverse Muschelarten und Schalentiere sind hier heimisch.

i Praktische Hinweise

Hotel

**** **Estalagem Oásis**, Praia da Lota, Vila Nova de Caçela, Tel. 281 951644, Fax 281 95 16 60, www.estalagemoasis.com. An einem der schönsten Strände des Sotavento liegt inmitten eines gepflegten Gartens das kleine feine Haus (20 Zimmer) mit Pool.

40 Loulé

Wallfahrtsort mit großer maurischer Vergangenheit.

Inmitten einer fruchtbaren Landschaft liegt Loulé – eine kleine, aber sehr lebendige Stadt. Wenn am Samstagvormittag der große **Wochenmarkt** stattfindet, sind die Geschäftsstraßen der Altstadt noch quirliger. In den kleinen Gassen fertigen Sattler, Tischler, Töpfer, Kesselschmiede ihre Hüte, Schuhe, Gürtel, Möbel und Töpfe nach jahrhundertealter Tradition – Taschen und Matten werden hier aus Palmenblättern und Alfagras geflochten. Besonders eindrucksvolle Handwerkerstraßen sind die *Rua 9 de Abril* und die *Rua da Barbaçã*. Zentrum des Wochenmarktes aber ist die alte **Markthalle** mit ihren rosafarbenen Zwiebeltürmen und den arabisch inspirierten Fensterbögen. Arabisch ist auch der Name der Stadt (*Alol'ea* = Hügel, Berg), nordafrikanisch das Stadtbild und orientalisch die Freude am Lärm. Christlich geprägt sind allein die zahlreichen Kirchen von Loulé. Hier versteht man auch richtig zu feiern, z. B. den mit dem Mandelfest verbundenen **Karneval** (vier Tage vor Aschermittwoch). Die weißen Häuser mit den verzierten Kaminen – die Gegend um Loulé ist das Zentrum dieser Kunst – liegen 175 m hoch auf einer von Weingärten umgebenen Anhöhe. Die Dörfer in der Umgebung wie etwa Ameixial, Cumeada, Salir, Espragal, Benafim, Querença oder Boliqueime repräsentieren noch heute ein Stück des ursprünglichen Algarve.

Noch aus maurischer Zeit stammen die Stadtmauern und das **Castelo** (12. Jh.)

Ein Hauch von Orient – buntes Treiben in der Markthalle von Loulé

im Norden der Stadt. Nahe der Burg sind in der kleinen Wallfahrtskapelle **Nossa Senhora da Conceição** besonders die herrlichen, blau-weißen Azulejos sowie ein kostbarer Talha-Dourada-Altar sehenswert. Einen Besuch lohnt aber auch die am *Largo Cabrita da Silva* gelegene, dreischiffige **Igreja Matriz** aus der Mitte des 13. Jh. Im Innenraum sieht man seltsame, originelle Säulenkapitelle mit pflanzlichen Motiven, eine ausgezeichnete schmiedeeiserne Kanzel, Renaissancealtäre sowie eine polychrome Heiligenstatue aus dem 16. Jh. Schmuckstück der Kirche ist sicherlich die mit Fliesen geschmückte *Capela das Almas* mit einem sehenswerten Renaissanceportal (1591). Die **Igreja da Misericórdia** an der *Avenida Duarte Pacheco* besitzt ein beeindruckendes manuelinisches Portal mit einem Flachbogen, Renaissanceornamentik und prunkvollem Schmuckdekor.

Oberhalb des Ortes bewahrt die Wallfahrtskirche **Nossa Senhora da Piedade** den Schrein der ›Senhora da Piedade‹, die im Algarve als *Mãe Soberana* (›Erhabene Mutter‹) verehrt wird.

Ausflug

Zwischen der *Serra de Monchique* und der *Serra do Caldeirão* liegt – nordöstlich von Albufeira – inmitten anmutig geschwungener Hügel und umgeben von Mandel- und Olivenplantagen, Orangen- und Feigenbäumen das Dorf **Alte**. Mit seinen engen Gassen, den niedrigen, weißen Häusern mit ihren hübschen, schmiedeeisernen Balkonen und den reich verzierten Gesimsen über den flachen Dächern sowie den spitzenverzierten Kaminen und den blumenbunten Vorgärten bewahrt der Ort die Atmosphäre vergangener Tage. Von Alte aus sollte man mit dem Maulesel die Gegend erkunden, hinauf zur 470 m hohen **Rocha da Pena** und zum **Buraco dos Mouros** (Mohrenhöhle) oder zur Tropfsteinhöhle **Rocha dos Soídos**.

i Praktische Hinweise

Information

Posto de Turismo, Edifício do Castelo, Loulé, Tel. 289 46 39 00, www.visitalgarve.pt

Hotel

*****Loulé Jardim**, Praça Manuel de Arriaga, Loulé, Tel. 289 41 30 94, Fax

289 46 31 77, www.loulejardimhotel.com. Umgebautes herrschaftliches Haus um einen Innenhof in der Altstadt von Loulé. 52 angenehme Zimmer, Terrassen-Swimmingpool im 3. Stock.

Restaurant

Quinta do Olival, Querença, bei Loulé, Tel. 289 42 29 69. In einem der schönsten Restaurants im Hinterland des Algarve werden vor allem regionale Köstlichkeiten serviert. Rechtzeitige Reservierung erforderlich!

41 Almansil

Ein wahrer Azulejo-Rausch.

Folgt man der N 125 von Almansil nach Faro, kann man kurz hinter dem Ort sein blaues Wunder erleben: Links der Straße erhebt sich die maurisierende Kuppelkonstruktion einer kleinen Wallfahrtskirche. Die außen schneeweiße und innen blau-weiß-goldene **Igreja de São Lourenço de Matos** (Di–Sa 10–12, So, Mo 15–18 Uhr) ist Ziel fast aller Algarve-Touristen. Die schlichte, ursprünglich romanische Kirche wurde in der ersten Hälfte des 18. Jh. wie ein Schatzkästchen verschwenderisch mit Talha Dourada und den typischen Kacheln geschmückt. Um 1730 verkleidete Policarpo de Oliveira Bernardes, einer der bedeutendsten portugiesischen Fliesenkünstler, das Kircheninnere bis in die Kuppel mit blauen und weißen *Azulejo-Tableaus*. An den Wänden illustrieren großflächige Fliesen-Teppiche das Martyrium des hl. Laurentius, den die Obrigkeit im 3. Jh. auf einem glühenden Rost verbrennen ließ, weil er das für einen Kirchenbau bestimmte Geld lieber an die Armen verteilt hatte. Die dekorativen Fliesen-Darstellungen zeichnen sich vor allem durch großzügige Raumwirkung aus: Gekreuzte Pinselstriche akzentuieren die Körperhaftigkeit der Personen.

Praktische Hinweise

Golf

Pinheiros Altos Golf, Quinta do Lago, Almansil, Tel. 289 35 99 10, Fax 289 39 43 92, www.pinheirosaltos.com. Gepflegter 18-Loch-Parcours, Par 72.

São Lourenço Golf, Quinta do Lago, Almansil, Tel. 289 39 65 22, Fax 289 39 69 08, www.algarvegolf.net. 18-Loch-Platz, Par 72, mit traumhaftem Ausblick auf Atlantik und Ria Formosa. Gilt vielen Spielern als schönster Golfplatz Portugals.

Bis unters Dach mit herrlichen blau-weißen Azulejogemälden geschmückt – die Igreja de São Lourenço in Almansil

Restaurant

Casa da Torre Ermitage, Estrada de Vale do Lobo, Ap. 533, Tel. 2 89 39 43 29. Vom Michelin gelobtes Luxusrestaurant. Essen nur abends (Mo geschl.).

42 Albufeira

Herrliche Strände mit vielseitigem Unterhaltungs- und Sportangebot.

Wie ein Amphitheater schmiegt sich die Stadt Albufeira (30 000 Einw.), die im 19. Jh.

den Ruf als ›St. Tropez des Algarve‹ genoss, an die portugiesische Südküste. *Felsklippen* bilden ein bizarres Formenspiel, dazwischen schmiegt sich die lang gestreckte, geschützte Bucht. Albufeira wurde einst poetisch als *Vila branca em mar azul* beschrieben – eine auf Felsen gebaute, weiße Stadt am blauen Meer. Von der ist allerdings nicht viel übrig geblieben. Beim großen Erdbeben von 1755 wurde der Ort von einer gewaltigen Flutwelle weggespült, weitere Schäden hinterließen 1823 die Kämpfe zwischen Liberalen und Anhängern Dom Miguels. Heute sind nur wenige der **typischen Häuser** mit den hübschen, schmiedeeisernen Balkongittern erhalten. Ansonsten gehört Albufeira den Touristen.

Außerhalb des Ortes erstrecken sich über weite Flächen große Hotelanlagen und Feriensiedlungen. Von hier aus strömen die Sonnenhungrigen zu den umliegenden Stränden oder vergnügen sich bei Wasserski, Surfen, Tennis, Reiten und Golf.

Unterhalb des Ortes findet man den Strand **Praia de Penedo**, dort tummeln sich die meisten Urlauber. Der östliche Teil des Strandes gehört den Fischern. Wer es ein wenig ruhiger mag, sucht am besten die angrenzenden Strände **Praia Baleeira**, **Praia de São Rafael** und **Praia da Oura** auf. Oder man geht zur **Praia do Castelo**, wo Felsklippen ein malerisches Naturschauspiel bieten.

Fährt man von Albufeira 7 km in östlicher Richtung, so kommt man zum kleinen, aber oftmals überfüllten Strand **Olhos de Água**. Nach weiteren 5 km trifft man auf die **Praia da Falésia** – ein traumhafter Platz an einer steil aufragenden Felswand, wo feinsandiger Strand zu einem Badetag einlädt. Mit dem Sonnenuntergang erwacht Albufeira erst richtig. Dann wird die Strandpromenade mit ihren zahlreichen Kneipen und Nachtlokalen zum Laufsteg für all diejenigen, die sehen und vor allem gesehen werden wollen.

Ausflug

20 km westlich von Armação de Pêra liegt **Carvoeiro**. Der Ort ist wegen seiner hübschen *Badebucht* bei Urlaubern sehr beliebt. Doch muss man sich dort, wie so oft am Algarve, auch auf die Nachteile des Massentourismus einstellen. Längst haben sich die Ferienzentren weit über den Ortskern hinweg ausgedehnt, sodass der schöne Steilhang sowie das Hinterland flächendeckend mit Feriensiedlungen bebaut sind. Am östlichen Ortsrand befindet sich in der Nähe des Leuchtturms die berühmte Felsformation *Algar Seco* (trockene Höhle). Über 134 Stufen gelangt man zu den eindrucksvollen Höhlen, Grotten und Torbogen, welche die Meeresbrandung aus dem weichen Kalkstein geformt hat.

i Praktische Hinweise

Information

Posto de Turismo, Rua 5 de Outubro, Albufeira, Tel. 289 58 52 79, www.visitalgarve.pt

Golf

Pine Cliffs Resort, Praia da Falésia, Apartado 644, Albufeira (außerhalb Richtung Vilamoura), Tel. 289 50 01 00, Fax 289 50 19 50, www.pinecliffs.com. Superber 9-Loch-Platz am Meer, Par 67.

Hotel

****Boa Vista**, Rua Samora Barros 20, Albufeira, Tel. 289 58 91 75, Fax 289 58 91 80, www.hotelboavista.pt. Modernes Haus auf den Felsklippen oberhalb der Stadt mit herrlicher Aussicht auf die Bucht.

Restaurant

A Ruina, Rua Cais Herculano, Albufeira, Tel. 289 51 20 94. Von der Dachterrasse des Fischrestaurants hat man einen schönen Blick auf den quirligen Hafen.

Oben: *Das Meer stets im Blick – Golfer an der Algarveküste*
Links: *Am Strand von Albufeira genießen einheimische Fischer und Badegäste ein einträchtiges Miteinander*

43 Silves

Stadt der maurischen Dichter.

Einst war das Landstädtchen Silves das kulturelle Zentrum der Region. Christen wie Mauren hielten das Silves des 12. Jh. für »stärker und schöner und zehnmal bedeutender als Lissabon«.

Über den roten Dächern der Stadt leuchtet im warmen Licht die alte Burg aus rotem Sandstein so intensiv wie die Felsen an der Küste. Zweifellos: Noch immer ist Silves eine schöne Stadt, doch zur Zeit der Araber muss sie ein **Paradies auf Erden** gewesen sein. Maurische Dichter priesen *Xelb* (Silves) als »Stadt der Bezauberung« und als »schillernde Metropole voller prunkvoller Paläste und farbenprächtiger Basare«. Ingenieure entwarfen riesige Wasserschöpfräder, die *Noras*, mit denen das zum Reisanbau nötige Wasser gehoben und verteilt wurde. Die Araber brachten Mandel- und Orangenbäume in den Algarve, verarbeiteten

Unter dem Namen ›Xelb‹ war Silves Hauptstadt des maurischen Al-Gharb

Parade der blau-weißen Fischerboote am Strand von Albufeira

Zuckerrohr sowie Oliven und bauten Karotten an. »Silves ist voller Gärten und Haine«, pries der arabische Reisende *Idrisi* die Stadt. Und die glanzvollen Bauten, mit denen sich die Stadt schmückte, brauchten den Vergleich mit *Granada* oder *Cordóba* nicht zu scheuen. Heute verweisen nur noch die Ruinen maurischer Bauwerke innerhalb der christlichen Mauern auf die jahrhundertelange Präsenz der Herren aus Afrika. Das **Archäologische Museum** (Di–So 10–17 Uhr), das um einen tiefen maurischen Brunnen herumgebaut wurde, gibt einen guten Einblick in die maurische Vergangenheit der Stadt.

Ganz gleich, aus welcher Himmelsrichtung der Reisende sich Silves nähert, immer wird er vom Anblick des Burg und der Kathedrale fasziniert sein. Die gewaltigen Doppelmauern des **Castelo** mit der glutroten und zinnenbewehrten *Alcácer Axarajiube*, dem Herz der Festung, erinnern unübersehbar an die große Vergangenheit der Stadt. Sieben Mauerzüge, vier Wehrtürme und ein Bollwerk krönen die Felsen von Silves. In den verwahrlosten Gärten der Anlage wachsen Pfeffer- und Rizinusbäume. Im großen Innenhof legten die Mauren im 10. Jh. Luftschächte für zwei mächtige unterirdische Zisternen an. Unter der Burg befinden sich zahlreiche Gewölbe, deren Funktion nicht mehr bekannt ist.

Aus den weißen Häusern des Ortes ragt die aus rotem Sandstein errichtete Kathedrale **Sé** auf – die älteste Kirche an der Algarve-Küste. Das Gotteshaus soll nach der *Reconquista* über den Resten einer zerstörten Moschee errichtet worden sein (1242). Romanisch ist das schlichte Langhaus, spätgotisch sind Querschiff und Chor. Das 39 m lange, 16 m breite und 17,6 m hohe Bauwerk besitzt ein leicht erhöhtes Mittelschiff. Die Balkendecken der Schiffe werden von achteckigen Pfeilern mit fein gearbeiteten Kapitellen getragen.

In der Unterstadt liegt die kleine **Ermida de Nossa Senhora dos Mártires**. Nach der Vertreibung der Mauren soll *Dom Sancho I.* im 12. Jh. die einschiffige Kapelle mit umlaufendem Kapellenkranz gestiftet haben. Die Kirche ist die Grabstätte der bei der Eroberung der Stadt gefallenen Portugiesen und Kreuzritter. Sie wurde beim Erdbeben 1755 und später durch einen Brand stark zerstört. Von der ursprünglichen Konstruktion der Kapelle ist nichts erhalten. Aus dem 16. Jh. stam-

Zerklüftete Steilwände und bizarre Felsformationen – die Praia da Rocha

men das manuelinische Portal und der Hochaltar.

i Praktische Hinweise

Information

Posto de Turismo, Rua 25 de Abril, Silves, Tel. 282 44 22 55, www.visitalgarve.pt

Hotel

***__Quinta do Rio__, Sitio São Estevão, Silves, Tel./Fax 282 44 55 28, www.quintadorio. net. Liebevoll restauriertes Landhaus inmitten von Orangenhainen.

Restaurant

Marisqueira do Rui, Rua Comendador Vilarinho 23, Silves, Tel. 282 44 26 82. Hier gibt es alles, was das Meer zu bieten hat (Di geschl.).

Europas schönste Küste

Endlos lange **Dünenstrände**, stille Buchten zwischen haushohen Klippen, bizarre **Felsformationen** und blaue Grotten liegen im Algarve direkt vor der Haustür. Trotz aller Kritik – es gibt noch immer viele saubere und kinderfreundliche Plätze: Von den insgesamt 55 Stränden haben 43 das **Gütesiegel** der Blauen Flagge erhalten. Zu den schönsten zählen von West nach Ost: Beliche, Praia da Luz, Meia Praia, Alvor/Três Irmãos, Praia da Marinha, Salgados/Praia de Galé, Santa Eulália/da Balaia, Quinta do Lago, Praia do Barril/Ilha de Tavira und Praia das Cabanas.

Uralte Kulturlandschaft – Olivenhain in der Serra de Monchique

44 Serra de Monchique

TOP TIPP *Der Garten des Algarve blüht zu jeder Jahreszeit.*

Bunt bemalte Fischerboote und rötliche Felsgrotesken bilden das bestimmende Element an den Stränden des Algarve – die Hügellandschaft der Serra de Monchique fasziniert durch sattes Grün. Von Portimão führt die Landstraße direkt in diesen hoch gelegenen **Garten des Algarve**. Hier finden Spaziergänger zwischen Eukalyptus- und Walnuss-Bäumen, Orangenhainen und Weizenfeldern, Zuckerrohr und Bananenstauden Muße und Erholung – und Wanderer attraktive Routen, die immer mit spektakulären Aussichten belohnt werden. Die fruchtbare Serra de Monchique ist eine bäuerliche Hügellandschaft, die sich von Westen nach Osten hinzieht und mit ihren kahlen Gipfeln **Fóia** und **Picota** zu anspruchsvollen *Wanderungen* einlädt. Rhododendren und Pfingstrosen, Mimosen und Mandelbäume verwandeln im Frühjahr die Berge in ein betörendes Farbenmeer. In Talsenken reifen die festen, delikaten Bananen, Orangen wachsen noch in 500 m Höhe. Und überall wuchern Heidekraut und meterhoher Farn.

Nostalgische Gefühle weckt **Caldas de Monchique**, denn seitdem die *Belle-Époque-Häuser* in frischem Glanz erstrahlen, wirkt der einstige Kurort der Reichen wie ein Museumsdorf. Das heilkräftige Schwefelwasser der sechs Quellen in Caldas de Monchique schätzten schon die Römer und Mauren, die in den *Thermalbädern* kurten und Linderung bei Rheumatismus, Hautkrankheiten und Verdauungsbeschwerden suchten. Der vulkanische Untergrund speist sechs Quellen, die täglich fast 2 Mio. Liter 32 Grad warmes Mineralwasser freigeben. Zu einem Paradies für Windsurfer und Segler wurde der große Stausee **Barragem do Arade**, der östlich des Monchique-Massivs gelegen ist.

Noch immer unberührt vom Massentourismus erhebt sich inmitten eines Waldes die kleine Stadt **Monchique**. Bekannt ist sie vor allem wegen ihres traditionellen Handwerks. Geschätzt werden besonders Holzmöbel, Töpferwaren und die Korbwaren, die im Sommer an jeder Straßenecke feilgeboten werden. Ältestes Bauwerk der Stadt ist die weiß getünchte **Igreja Matriz** mit ihrem manuelinischen Renaissanceportal, dessen kordelartiger Bogen an orientalische Kopfbedeckungen erinnert oder an steinerne

Schiffstaue, die in fünf strahlenförmig nach der Mauer abstehenden Knoten auslaufen. Der *Innenraum* ist mit Azulejos und einem kunstvoll geschnitzten Altaraufsatz geschmückt.

Oberhalb des Örtchens liegt das verfallene Franziskanerkloster **Nossa Senhora do Desterro**. Von der Aussichtsterrasse erschließt sich dem Betrachter die paradiesisch-üppige Vegetation der Serra besonders eindrucksvoll. Ein kurzer Weg führt zu der 100 m unterhalb der Ruine liegenden, mit zauberhaften holländischen Kacheln eingefassten *Fonte dos Passarinhos*.

Krönung einer Serra-Wanderung aber ist der zweieinhalbstündige Aufstieg auf den kahlen Gipfel des 902 m hohen

TOP TIPP

Monte Fóia – auch wenn heute eine Straße kurvenreich hinaufführt. Kühle Böen erwarten den Wanderer auf dem höchsten Punkt des Algarve, aber vor allem ein grandioser Panoramablick. Man sieht nicht nur über die Küste des *Barlavento* zum *Cabo de São Vicente*, sondern auch über die westlichen Atlantikstrände bis nach *Setúbal*. Dann erscheint einem die Landschaft wie ein »gekräuseltes Meer, das in samtenen Wellen erstarrt ist«, wie der portugiesische Schriftsteller *Paul Proença* es einmal beschrieb.

Praktische Hinweise

Hotels

********Estalagem Abrigo da Montanha**, Estrada de Fóia – Corte Pereiro, oberhalb Monchique, Tel. 282 9127 50, Fax 282 91 36 60, www.abrigodamontanha.com. Erlesen eingerichtetes Hotel. Sehr gutes Restaurant.

45 Lagos

Bekannt ist Lagos, die einstige Hauptstadt der Provinz Algarve, vor allem wegen seiner schönen Sandstrände und der skurril-fantastischen ›Ponta da Piedade‹.

Am wehrhaften *Fort* aus dem 16. Jh. und entlang der *Avenida dos Descobrimentos* (Straße der Entdeckungen) dümpeln bunt bemalte Boote scheinbar vergessen vor sich hin, Fischer reparieren schweigsam ihre Netze. Auch wenn die Fassaden der Stadt ›geliftet‹ sind und aus den Kneipen überall moderne Musik ertönt: In Lagos erinnert alles an den erfolgreichen *Heinrich den Seefahrer*, der die Neue Welt entdecken half – erinnert wird man aber auch an den unglücklichen *König Sebastião*, durch den Portugal für 60 Jahre unter spanische Herrschaft kam. Von Lagos

Gut beschirmt – im Zentrum des beliebten Urlaubsortes Lagos

brach *Gil Eanes* 1434 zur Umrundung des *Cabo Bojador* auf, hier verkaufte 1441 *Antão Gonçalves* die ersten schwarzen Menschen auf dem **Sklavenmarkt**. In der Bucht von Lagos kam es zwischen Franzosen, Engländern und Holländern zu einer Seeschlacht, 1797 kämpften Engländer und Spanier gegeneinander. Nach der bürgerlichen Revolte von Olhão vertrieben 1808 die Bewohner von Lagos die französischen Besatzer und 1833 kam es in der Stadt zu erbitterten Kämpfen zwischen Liberalen und Anhängern Dom Miguels.

Der alte **Fischerort** an der geschützten Mündung der *Ribeira de Bensafrim* ist die einzige größere Stadt im westlichen Algarve. Aus der Zeit Heinrich des Seefahrers stammen die charakteristischen Sehenswürdigkeiten, die alle am **Hafen** liegen: die Festung *Ponta da Bandeira*, der *Sklavenmarkt* und der *Gouverneurspalast*

Verschwenderische Pracht – vergoldeter Altar in der Igreja de Santo António von Lagos

(heute für Ausstellungen genutzt) mit dem Fenster des Königs Sebastião. Mittelpunkt der von Grünanlagen und Parks durchzogenen Stadt ist die verkehrsfreie **Praça de Gil Eanes**. Eine moderne, zunächst heftig diskutierte Steinplastik wurde hier 1973 zu Ehren Dom Sebastiãos errichtet. Nördlich der Praça steht in der Nähe der mittelalterlichen *Porta do Postigo* die nach dem Erdbeben mehrfach umgebaute **Igreja de São Sebastião**. Die hohe und majestätisch wirkende Kirche besitzt neben einem schönen Renaissanceportal von 1530 (aus der früheren Kirche *Nossa Senhora da Conceição*) im dreischiffigen Innenraum ein bemerkenswertes Holzkreuz. Sehenswert ist außerdem eine 2,10 m hohe Statue der *Senhora da Glória*, Geschenk Brasiliens an João V.

Die *Rua Gonçalo* führt in südwestlicher Richtung zur *Rua General Alberto Silveira*. Hier bietet sich dem Besucher in der barocken **Igreja de Santo António** ein wahrhaft ungewöhnliches Kirchenerlebnis: Die 1769 auf den Ruinen der Igreja de Santo António dos Militares errichtete Kirche ist dem hl. Antonius, dem Schutzpatron der Garnison, gewidmet. Der außen sehr nüchtern wirkende Bau bietet im Innenraum Einblick in die fantastische Welt des portugiesischen Barock: Überall sieht man *Talha Dourada* und *Azulejos*. Die Seitenwände der einschiffigen Anlage sind geschmückt mit Grotesken, Seraphen und Cherubinen, Pflanzenornamenten, Ungeheuern und Kriegsszenen. Zur Kirche gehört das kleine **Museu Regional** (Di–So 9.30–12.30, 14–17 Uhr). Man sieht sakrale Kunst, archäologische Funde, eine Gemäldesammlung (vor allem Werke zeitgenössischer Maler) sowie allerlei Kuriositäten aus der Stadtgeschichte, darunter deutsche Inflationsgeldscheine.

Zu Recht berühmt sind die Fels- und Sandstrände in der Umgebung von Lagos, die **Meia Praia**, die **Praia do Pinhão** und die **Praia Dona Ana**.

Wind und Wellen schufen hier ein grandioses Kunstwerk der Natur – die Ponta da Piedade bei Lagos

Ausflug

Die **Ponta da Piedade** (2 km südlich von Lagos) ist ein skurriler, fantastischer Skulpturenpark. Die weit ins Meer ragende *Steilküste* mit ihren winzigen Sandbuchten, gurgelnden *Grotten* und rötlichen *Felstoren*, durch die Fischerboote tuckern und Schwimmer tauchen, gehört zu den schönsten Küstenabschnitten des Algarve und markiert darüber hinaus den südlichsten Punkt der Bucht von Lagos. Knapp 200 Stufen führen in eine geheimnisvolle Welt aus Grotten und Höhlen. Die Küste ist an dieser Stelle ein

Paradies für Taucher, Schwimmer und Angler. Vom Leuchtturm aus hat man einen herrlichen Blick bis zum **Cabo de São Vicente** im Westen und bis nach **Carvoeiro** im Osten.

Praktische Hinweise

Information

Posto de Turismo, Rua Vasco da Gama, Lagos, Tel. 282 76 30 31, www.visitalgarve.pt

Hotels

******Albergaria Casa de Saõ Gonçalo**, Rua Cândido dos Reis 73, Lagos, Tel.

Engelhaft: Talha-Dourada-Schmuck in der Igreja de Santo António

Ein Land im Goldrausch

Neben den Azulejos ist vergoldetes **Holzschnitzwerk** (Talha Dourada) ein typisches Dekorationselement der portugiesischen Barockkirchen. Zuerst auf den **Altar** beschränkt, überzog Talha Dourada bald den ganzen **Innenraum**. Vor allem, wenn auch nicht ausschließlich, sieht man Talha Dourada im **Norden Portugals**. Zentren der neuen Stilrichtung waren Lissabon, Porto und Braga. Neben der Igreja de Santo António in Lagos sind vor allem das Kloster von Tibães bei Braga, die Kirchen São João da Foz, São Pedro de Miragaia und São Francisco in Porto sowie das Mosteiro de Arouca zu nennen. Dort sind Altäre, Kanzeln und Wände überreich mit vergoldeten Putti und floralen Arabesken überzogen.

282 76 21 71, Fax 282 76 30 91. Schönes Hotel mit wertvollem Mobiliar.

******Hotel Tivoli de Lagos**, Rua António Crisógono Santos, Tel. 282 79 00 79, Fax 282 79 03 45, www.tivolihotels.com. Nur 5 Min. vom Stadtzentrum entfernt liegt die großzügig konzipierte Ferienanlage. Auf dem *Meia Praia* unterhält das Hotel den exklusiven Duna Beach Club.

*****Motel Ancora**, Estrada de Porto de Mós, Tel. 282 76 20 33, Fax 282 76 72 44, www.motelancora.kom.pt. 60 angenehme und preiswerte Zimmer in einem Haus mit Garten und Swimmingpool (Nov.–März geschl.).

Restaurants

A Lagosteira, Rua 1 de Maio 20, Lagos, Tel. 282 76 24 86. Hier serviert man eine der besten Fischsuppe an der Küste.

Dom Sebastião, Rua 25 de Abril 20, Lagos, Tel. 282 78 04 81. Fischrestaurant mit Charme und Tradition. Reservieren!

46 Sagres

Am Anfang war, am Ende bleibt das Meer.

Weit verstreut liegen die einfachen Häuser des Hafenortes Sagres auf einem kleinen felsigen Hochplateau. Sie werden überragt von der Festung, über die unaufhörlich ein kalter, salziger Wind fegt. Urplötzlich bricht das Land ab, der schroffe Fels stürzt 60 m senkrecht ins Meer. Die Stürme, die über die Klippen fegen, haben eine kantige Steinwüste zurückgelassen. Und dennoch: Die **Ponta de Sagres** lädt zum Träumen ein. Die Halbinsel ist berühmt wegen ihrer *Strände* und des herrlichen Wassers. Diese karge, trockene und dünn besiedelte Gegend am Rande einer von Grotten ausgehöhlten *Steilküste* wird auch gerne als Standort der berühmten **Seefahrerschule** gehandelt, die *Heinrich der Seefahrer* – er starb 1460 in Sagres – für Kapitäne, Nautiker, Wissenschaftler, Techniker und Kartographen eingerichtet haben soll und an der Portugals Aufbruch in die Weltmeere geplant wurde. Beweise für diese Lokalisierung gibt es nicht, zudem hat das Erdbeben von 1755 das historische Zentrum von Sagres und damit auch eventuelle Zeugnisse zerstört.

Das Erdbeben überlebt hat das Eingangstor aus dem 17. Jh., durch das man

Von der Ponta da Sagres hatten angehende Seefahrer die Küste immer vor Augen

den Hof der **Fortaleza** betritt. Von den ursprünglichen Bauten erhalten sind die *Correnteza* genannten Wohngebäude, eine Kapelle, Kasematten, die ehem. Pferdeställe (zu Vortragsräumen umgewandelt) sowie eine aus kleinen, unregelmäßigen Steinen gelegte *Windrose* von 43 m Durchmesser und 42 Strahlen. Diese wurde übrigens erst 1928 entdeckt. Ob sie eine nautische oder astronomische Funktion hatte, ist umstritten.

Ausflug

Von Sagres aus gelangt man über die N 268 (6 km in nordwestliche Richtung) zum **Cabo de São Vicente** – dem südwestlichsten Punkt Portugals. Ein 24 m hoher *Leuchtturm* bewacht diesen äußersten Vorposten des Kontinents vor dem Unbekannten, ständig von den stürmischen Wellen des Atlantiks umspült. Er ist das *Promontorium sacrum* der Antike, von dem der griechische Traumdeuter *Artemidoros* aus Ephesos berichtet, dass dort die Götter genächtigt hätten. Und für den portugiesischen Nationaldichter *Luís de Camões* war dieser Punkt das »Ende der Welt«.

TOP TIPP

Das Kap trägt den Namen des *hl. Vinzenz von Saragossa* († um 304) – Patron Portugals und der Winzer. Während der Verfolgung durch Diokletian war er grausam gemartert und anschließend auf einem Acker den Vögeln zum Fraß überlassen worden. Als jedoch zwei Raben zu seinem Schutz erschienen, nähte man ihn, mit einem Stein beschwert, in einen Sack und warf diesen ins Meer. Begleitet von Raben soll Vinzenz später an Land getrieben und von frommen Christen bestattet worden sein. Die Raben zieren nun das Stadtwappen von Sagres.

Nahebei an der Ponte do Atalaia entsteht zur Zeit ein **Oceanarium** mit Meeresmuseum, das seinen Besuchern auf einer Fläche von 7000 m^2 die Reise des Wassers von seiner Quelle bis an die Meeresküsten erklären soll.

i Praktische Hinweise

Information

Posto do Turismo, Rua Commandante Matoso, Vila do Bispo, Sagres, Tel. 282 62 48 73, Fax 282 62 45 39, www.visitalgarve.pt

Hotel

******Pousada do Infante**, Ponte do Atalaia, Sagres, Tel. 282 62 42 22, Fax 282 62 42 25. Herrliche Aussicht auf die ›goldenen Klippen‹ und den tiefblauen Atlantik.

Restaurant

Tasca do Rolim, Baleeira, Sagres, Tel. 282 62 41 77. In dem Hafenlokal ist der Fisch fangfrisch (Sa geschl.).

Lissabon – die Schöne vom Tejo

»Es gibt für mich keine Blume«, schwärmt der Dichter **Fernando Pessoa**, »die dem unerhört abwechslungsreichen Farbenspiel von Lissabon gleichkäme.« Und in der Tat: **Farben**, wohin man blickt – rosa Mauern, jadegrüne Dächer, schwarze Taxis, gelbe **Trambahnen**, Straßen mit schwarzweißen Mosaiken. Auf den Plätzen und in den Gassen riecht es nach **Kaffee**, Jasmin und Basilikum. Es gibt wohl keinen Staat der Welt, dem die Lage der **Hauptstadt** so logisch vorgegeben ist: Lissabon liegt in der Mitte der dem Ozean zugewandten Seite des westlichsten Europas, unmittelbar an einem gewaltigen Naturhafen und an einem Fluss mit natürlichem Zugang ins Binnenland.

47 Lissabon *Pläne Seite 118, 129*

Aufbruchstimmung – die reiche portugiesische Metropole nimmt ihren Platz unter den großen Hauptstädten Europas ein.

Schon die Phönizier nutzten die Seitenbucht des Tejo als Naturhafen und gründeten hier die Siedlung *Alis Ubbo*. Die Römer erhoben sie später als *Felicitas Julia* zum Verwaltungssitz der römischen Provinz **Lusitanien**. Von 585 bis 715 unter westgotischer Herrschaft, fiel Lissabon nach der Schlacht bei Jerez in die Hände der Mauren. Sie machten *Al Oshbuna*, in dem sie sich für 400 Jahre einrichteten, zu einem wirtschaftlichen und kulturellen Zentrum.

Bereits wenige Jahre nach der Rückeroberung durch Afonso Henriques (1147) wurde Lissabon **Hauptstadt** des jungen Königreiches am Rande Europas. Das Zeitalter der Entdeckungen bescherte der Stadt am Tejo unermessliche Reichtümer. Von der Pracht und Herrlichkeit jener Tage blieb jedoch wenig erhalten: 1755 legte das große Erdbeben die Stadt in Trümmer und tötete etwa 400 00 Menschen. Lissabon wurde nach modernen Gesichtspunkten wieder aufgebaut, erholte sich aber nur langsam von der Katastrophe. Aufschwung brachte erst die 2. Hälfte des 19. Jh., in der die Stadt wesentlich erweitert und verschönert wurde.

Heute präsentiert sich Lissabon (600 000 Einw., Großraum 2,1 Mio. Einw.) als moderne Stadt, in der die Geschichte durchaus lebendig geblieben ist, was sich u. a. in der bunt gemischten Bevöl-

Lissabon von seiner schönsten Seite: Alfama mit Castelo de São Jorge ▷

Gipfelstürmer: Altertumliche Trambahnen erklimmen Lissabons Anhöhen

kerung aus den ehem. Kolonien widerspiegelt. Mit den Bau- und Sanierungsmaßnahmen im Rahmen der **EXPO '98** wurde ein neues Kapitel der Stadtgeschichte aufgeschlagen. Zum 330 ha großen EXPO-Gelände im Osten der Stadt, das jetzt *Parque das Nações*, Park der Nationen, heißt [s. S. 128] gehört das größte **Ozeanarium** Europas, ein Jachthafen und eine Parkanlage mit Sportplätzen.

Stadtzentrum

Früher ging man in die Baixa zum Einkaufen, traf sich vorher oder nachher in einem der vielen Cafés am Rossio. Und abends gehörte das Viertel den Theater-

TORRES DE LISBOA
Museu da Cidade 19
CAMPO GRANDE
Rua dos Soeiros
Estrada da Luz
R. António Albino Machado
Azinh. das Galhardas
Av. Prof. Gama Pinto
Alameda da Universidade
Campo Grande
Universidade de Lisboa
Avenida Lusíada
Av. Lusíada
Ave. Prof. Egas Moniz
Estrada da Luz
Hospital de Santa Maria
Av. Prof. Gama Pinto
Instituto Militar dos Pupilos do Exército
L. Conde de Bonfim
Avenida dos Combatentes
Avenida das Forças Armadas
Avenida Álvaro Pais
Avenida Cinco de Outubro
Jardim Zoológico
Estação Entrecampos
Rua Conde de Almoster
Cruz da Pedra
SETE RIOS
Eixo Norte Sul
Estação do Rego
R. Franc. Gentil Martins
Sete Rios
Av. Santos Dumont
25 Palácio dos Marqueses de Fronteira
Ave. Columbano Bordalo Pinheiro
Rua de Campolide
Praça de Espanha
Avenida de Berna
Av. Elias Garcia
18 Museu Calouste Gulbenkian
Av. José Malhôa
Centro de Arte Moderna
Rua de Campolide
R. Ramalho Ortigão
Avenida António Augusto de Aguiar
Avenida Pinheiro Chagas
Palácio da Justiça
Rua de Campolide
Avenida Calouste Gulbenkian
Penitenciária
Fronteira
Rua Marquês
Campolide
Miradouro de Monsanto
CAMPOLIDE
Rua Artilharia Um
Rua Rodrigo da Fonseca
Hospital Militar
Praça do Marquês de Pombal 17
Castilho
24 Aqueduto das Águas Livres
Avenida de Ceuta
Avenida Engenheiro Duarte Pacheco
Fundação Arpad Szenes-Vieira da Silva 23
AMOREIRAS
Rua Braamcamp
Rua Alexandre Herculano
R. Castilho
Rua Dom João V
RATO
CAMPO DE OURIQUE
Rua Ferreira Borges
Av. Pedro Álvares Cabral
Museo Nacional de Historia Natural
Jardim Botânico
Universidade Internacional
Avenida da Ponte
Rua Saraiva de Carvalho
Cemitério dos Prazeres
R. Domingos Sequeira
ESTRELA
22 Basílica da Estrela
Palácio de São Bento Assembleia da República
BAIRRO ALTO
Avenida de Ceuta
Avenida Infante Santo
R. do Quelhas
Av. Dom Carlos I
R. do Poço dos Negros
Instituto Nacional de Investigação Agrária
Estação Alcântara
Palácio das Necessidades Ministério dos Negócios Estrangeiros
LAPA
C. do Marquês de Abrantes
Rua Dom Luís
Praça Gen. Domingos de Oliveira
Via Ponte
Instituto Superior de Agronomia
Avenida 24 de Julho
Rua Jau
Av. da Ponte
Av. de Ceuta
Armada Ministério do Exército
Museu Nacional de Arte Antiga 20
Ponte 25 de Abril 21

Vale de Lobos
Dona Maria
Caneças
Amoreira
Povoa de Santo
Camarate
Bobadela
Sacavém
A-da Beja
Odivelas
Adrião
Belas
Amadora
Carnide
Olivais
Tercena
Poço do Bispo
Barcarena
Carnaxide
LISSABON
Belém
Rio Tejo
26
31
S. 129
Almada
Banática
Trafaria
Caparica
Barreiro
Av. de Rio de Janeiro
Av. da Igreja
Praça de Alvalade
Roma
dos Estados da America
ENTRECAMPOS
Avenida de Roma
Av. Oscar Monteiro Torres
Campo Pequeno
Av. João XXI
Arco de Cego
R. do
Av. dos Defensores de Chaves
Av. Ant. José de Almeida
Crisóstomo
Ávila
Av. Rovisco Pais
Av. da República
Praça Duque de Saldanha
Av. Casal Ribeiro
Rua Almirante Barroso
ESTEFÂNIA
Praça do Chile
Rua Morais Soares
Praça Paiva Couceiro
ALTO DO PINA
Pátio do Ferro Velho
Largo da Madre de Deus
Cemiterio do Alto de São João
Parada do Alto de São João
Avenida
XABREGAS
R. Jacinta Marto
R. da Escola do Exército
R. dos Anjos
Av. Almirante Reis
Hospital Miguel Bombarda
R. Gomes Freire
Luciano Cordeiro
Visconde de Redondo
Loulé
Av. General Rocadas
BAIRRO LOPES
Avenida Mouzinho de Albuquerque
Afonso III
Museu Nacional do Azulejo
8
R. dos Sapadores
R. Damasceno Monteiro
GRAÇA
Museu da Agua da Epal
Av. Infante Dom Henrique
Rua da Palma
Liberdade
Sampaio
Praça dos Restauradores
Teatro Nacional Dona Maria II
4
5
Praça da Figueira
MOURARIA
R. da Voz do Operário
C. de Santa Clara
Estação do Rossio
Praça Dom Pedro IV
Rossio
3
15
Igreja de São Roque
9
Castelo de São Jorge
10
Igreja do Menino-de-Deus
7
Igreja de São Vicente de Fora
Estação Santa Apolónia
Museu Militar
6
Museu Escola de Artes Decorativas
BAIXA
Nossa Senhora do Carmo
14
13
Elevador de Santa Justa
16
R. Áurea (Rua do Ouro)
R. da Prata
Costa do Castelo
ALFAMA
11
Sé
Arco Triunfal da Rua Augusta
2
R. da Alfândega
12
Casa dos Bicos
Pr. do Município
R. do Alecrim
R. do Arsenal
1
Praça do Comércio
Av. Ribeira das Naus
Estação Fluvial Terreiro do Paço
Cais do Sodré
Lissabon
0
300 m
M
U-Bahn

gängern. Die **Baixa Pombalina**, die Pombalinische Unterstadt, war das Lieblingskind des *Marquês de Pombal*. Der geniale Staatsmann leitete nach 1755 den sofortigen Wiederaufbau Lissabons ein, und er verlieh der Unterstadt ihre bis heute unverwechselbare Struktur. Lange vor *Manhattan* und dem *Paris* eines Haussmann entstand eine klar strukturierte City mit rechtwinkligem **Straßenraster** und großzügig gegliederten **Flaniermeilen**. Drei Hauptstraßen führen in die Breite (Rua Aurea, Rua da Prata und Rua dos Fanqueiros), sieben in Längs- und sieben in Querrichtung. Einzelne Gewerbezweige konzentrierten sich traditionsgemäß auf bestimmte Straßen: die Tuchhändler auf die *Rua Augusta*, die Gold- und Silberschmiede auf die *Rua da Prata*, die Schuster und Lederwarengeschäfte auf die *Rua dos Sapateiros*.

Der erste Rundgang beginnt an der **Praça do Comércio** 1. Sie stellt Foyer und Empfangshalle des neu erstandenen Viertels **Cidade Baixa** dar. Der 177 x 192,5 m große Platz ist von arkadengeschmückten Barockbauten umgeben; die offene Seite der Praça mit der Marmortreppe zeigt auf den Tejo. Vom *Cais das Colunas* (Kai der Säulen) am Südende der Praça hat man einen schönen Blick auf den Platz, die Burg, die *Tejo-Brücke* und das 11 km breite *Mar de Palha* (Strohmeer) – wie man diesen Teil des Tejo im Volksmund auch nennt. Auf der Praça steht unübersehbar das 29 t schwere bronzene *Reiterstandbild Josés I.* von Machado de Castro (1775), das erste öffentliche Denkmal Portugals. An der Nordwest-Seite des *Terreiro do Paço* beginnt die *Rua do Arsenal*, die alte Straße des Marinearsenals, wo die portugiesischen Könige ihre Schiffe bauen und ausrüsten ließen. Dort trifft man auch auf den **Arco Triunfal da Rua Augusta** 2 (Triumphbogen), eine bemerkenswerte Arbeit von Eugénio dos Santos und Veríssimo José da Costa (1775–1873). In der Giebelzone sieht man die allegorische Krönung von ›Geist‹ und ›Wert‹, dargestellt vom französischen Bildhauer Anatole Calmels (1822–1906). Im Hauptfeld befindet sich das königliche Wappen, flankiert von vier Skulpturen von Vítor Bastos: rechts der Entdecker *Vasco da Gama* und der Staatsmann *Pombal*. Links sieht man *Viriatus*, den Führer im Kampf gegen die Römer, sowie den siegreichen Feldherrn von Aljubarrota, *Nuno Álvares Pereira*. Auf den Voluten kann man Allegorien der Flüsse *Douro* (links) und *Tejo* (rechts) betrachten.

Geht man die *Rua Augusta* in nördliche Richtung, so kommt man zum Zentrum Lissabons – dem **Rossio** 3. Der Platz, der amtlich *Praça Dom Pedro IV.* heißt, ist seit seiner Anlage unter Manuel I. das eigentliche Herz des städtischen Lebens. 1849 wurde der Rossio von Straf-

Lebendiges und glanzvolles Herz der Stadt – der Rossio vom Elevador de Santa Justa

Gibt eine Vorstellung vom alten Lissabon – das Alfama-Viertel

gefangenen mit einem Mosaik von Pinheiro Furtado aus Basalt und Kalkstein gepflastert – nur noch Reste des Bodens sind heute erhalten. Die 27,5 m hohe Marmorsäule mit dem *Bronzestandbild Pedros IV.* erhebt sich in der Mitte. Man sieht Pedro, den späteren Kaiser von Brasilien, der zugunsten seiner Tochter Maria da Glória auf den portugiesischen Thron verzichtete. Der König – in Generalsuniform mit Königsmantel – hält in der rechten Hand die *Carta Constitucional*. An den Sockelecken sind die Allegorien der Gerechtigkeit, Umsicht, Klugheit und Mäßigung dargestellt sowie die 16 wichtigsten Städte des Landes. Die Säule schuf Germano José de Sales, das Standbild stammt von Elias Robert (1870). An der nördlichen Stirnseite des Rossio steht das am 13. April 1847 eingeweihte **Teatro Nacional Dona Maria II.** 4. Vom italienischen Architekten *Fortunato Lodi* stammt der säulenumstandene Bau, der zwischen 1842 und 1846 im Stil der Renaissance errichtet wurde. An der Ostseite liegt die **Praça da Figueira** 5 (Feigenbaumplatz) mit dem 1885 eingeweihten *Reiterstandbild Joãos I.*, der die Dynastie Aviz begründete und 1385 Portugals Unabhängigkeit durch den Sieg über Kastilien sicherte.

Östliche Stadtviertel

Die **Alfama** (arab. *Al-Hama* = Bad, heiße Quelle) wurde als einziges mittelalterliches Stadtviertel vom großen Erdbeben 1755 weitgehend verschont. Sie bezaubert mit ihren malerischen *Becos* (Gässchen) und *Travessas* (Querstraßen), ihren steilen Steintreppchen und den ineinander und aufeinander verschachtelten Häusern. Das Viertel braucht keine Wegweiser und keinen Stadtplan, denn am *Largo das Portas do Sol* ist in die Fassade neben der schmalen Treppenpforte zur Alfama ein Lageplan auf Azulejos dargestellt.

Am Largo das Portas do Sol (Platz der Sonnenpforten) ist im ehemaligen *Palácio Azurara* seit 1953 das **Museu Escola de Artes Decorativas** 6 (Mo–Sa 10–17 Uhr, www.fress.pt) untergebracht. Die kostbare Privatsammlung des Bankiers *Espírito Santo Silva* umfasst portugiesische, englische und französische Möbel, Arraiolos-Teppiche, Porzellan und Keramik, Leuchter, eine Talha-Dourada-Sammlung, wertvolle Gemälde (Werke von Gregório Lopes, Vieira Portuense, Joaquim Marques) sowie Gold- und Silberarbeiten.

TOP TIPP Nur ein paar Schritte entfernt lädt der **Miradouro de Santa Luzia** zu einer Rast ein, eine Aussichtsterrasse mit Meerblick, überrankter Pergola und bunt gefliesten Sitzbänken für Schaulustige und still Lesende. Der Blick auf den Tejo und die Brücke Vasco da Gama machen Lust, weitere Aussichtspunkte *(Miradouros)* der Stadt aufzusuchen.

In östlicher Richtung liegt die **Igreja de São Vicente de Fora** 7. Trotz seiner Maße wirkt der Monumentalbau des Lissabonner Stadtpatrons harmonisch und gut gegliedert. 1582 ließ Philipp II. die romanische Kirche abreissen und nach Plänen von Juan de Herrera zwischen 1590 und 1627 neu errichten. Nach dem Erdbeben von 1755 wurde sie nach dem Vorbild der Jesuitenkirche Il Gesù in Rom wieder aufgebaut. Sie ist die größte und höchstgelegene Kirche Lissabons. Das *Hauptportal* der zweistöckigen, klassisch-strengen Renaissancefassade aus weißem Kalkstein wird von zwei Türmen gekrönt. Die Statuen der hll. Vinzenz, Augustin und Sebastian befinden sich in den Nischen über den drei Portalbögen, in den Seitennischen stehen Statuen der hll. Antonius und Domenikus. Links vom Haupteingang der einschiffigen Kirche befindet sich die kuriose *Grabplatte* für den Ritter *Henrique Alemão* (Heinrich der Deutsche), der bei der Einnahme Lissabons von Mauren getötet wurde. Im Auftrag Dom Joãos V. fertigte Machado de Castro den gewaltigen *Hochaltar*, der den Baldachin vom Petersdom in Rom ziert. Im südlichen Querschiff liegt am Altar der *Antonio-Kapelle* die noch aus dem Vorgängerbau stammende *Grabplatte der Teresa Taveira*, Mutter des in Lissabon geborenen *hl. Antonius von Padua*. Die *Eingangshalle* des ehem. Klosters schmückt das ausdrucksvolle Deckenbild ›Der Triumph der Kirche über die Manichäer‹ von *Vicente Baccarelli* (1710). Das *Refektorium* ist seit 1855 *Panteão Real* (Königliches Mausoleum) der Brangança. Sie regierten Portugal von 1640 bis 1910.

Pause nach dem Kunstgenuss – im Restaurant des Museu Nacional do Azulejo

Das ehem. Klarissinnenkloster *Madre de Deus* besitzt nicht nur ein sehenswertes manuelinisches *Hauptportal*. Dort ist außerdem eines der schönsten Museen des Landes untergebracht – das

TOP TIPP

Museu Nacional do Azulejo 8 (Mi–So 10–12, 14–18, Di 14–18 Uhr, www.mnazulejo-ipmuseus.pt). 1960 wurde auf Initiative des Kunsthistorikers João Miguel dos Santos Simões in den Kreuzgängen und den Klostergebäuden das Azulejo-Museum eingerichtet. Mehr als 15 000 *Fliesen* sowie viele einheimische, zahlreiche spanische und holländische Fliesengemälde dokumentieren die Entwicklungsgeschichte dieser Kunstform. Azulejos sind aus der Stadtarchitektur Portugals nicht wegzudenken. Das große *Azulejo-Bild* aus dem 18. Jh. (zur Zeit im 2. Obergeschoss) ist 40 m lang: Es zeigt auf 1300 Fliesen die Stadt Lissabon, wie sie 25 Jahre vor dem großen Erdbeben von 1755 ausgesehen hat. Natürlich ist auch das *Museumscafé* mit Fliesen verkleidet.

Einen herrlichen Blick auf die Hügel genießt man vom **Castelo de São Jorge** 9 (März – Okt. tgl. 9–21, Nov.–Febr. tgl. 9–18 Uhr). Hier oben verbirgt sich die Vergangenheit der Stadt als römisches Forum, westgotische Burg, Maurenfestung und wehrhafte Residenz der portugiesischen Könige. Westgotisch sind die ältesten Teile der Ringmauern und Türme, maurisch die Mauerkronen und Rechtecktürme. Zum 800-jährigen Jubiläum der Rückeroberung Lissabons wurde dem ersten portugiesischen König, Afonso Henriques, ein *Denkmal* errichtet.

Unweit vom Castelo, am Largo do Menino de Deus, kommt man zur **Igreja do Menino-de-Deus** 10 – sicherlich eine der schönsten Kirchen in Lissabon. Zum Dank für die Geburt seiner Tochter Dona Maria Bárbara (1711) ließ Dom João V. durch die Baumeister Frei João Nunes Tinoco und João Antunes das Gotteshaus errichten. Im Innenraum des unvollendeten Barockbaus findet man reichen *Marmorschmuck* und sehenswerte *Gemälde* von André Gonçalves, Jerónimo da Silva, Vieira Lusitano und Policarpo de Oliveira Bernardes. Der Orden der Franziskaner wird in den *Deckengemälden* allegorisch verherrlicht.

Auf den Spuren der Römer, Westgoten und Mauren: Castelo de São Jorge

Schon von weitem erkennbar ist die **Sé** 11 (Di–So 10–13, 14–18 Uhr), die einzige romanische Kirche der Hauptstadt. Vom westgotischen Vorgängerbau zeugen Skulpturenfragmente am ersten Strebepfeiler der Nordfassade. Nach der Rückeroberung Lissabons im Jahre 1147 nutzten die Kreuzfahrer die damalige Moschee als provisorische Kathedrale. Mit dem Neubau wurde in der Regierungszeit der *Könige Afonso Henriques* und *Sancho I.* begonnen. Romanisch ist nach den Erdbeben des 14. Jh. jedoch nur noch das Portal, die *reixa* (schmiedeeisernes Gitter) im Kapellenkranz sowie die Triforiengalerie. Die aus der Auvergne stammenden Architekten *Robert* und *Bernard* wurden von Afonso IV. beauftragt, die Kathedrale im gotischen Stil wieder aufzubauen. 1380 wurde die wuchtige *Westfassade* mit den beiden massiven Türmen angefügt. Das Gotteshaus mit seinem wehrhaften Äußeren erinnert an normannische Bauten. Im *Innenraum* findet man links vom Eingang ein restauriertes romanisches *Taufbecken*. Über ihm sollen der hl. Antonius von Padua sowie der berühmte Jesuitenpater António Vieira (1608–1697) getauft worden sein. Prunkstück der gotischen *Capela de Bartholemeu Joanes* ist der barocke *Presépio* (Weihnachtskrippe) von Machado de Castro (1766) mit seinen zahlreichen polychromen Terrakotta-Figuren. Sie stellen neben der Geburt Christi auch den Alltag der Bauern, Fischer und Handwerker dar. Die barocke *Sakristei* birgt einen kostbaren, angeblich aus Indien stammenden silbernen *Reliquienschrein* mit den Gebeinen des hl. Vinzenz. Darüber hinaus findet man dort eine mit 4120 Edelsteinen besetzte *Monstranz* des Juweliers Joaquim Caetano de Carvalho sowie silberne und goldene liturgische Geräte. Der zweigeschossige gotische *Kreuzgang* stammt aus dem frühen 14. Jh. (Zugang vom Chorumgang). Hier sieht man neben fein gearbeiteten *Gräbern* mit Liegefiguren mittelalterliche Architekturfragmente (westgotische Inschriften, Kapitelle und Säulen). Im Ostflügel wird ein fein gearbeitetes schmiedeeisernes Gitter aufbewahrt, das noch aus der romanischen Epoche stammt.

Südlich der Kathedrale trifft man auf die **Casa dos Bicos** 12. Man nennt das Gebäude auch ›Das Haus der Spitzen‹, da die Fassade mit facettierten Spitzquadern geschmückt ist – ein beliebtes Ornamentmuster der Renaissance. 1523 wurde die Casa von Afonso de Albuquerque, dem zweiten Gouverneur von Indien, für einen seiner Söhne errichtet. Das durch das Erdbeben von 1755 bis auf die unteren Stockwerke zerstörte Haus wurde Anfang der 80er-Jahre des 20. Jh.

Bindeglied zwischen Ober- und Unterstadt: der filigrane Elevador de Santa Justa

nach heftigen Auseinandersetzungen mit dem Denkmalschutzamt historisch exakt restauriert. Man nahm dafür alte Stiche und Azulejo-Bilder zu Hilfe.

Westliche Stadtviertel

Eine der berühmtesten Sehenswürdigkeiten von Lissabon ist der **Elevador de Santa Justa** ⑬. Der sechsstöckige, filigrane Fahrstuhl ist im neugotisch-maurischen Stil von *Raúl Mesnier du Ponsard* errichtet worden. Er verbindet seit 1902 die Baixa mit dem Chiado. Der Fahrstuhl besteht aus einem 25 m langen Metallviadukt. In der Mitte wird dieser von einer Betonsäule auf der einen und von einem 7,5 x 7 m weiten und 45 m hohen Metallturm auf der anderen Seite gehalten. Der Höhenunterschied, den der Elevador überwindet, beträgt 31,92 m. Seine zwei holzgetäfelten Kabinen können je 25 Passagiere befördern.

In der Nähe des berühmten Fahrstuhls befindet sich die Karmeliterkirche **Nossa Senhora do Carmo** ⑭. Die Carmo-Kirche, das bedeutendste gotische Denkmal Lissabons, ist heute das **Museu Arqueológico do Carmo** (Mi–So 10–18, Di 14–18 Uhr). Die Sammlung zeigt unter anderem ein *manuelinisches Fenster* aus dem Jerónimo-Kloster in Belém, *Taufbecken* (18. Jh.) aus der Igreja da Ajuda, zwei *Löwen* aus dem Kloster São João Nepomuceno, eine *Statue der Königin Maria I.* aus Carrara-Marmor von José António de Aguiar sowie den *Prunksarkophag* des Königs Dom Fernando I. († 1383). Der Holzsarg des 1918 selig gesprochenen *Nationalhelden Nuno Álvares Pereira*, der einige Jahre nach seinem Eintritt in das Kloster 1447 starb, ist eine Nachbildung des beim großen Erdbeben zerstörten Alabastersarkophags.

Nordwestlich der Carmo-Kirche befindet sich der *Largo Trindade Coelho* mit der **Igreja de São Roque** ⑮. 1566 legte Dom Sebastião den Grundstein zu diesem Gotteshaus, das zu den prachtvollsten Portugals zählt. Die Kirche wurde im manieristischen Stil ohne Querschiff und Chorabschluss erbaut.

TOP TIPP Ein wertvolles Schmuckstück ist die **Capela de São João Baptista**. Dom João V. legte 1742 ein Gelübde ab, worauf diese Kapelle entstand. Die Italiener *Luigi Vanvitelli* (1706–1773), Sohn des holländischen Vedutenmalers Gaspard van Wittel, und *Nicolò Salvi* (1697–1751) engagierten für die Ausführung mehr als 100 der besten Kunsthandwerker Italiens. Und da Geld offenbar keine Rolle spielte, wurden allein 18 verschiedene Marmortypen, vier Alabasterarten, Ormolu, Agate und Amethyste verarbeitet. Die Einzelstücke der Kapelle wurden in Italien verpackt, verschifft und 1747 unter der Aufsicht des Bildhauers *Alessandro Giusti* in Lissabon zusammengesetzt. 1751 wurde sie geweiht, ohne jedoch beim Volk großen Anklang zu finden. Nur der König soll sich an den Wänden aus Amethyst, orientalischem Granit, großen Korallenstücken und Lasursteinen in allen Schattierungen erfreut haben. Die *Säulen* des Altars bestehen aus Lasurstein mit goldenen Streifen, der *Altartisch* wird von Cherubinen getragen, die aus Silber sind. *Lampen* und *Leuchter* bestehen aus Gold, Silber oder Bronze, die Pfeiler aus Alabaster. Die Kassettendecke ist mit Jaspis geschmückt, überall sieht man Achate, Elfenbein und edle Hölzer. Sehenswert sind außerdem die kostbaren ›Gemälde‹, die sich beim näheren Hinsehen als Mosaike entpuppen.

Der *Largo do Chiado* wird eingerahmt von den beiden Kirchen **Igreja Loreto ou**

Ein Resultat des Erdbebens von 1755 – die Ruinen der Kirche Nossa Senhora do Carmo

dos Italianos und **Igreja da Encarnação** 16. 1517 wurde die *Kirche der Italiener* mit zwei prunkvollen Portalen und dorischer Pilaster-Architektur von Filippo Terzi errichtet. 1651 wurde das Gotteshaus durch einen Brand zerstört, 1676 restauriert, 1755 beim Erdbeben wieder zerstört und 1785 schließlich neu gebaut. Die *Engelsgruppe* aus Marmor über dem Hauptportal schuf *Borromini* (1595–1667), an den Seiten sieht man zwei große Statuen der Apostel Petrus und Paulus. Die erstaunlicherweise armlose Statue der *Jungfrau von Loreto* befindet sich in einer Nische über dem Gesims. Schöne *Altäre* mit Bildern italienischer Meister (Lambruzzi, Rossi, Ratti, Tagliafico) kann man im Innenraum der einschiffigen Kirche besichtigen.

Neustadt

Die Lisboetas nennen ihren weiten Rundplatz auch ›Rotunda‹ – offiziell heißt der Platz **Praça do Marquês de Pombal** 17. Dort, wo die *Avenida da Liberdade* endet und der *Parque Eduardo VII.* beginnt, steht in der Mitte des Platzes das 1934 vollendete *Monument des Marquês de Pombal*, der eigentlich Sebastião José de Carvalho e Melo (1699–1782) hieß. Auf der Vorderseite des Sockels sind die neue Stadt, auf der Rückseite die von Pombal reformierte Universität von Coimbra dargestellt. An den Seiten sind die Themen Landwirtschaft und Industrie verbildlicht. Rund um die 36 m hohe Säule sieht man Medaillons mit den Bildnissen pombalinischer Architekten und Bildhauer: u. a. Eugénio dos Santos, Machado de Castro, Manuel da Maia. In der schwarz-weißen (teils renovierten) Mosaikbepflasterung von Pinheiro Furtado ist das Stadtwappen mit dem Schiff des hl. Vinzenz [s. S. 115] und seinen zwei Raben zu sehen.

Goldrausch – Talha-Dourada-Altar in der Igreja de São Roque

Weiter nördlich liegt der *Campo Pequeno* und die aus rotbraunen Backsteinen erbaute Stierkampfarena **Praça de Touros**. Die Arena im maurischen Stil überragt mit ihren Zwiebeltürmchen und einer Zentralkuppel den Platz, auf dem bereits im 18. Jh. Stierkämpfe veranstaltet wurden. Das 1892 von António José Dias da Silva errichtete Bauwerk hat einen Durchmesser von 80 m und fasst knapp 8500 Zuschauer. Übrigens, der portugiesische Stierkampf geht auf *Dom Sebastião* zurück, der am Vorabend der Expedition nach Alcácer-Quibir (1578) in Xabregas den ersten Stierkampf auf portugiesischem Boden veranstaltete. Seit 1647 wurden dann auf dem Rossio und seit 1687 auf dem Terreiro do Paço Stierkämpfe durchgeführt. Unter Dom João I. wurden sie verboten, doch Dom Miguel nahm 1831 die Stierkampf-Tradition mit der Eröffnung des **Campo de Sant'Ana** wieder auf. Hier kämpften die berühmtesten spanischen Matadore bis zum Abriss der Arena 1889. Südlich der Arena befindet sich das *Museu Tauromáquico* (Stierkampfmuseum), durch das Erinnerungen an berühmte Stierkämpfer wach gehalten werden.

TOP TIPP

Geht man die *Avenida de Berna* in westliche Richtung, so gelangt man zum vollständig umgebauten und renovierten **Museu Calouste Gulbenkian** 18 (Di–So 10–17.45 Uhr, www.museu.gulbenkian.pt). Benannt ist das außergewöhnliche Museum nach dem reichen Armenier Calouste Sarkis Gulbenkian (1869–1955). Ihm verdanken die Portugiesen ihre ersten Volksbibliotheken und Kulturzentren. Der architektonisch überzeugend gestaltete Museumskomplex liegt inmitten einer 7 ha großen subtropischen Parkanlage. Mit mehr als 6000 Exponaten zur ägyptischen und griechisch-römischen Kunst, zur Buchkunst und Malerei des 15.–19. Jh. zählt das Museum zu den größten und bedeutendsten Privatsammlungen der Welt und wurde 1969, zum 100. Geburtstag Gulbenkians, eröffnet. In zwei Abteilungen und 17 Sälen wird die exquisite Ausstellung präsentiert. Zum Museum gehören weiterhin das Künstlerzentrum **Centro de Arte Moderna** sowie eine hervorragende Kunstbibliothek, ein Amphitheater und ein Kinder-Kulturzentrum. Darüber hinaus gibt es den *Serviço ACARTE*, wo experimentelles Theater, Multimedia-Shows u. a. Veranstaltungen stattfinden.

Weiter nördlich liegt am Ende des *Campo Grande* der Palácio Pimenta (1740), in dem das **Museu da Cidade** 19 (www.cm-lisboa.pt, Di–So 10–13, 14–18 Uhr) untergebracht ist. Stadtpläne, Gemälde, Urkunden und Stiche informieren in liebevoll inszenierten Sälen über die wechselvolle Geschichte der Stadt, ergänzt durch prähistorische, römische und mittelalterliche Architekturfragmente. Besonders sehenswert ist ein ausgezeichnetes *Modell* der Stadt, welches das Erscheinungsbild vor 1755 dokumentiert. Des Weiteren ist die Naturkatastrophe in zahlreichen guten Bildern festgehalten.

Bairro da Lapa

Vor 1755 galt der weiter westlich gelegene Stadtteil *Bairro da Lapa* als Schwarzenviertel (Mocambo), in späterer Zeit lebten hier überwiegend Seeleute. Nach dem großen Erdbeben wohnten vor allem Engländer im Bairro da Lapa, danach portugiesische Adelige und Großbürger. Zahlreiche Stadtpaläste und Häuser mit Jugendstil-Fassaden machen das Viertel sehenswert. Am Tejo und der Uferstraße Avenida 24 de Julho/Ecke Rua das Janelas Verdes liegt die ehem. *Casa das Janelas Verdes* (1690), in der seit 1884 das **Museu Nacional de Arte Antiga** 20 (Di 14–18, Mi–So 10–18 Uhr, www.mnarteantiga-ipmuseus.pt) untergebracht ist. Die überwältigende Fülle an Exponaten macht das Museum für Alte Kunst zu einem der bedeutendsten in Portugal. Neben dem Gemälde ›Versuchung des hl. Antonius‹ von *Hieronymus Bosch* oder *Albrecht Dürers* ›Hl. Hieronymus‹ fasziniert vor allem der Flügelaltar von *Nuno Gonçalves*. Das Polyptychon vom Vinzenz-Altar aus der Kirche São Vicente de Fora bildet mit seinen sechs Tafeln und 60 Porträts (vermutlich 1471 entstanden) eine einzigartige Galerie. Der Maler verzichtete auf den üblichen Landschaftshintergrund, wodurch die Mitglieder der portugiesischen Gesellschaft seiner Zeit deutlicher hervorgehoben werden. Die Tafelbilder sollen neben dem hl. Vinzenz, dem Schutzpatron der Stadt Lissabon, die Verehrung der portugiesischen Könige und ihrer Taten darstellen. Darüber hinaus ist ihr Kampf gegen die Ungläubigen abgebildet. Nuno Gonçalves stellt Heinrich den Seefahrer dar, ferner den Chronisten der marokkanischen Kreuzzüge, Gomes Eanes de Zurara, sowie den arabischen Prinzen Mohammed, der zwei Jahre lang am Hofe in Lissabon gefangen gehalten

Weckt Erinnerungen an die Revolution von 1974 – die Ponte 25 de Abril

wurde. In den verschiedenen Abteilungen gibt das Museum außerdem einen hervorragenden Überblick über die portugiesischen Malschulen des 16. Jh. Gezeigt werden außerdem die schönen *Krippen* des Bildhauers Machado de Castro, chinesisches und japanisches *Porzellan* sowie reizvolle japanische *Namban-Wandschirme* aus dem 16. Jh. Auf ihnen sind die Portugiesen, die um 1540 in Japan landeten, aus ostasiatischer Sicht dargestellt. Zu den kostbaren Gold- und Silberschmiedearbeiten, die präsentiert werden, gehört die berühmte *Goldmonstranz* von Gil Vicente. Der Künstler soll sie 1506 aus dem ersten Gold gearbeitet haben, das Vasco da Gama aus Indien mitgebracht hatte.

Folgt man der Uferstraße etwa 2 km in westlicher Richtung, erreicht man die **Ponte 25 de Abril** 21. Sie hieß zuerst Ponte Salazar und wurde nach der Revolution umgetauft. Die 2278 m lange Brücke, die mit über 82 m tiefen Fundamenten ausgestattet ist, verbindet Lissabon mit dem Süden des Landes. Sie erstreckt sich zwischen den beiden 190 m hohen Pylonen 1031 m weit in durchschnittlich 70 m Höhe über dem Wasser.

Im 1850 angelegten, wunderschön bepflanzten *Jardim da Estrela* erhebt sich die strahlend weiße **Basílica da Estrela** 22 (tgl. 9–13, 15.30–20.30 Uhr). Mateus Vicente de Oliveira, Architekt des Rokoko-Schlosses Queluz, errichtete die Basilika an der Stelle eines früheren Klosters. Diese letzte große Barock-Kirche in Westeuropa wurde nach seinem Tod († 1786) von Reinaldo Manuel dos Santos in klassizistischem Stil vollendet. Der ursprüngliche Entwurf einer mächtigen, zweitürmigen Fassade und einer hohen Vierungskuppel mit Laternenhäuschen zitiert die *Klosterkirche von Mafra*. Aus der Schule von Mafra kamen auch die verantwortlichen Künstler. Der römische Maler *Pompeo Batoni* malte eine ›Anbetung des Heiligen Herzens‹, ein ›Abendmahl‹ und eine ›Hl. Teresa empfängt Gaben von der Königin von Portugal‹. Im rechten Querschiff stehen der aus schwarzem und weißem Marmor gearbeitete *Sarkophag der Königin Maria* sowie etwas weiter links ein

Europäische Milleniumsarchitektur: der Estação Oriente

Eine Welt am Meer

Der Park der Nationen, **Parque das Nações** (www.parquedasnacoes.pt), auf dem Ausstellungsgelände der EXPO '98 am nordöstlichen Stadtrand ist noch immer die Attraktion für die Lisboetas, vor allem am Wochenende. Neben dem Metro-Bahnhof **Estação Oriente** (Architekt: Santiago Calatrava) und der etwas nördlich gelegenen **Ponte Vasco da Gama**, die Lissabon über 17 km mit dem südlichen Tejoufer verbindet, gibt es u. a. folgende Sehenswürdigkeiten:

Oceanario, Doca dos Olivais, Tel. 218 91 70 02 (April–Okt. tgl. 10–19, Nov.–März tgl. 10–18 Uhr). Der Architekt Peter Chermayeff stellte in das größte Aquarium Europas einen riesigen durchsichtigen Tank mit der bunt schillernden Fauna der Ozeane. Vier kleinere Aquarien sind den Ökosystemen der Meere gewidmet.

Pavilhão do Conhecimento, Alameda dos Oceanos, Tel. 218 91 71 00, www.pavconhecimento.pt, Di–Fr 10–18, Sa/So 11–19 Uhr). Vier Dauerausstellungen sowie aktuelle Sonderschauen führen den Besucher kenntnisreich in die aufregende Welt der Wissenschaft ein.

Torre Vasco da Gama, Cais das Naus, Tel. 218 91 80 00 (April–Sept. Mo–Do 10–20, Fr–So 10–22, Okt.–März tgl. 10–20 Uhr). Mit 145 m das höchste Bauwerk Lissabons. Vom Turm und dem Panoramarestaurant (nur nach Reservierung, Tel. 218 93 95 50, Mo geschl.) bietet sich ein aufregender Panoramablick über den Park der Nationen und den Tejo.

Teleférico, Tel. 218 96 58 23 (Okt.–Mai Mo–Fr 10–19, Sa/So/Fei 11–20, Juni– Sept. Mo–Fr 11–20, Sa/So/Fei 10–21 Uhr). Eine Gondelfahrt zwischen der Torre Vasco da Gama und den Kaianlagen ist besonders für Kinder interessant.

gläserner Kindersarg. Dieser stammt aus den römischen Katakomben und birgt den reich geschmückten Leichnam des hl. Exuperius – ein Geschenk von Papst Pius VI. In einem Nebenraum bezaubert eine *Weihnachtskrippe* mit über 500 Figuren, die auch Szenen aus dem zeitgenössischen Alltag zeigen. Die Krippe wird Machado de Castro zugeschrieben.

Campo Ourique und Benfica

Nordwestlich vom Zentrum zeigt in einer ehem. Seidenfabrik die **Fundação Arpad Szenes – Vieira da Silves** 23 (Praça das Amoreira 56–58, Tel. 213 88 00 44, www.fasvs.pt, Mo, Mi–Sa 11–19, So 10–18 Uhr) seit 1994 Gemälde des Künstlerehepaars Arpad Szenes (1897–1985) und Maria Helena Vieira da Silva (1908–1992). Die beiden surrealistischen Maler hatten eine besondere Vorliebe für Landschaften und Stadtansichten, die sie in hellen Farben und in diffusem Licht darstellten.

Nördlich des *Campo de Ourique* befindet sich der **Aqueduto das Águas Livres** 24. Wassernot zwang die Ingenieure, bis nach *Caneças* im Nordwesten der Stadt zu gehen, um die Wasserversorgung Lissabons sicherzustellen. Die ästhetisch wie technisch gelungene Wasserleitung ist 18,6 km lang und verbindet *Olival do Santíssimo* in den Bergen von Caneças mit der *Casa das Águas* (Wasserschloss) in Amoreiras. Erst 1888 wurde die Leitung ›der freien Wasser‹ mit ihren barocken Lüftungstürmen vollendet. Prunkstück der Anlage ist der fast 1 km lange Aquädukt über dem Alcântara-Tal mit einer Bogenkonstruktion aus 14 gotischen Spitzbogen und 21 Rundbogen, die bis zu 65 m hoch ist.

Am Stadtrand, in der Nähe des *Parks Florestal de Monsanto*, im Vorort Benfica, liegt der zwischen 1650 und 1675 von João de Mascarenhas im italienischen Renaissancestil angelegte Park mit dem **Palácio dos Marqueses de Fronteira** 25. Der Park wird von einem Azulejo-Fries eingefasst. Dargestellt sind die zwölf Monate, Mars und Venus sowie zwei Glücksritter. Dekoriert ist die Anlage mit Wasserbecken, Grotten, Kiosken und Statuen. Besonders bezaubernd wirkt die *Fonte dos Cúpidos*, welche inmitten kunstvoll geschnittener Hecken steht. An den Außenwänden des Palastes sieht man *Azulejo-Tableaus* mit mythologischen Figuren und zeitgenössischen Szenen. Neben der Außentreppe findet man an den Blendarkaden über einem Wasserbassin die lebensgroßen Darstellungen von zwölf Rittern zu Pferde, die nach Gemälden von *Velasquez* gestaltet sind: Diese auch *Doze de Inglaterra* (Zwölf Ritter auf dem Weg nach England) genannten Reiter sollen angeblich in England für die Ehre von zwölf englischen Damen gekämpft haben. Beachtenswert sind auch die **Galeria da Capela** mit den lebensgroßen Marmorstatuen griechischer Götter. Wunderbare Azulejo-Paneele (17. Jh.) mit den Darstellungen der neun Musen findet man in den Nischen. Herrlich ist auch der **Jardim de Venus** (Venusgarten) mit einem sternenförmigen Teich und 16 Brücken. In einem der Gärten verläuft über einen 48,4 x 18,5 m großen viereckigen Teich die elegante Balustrade mit der **Galeria dos Reis** (Galerie der Könige): 15 Marmorstandbilder der ersten portugiesischen Könige bis Dom João VI. Im Inneren des Palastes, in der *Sala das Batalhas* (Mo–Sa 10.30–12 Uhr), kann man historische Azulejo-Tableaus besichtigen.

Belém

7 km südwestlich von Lissabon liegt der berühmte Vorort Belém (Kurzform für Bethlehem). Wegen der wunderbaren Bauwerke und interessanten Museen sollte man einen ausgiebigen Besuch in Belém einplanen. Hier nahmen die großen Seefahrten ihren Anfang, und die mit Kanonen bestückte Torre de Belém bewachte den Hafen.

1905 wurde von der Königin Marie-Amélie das **Museu Nacional dos Coches** 26 (Di–So 10–18 Uhr, www.museudoscoches-ipmuseus.pt) in der ehemaligen Reitschule gegründet. Mit 59 Wagen aus dem 16. bis 19. Jh. besitzt das Museum eine der weltweit größten und bedeutendsten Sammlung von **Kutschen** und **Karossen**. Viele von ihnen ließ der Prunk liebende Dom João V. in Auftrag geben. Unter den wundervollen Ausstellungsstücken befindet sich die Kutsche, mit der *Philipp II. von Spanien* zur Übernahme der portugiesischen Krone 1581 nach Lissabon kam. Ebenso sieht man den Wagen des *Marquês de Fontes*. Es war Fontes, der

Museu Nacional dos Coches – prächtige Karossen aus königlichen Zeiten

1716 Papst Clemens VI. im Auftrag von König João V. den Treueschwur überbrachte. Die meisten dieser prunkvollen Fahrzeuge stammen aus Rom, Wien und Paris.

Neben kostbaren Kutschen präsentiert das Museum auch einfachere Versionen wie die *Seges*, wacklige Zweiräder, die von zwei Mauleseln gezogen wurden.

Die steil verlaufende *Calçada da Ajuda* führt zum **Palácio da Ajuda** 27 (Do–Di 10–17 Uhr). Mit dem Bau des ehem. Königspalastes, der den beim großen Erdbeben 1755 zerstörten Palast am Terreiro do Paço ersetzen sollte, wurde erst 1802 begonnen. Der Genuese Francisco Xavier Fabri und die Portugiesen José da Costa e Silva und Manuel Caetano de Sousa zeichnen für den strengen Bau verantwortlich. Jedoch nur ein Drittel des ursprünglichen Plans wurde ausgeführt. 1861–89 residierte hier Dom Luís. Die 48 allegorischen Skulpturen kommen alle aus der Schule von Machado de Castro. Prunkstück der königlichen **Bibliothek** (Mo–Fr 10–17 Uhr) ist die bedeutende *Liedersammlung* ›Cancioneiro da Ajuda‹. Diese älteste portugiesisch-galizische

Mosteiro dos Jéronimos de Belém

A Südportal
B Westportal
C Sarkophag von Vasco da Gama
D Kenotaph für Luís de Camões
E Querschiff
F Sarkophag von Kardinal-König Henriques
G Sarkophag von Infant Afonso
H Kenotaph für Dom Sebastião
J Chor
K Kreuzgang
L Löwenbrunnen
M Museu Nacional de Arqueológia

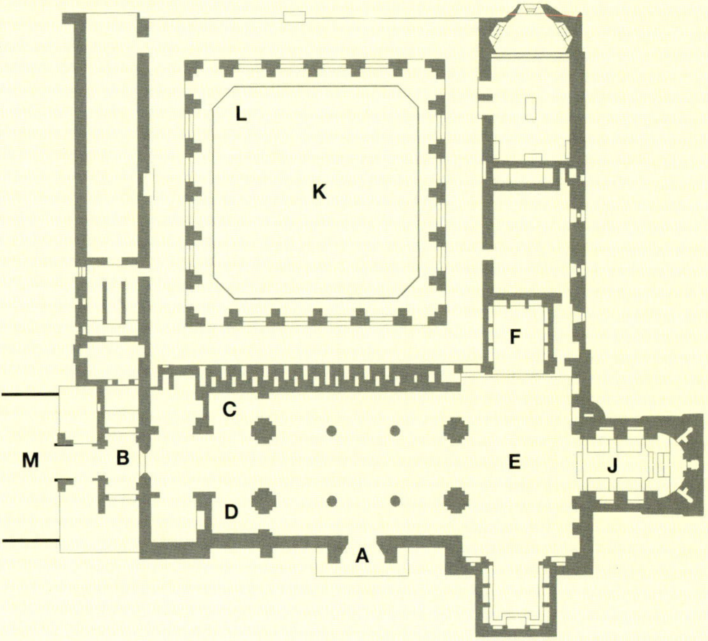

Stellt in Sachen Manuelinik alles in den Schatten – Mosteiro dos Jéronimos in Belém

Liedersammlung (Ende 13. Jh.) besteht aus 88 handschriftlichen Pergamentblättern in gotischer Schrift. Sie ist mit kostbaren Miniaturen und Initialen verziert.

An der *Praça do Império*, die der Leuchtbrunnen *Fonte Luminosa* ziert, liegt die weltberühmte Anlage des ehem. Hieronymitenklosters **Mosteiro dos Jerónimos de Belém** 28 (Di–So 10–17, Mo/Fei geschl.) – ein eindrucksvolles Beispiel für Portugals Macht und Reichtum. Der Legende nach soll Vasco da Gama in der letzten Nacht vor seiner Abfahrt nach Ostindien im Juli 1497 dort gebetet haben, wo dann Dom Manuel nach der erfolgreichen Rückkehr des Seefahrers (1499) ein gewaltiges Bauwerk errichten ließ. Der König selbst legte am 21. April 1500 den ersten Stein zu dieser halb maurisch-byzantinischen, halb normannisch-gotischen Klosteranlage. *Diogo Boytac* und *Fernandes Lourenço* führten die ersten Arbeiten an dem 300 m langen, aus weißem Kalkstein errichteten Gebäudekomplex aus. Ab 1522 arbeitete auch *João de Castilho*, der bedeutendste Baumeister der manuelinischen Epoche, an der Anlage. Das **Südportal** [A] von João de Castilho ist unbestritten der Glanzpunkt des an prächtigen Details ohnehin nicht armen Klosterkomplexes.

Igreja de Santa Maria: Die Kirche befindet sich an der Südostecke des Klosters. Sie ist eine dreischiffige gewölbte Hallenkirche mit Querschiff und Chor für die Königsgräber sowie einer Westempore für den Mönchschor. Der quadratische Kreuzgang ist umgeben von Refektorium, Kapitelsaal und Sakristei.

Das **Westportal** [B] gilt als eine der wichtigsten Arbeiten von *Nicolas de Chanterène*. Es stellt den Haupteingang zur Kirche dar. In seinem Zentrum sind Dom Manuel und seine zweite Frau, Maria von Kastilien, sowie die Schutzpatrone des Königspaares, der hl. Hieronymus und Johannes der Täufer, zu sehen. Die beiden Monarchen werden von einem Bethlehem-Bogenfeld umgeben: links die Verkündigung, in der Mitte die Geburt und rechts die Anbetung der Heiligen Drei Könige. Zwei geflügelte Engel – unterhalb der beiden Monarchen – tragen das portugiesische Königswappen. In den kleinen Nischen darunter sieht man Statuen der vier Evangelisten. Von den beiden Türmen der Westfassade wurde nur der Südturm vollendet, der heute allerdings mit einer modernen Kuppel versehen ist.

Das etwa 12 m breite und 32 m hohe **Südportal**, das wie eine Monstranz in den Himmel ragt, stammt von João de Castilho. Das Portal ist überall mit Strebepfeilern, Säulen, Fialen, Kandelabern und frei stehenden Nischen geschmückt – ganz im Geist der flamboyanten Gotik.

Sehenswert sind die Baldachine mit 24 lebensgroßen Figuren verschiedener Heiliger und geistlicher Würdenträger, über welche die Madonna von Belém schützend ihren Mantel zu breiten scheint. Die Statue Heinrichs des Seefahrers, der in einen wappenverzierten Mantel gehüllt ist, kann man am Mittelpfeiler sehen. Das 92 m lange und 29 m hohe Kirchenschiff besitzt gleich breite Haupt- und Nebenschiffe (22,9 m), einen stark vorspringenden Hochchor im Osten sowie ein 19 m breites Querschiff. Die *Netzgewölbe* ruhen auf sechs schlanken achteckigen Pfeilern des Hauptschiffs sowie auf den stärkeren, kreuzförmigen Pfeilern des Querschiffs. Die Pfeiler sind mit fantastischen Ornamenten der lombardischen Renaissance bedeckt. Der **Sarkophag von Vasco da Gama** [C] befindet sich im linken Seitenschiff, im rechten Seitenschiff steht das **Kenotaph für Luís de Camões** [D]. Die beiden portugiesischen Nationalhelden liegen sich in üppig dekorierten neomanuelinischen Grabstätten direkt gegenüber. Das **Querschiff** [E] erinnert wegen seiner architektonischen Kühnheit an die Meisterwerke des alten Rom, aber auch an die Arbeiten eines Brunelleschi am Dom von Florenz. Hier befinden sich die **Sarkophage von Kardinal-König Henrique** [F] und dem **Infanten Afonso** [G]. Ebenso findet man hier das **Kenotaph für Dom Sebastião** [H], der 1678 bei Alcácer-Quibir gefallen war und vermisst blieb.

Vom Spanier Diogo de Torralva wurde die ursprünglich sehr kleine Apsis des **Chors** [J] umgebaut, Jerónimo de Ruão hat sie später im Renaissancestil vollendet. Recht kühl wirkt die heute als *Panteão Real* (Königliche Grabstätte) dienende halbrunde Kapelle mit ihrer polychromen marmornen Kassettentonne. An der Nordseite des Chors stehen die von Elefanten getragenen Sarkophage von *König Manuel* und *Königin Maria*, an der Südseite befinden sich die Sarkophage von *Dom João III.* und von *Katharina von Österreich*. Im Chorschluss sieht man neben dem manieristischen Gemälde des Hofmalers *Cristóvão Lopes* (›Leidensgeschichte Christi‹) die Gräber von *Dom Afonso VI.* und seiner Schwester *Dona Catarina de Bragança*.

Der Künstler Boytac schuf den prächtigen doppelstöckigen **Kreuzgang** [K] (Di–So 10–17 Uhr) an der Nordseite der Kirche. Besonders beeindruckend ist der ornamentale *Schmuck* an den Wandflächen zum Innenhof, den der französische Bildhauer Nicolas de Chanterène ausführte. Der **Löwenbrunnen** [L] in der Nordwestecke befand sich früher mitten im Hof und gehörte bis 1833 zu einem Wasserbassin. In diesem Becken waren sternförmig kleine Inseln angelegt. 1985 wurde der große portugiesische Dichter *Fernando Pessoa* (1888–1935) vom Prazeres-Friedhof in den Kreuzgang der Kirche von Belém umgebettet.

Im unvollendeten Südflügel, wo einst das Dormitorium war, ist heute das Völkerkundemuseum **Museu Nacional de Arqueológia** [M] (www.mnarqueologia-ipmuseus.pt, Di–So 10–18 Uhr) unterge-

Kühn-elegante Konstruktion – Netzgewölbe der Klosterkirche des Mosteiro dos Jéronimos

Lissabons berühmtestes Wahrzeichen: der Torre de Belém

bracht. Es besitzt eine umfangreiche Sammlung vorgeschichtlicher und antiker Ausstellungsstücke sowie volkstümlicher Gegenstände aus allen portugiesischen Regionen. Im ersten Stockwerk des Museums kann man *Funde aus der Bronze- und Eisenzeit* (Castrum von Bragança bei Ramalhal) bewundern: Spangen, Dolche, Pfeil- und Lanzenspitzen; in Glasschränken sind römische Gläser sowie eine Sammlung von Kleinbronzen untergebracht. Im zweiten Stockwerk wird die *völkerkundliche Sammlung* aufbewahrt, die mit der Kultur der portugiesischen Provinzen vertraut macht: Gefäße, Kleidungsstücke, Amulette und geschnitzte Ochsenjoche aus Nordportugal.

Im westlich an den Klosterkomplex angrenzenden Neubau zeigt das **Museu de Marinha** (www.museu.marinha.pt, Di–So 10–17 Uhr) neben Navigationsgeräten und Modellen aller portugiesischen Schiffstypen auch vergoldete Galeeren, auf denen die Könige über den Tsejo gerudert wurden.

Auf dem *Terreiro de Boa Esperança* (Platz der Guten Hoffnung) erhebt sich unübersehbar der **Padrão dos Descobrimentos** 29. Der Bildhauer *Leopoldo de Almeida* stellte das 52 m hohe Denkmal der Entdeckungen an den Tejo. In Stein gemeißelt stehen die 32 wichtigsten Persönlichkeiten der Entdeckerzeit auf dem stilisierten Schiffsbug einer Karavelle mit hoch aufragendem Segel: An der Spitze der überlebensgroßen Figurengruppe erscheint *Heinrich der Seefahrer*, dahinter weitere Seeleute, Kartographen, Gelehrte, Dichter und Mönche. Der wappengeschmückte Turm zeigt vorn ein Schwert, dessen Knauf im Kreuz der Christusritter endet. Direkt vor dem Denkmal sieht man die vom Mosaikkünstler Pero Pinheiro geschaffene große *Weltkarte* aus polychromem Marmor.

Südwestlich der *Praça de Vasco da Gama* steht die zum Tejo hingewandte **Torre de Belém** 30 (Di–So 10–17 Uhr) – der

Padrão dos Descobrimentos – an der Spitze steht Heinrich der Seefahrer

Lissabons kulinarische Traditionen

Seit 1923 treffen sich die Alentejaner in ihrer **Casa do Alentejo**, einem Traum aus 1001 Nacht. Dort können sie nicht nur regionale Produkte kaufen, sondern sich auch zum Essen verabreden, bei dem die Portionen immer größer sind als jeder Appetit. Ganz in der Nähe bietet das **O Solar dos Resuntos** eine deftig-feine Küche der besonderen Art. Nach einem Besuch des Castelo da São Jorge offeriert das **Via Graça** vorzügliche Weißweine zu leckeren Riesenkrebsen (Sapateiras recheadas) und einen schönen Blick auf das angestrahlte Kastell. Oberhalb des Rossio überrascht die kleine **Casa Transmontana** mit typischen Gerichten der nordöstlichsten Region des Landes. Probieren sollte man die Alheira, eine mit Hühnerfleisch gefüllte Wurst. In Belém wird einem spätestens klar: Die leckersten Pastéis (mit Zimt bestreute Cremeküchlein) gibt es in der **Confeitataria dos Paséis de Belém**.

Casa do Alentejo, Rua das Portas de Santo Antão 58, Lissabon, Tel. 213 46 92 31, Metro: Restauradores.

Casa Transmontana, Calçada do duque 39, Lissabon, Metro: Rossio.

Confeitaria dos Pastéis de Belém, Rua de Belém 84, Lissabon, Eléctrico: 15.

O Solar dos Presuntos, Rua das Portas de Santo Antão 150, Lissabon, Tel. 213 42 42 53 (Reservierung empfohlen), Metro: Restauradores.

Via Graça, Rua Damasceno Monteiro 98, Lissabon, Tel. 218 87 08 30, Sa mittags und So geschl., Metro: Intendente.

wohl meistfotografierte Bau Lissabons: Der 35 m hohe und viergeschossige Turm, der zwischen 1515 und 1521 erbaut wurde, sollte ursprünglich die Tejo-Einfahrt schützen. Zu diesem Zweck stellte Festungsbaumeister Francisco de Arruda das Bollwerk isoliert auf einen Felsen. Die mehrfach restaurierte *Festung* besteht aus zwei Teilen: aus dem weit vorspringenden, sechseckigen Bollwerk mit Schießscharten sowie einem Turm. Beide Gebäudeteile sind von Steintauwerk umschlungen. Kreuze der Christusritter zieren die Zinnen. Besonders beeindruckend sind die sechs zierlichen *Faltkuppeln* an den Ecken des Bollwerks. Sie zitieren das berühmte *Koutoubia-Minarett* in Marrakesch. Am nordwestlichen Eck der Bastion wird die Faltkuppel von einem überlebensgroßen, heute stark verwitterten *Kopf eines Nashorns* getragen. Albrecht Dürer hat den Tierkopf 1515 in einem berühmten Holzschnitt verewigt. Die übrigen Turmkonsolen zeigen einen Widder, einen Löwen und einen Delphin. Über der Brüstung des Mittelhofs befindet sich auf der Terrasse die *Statue der Muttergottes von Belém*. Unter dem Christuskreuz der Loggia (Tejo-Seite) liegt im Untergeschoss das *Gefängnis*, darüber das ehem. *Gouverneurszimmer*, im zweiten Stockwerk das *Königszimmer* (Sala regia). Die im venezianischen Stil gestaltete Südveranda nimmt die gesamte Breite der Hauptfassade ein. Im dritten Stock befindet sich der *Empfangssaal*, eine Etage darüber die *Kapelle* mit Kreuzgewölbe. Und der Ausblick von der Terrasse des 35 m hohen Festungsturms sucht seinesgleichen!

Umgerechnet 380 Mio. € kostete der postmoderne Neubau des **Centro Cultural de Belém** 31 (tgl. 11–20 Uhr), den der italienische Stararchitekt Vittoriso de Gregotti und sein portugiesischer Kollege Manuel Salgado entwarfen. Das Kulturzentrum wurde eigens für die sechsmonatige EG-Präsidentschaft Portugals im ersten Halbjahr 1992 erbaut und beherbergt u. a. mehrere Galerien.

i Praktische Hinweise

Information

Visitlisboa, Rua do Arsenal 15, Lissabon, Tel. 210 31 28 99, www.visitlisboa.com

Hier kann man auch die für 1, 2 oder 3 Tage gültige **Lisboa Card** kaufen, die zahlreiche attraktive Vergünstigungen im öffentlichen Nahverkehr, in Museen und Geschäften bietet. Sie gilt auch für die Fahrt nach Estoril und Sintra.

Öffentlicher Nahverkehr

Metro, Straßenbahnen und Busse. Ticketautomaten stehen an allen Metro-Stationen. Zehner-, Tages-, 4-Tages- und Wochenkarten gibt es an den Metro-Schaltern.

Metropolitano de Lisboa, Tel. 213 55 84 57, www.metrolisboa.pt

Companhia Carris de Ferro de Lisboa, Tel. 213 61 30 00, www.carris.pt

Hotels

*****__Hotel Lapa Palace__, Rua do Pau de Bandeira 4, Lissabon (Metro: Avenida), Tel. 21394 94 94, Fax 213 95 06 65, www.lapapalace.com. Eine von Lissabons luxuriösesten Herbergen: Die stimmungsvollen Zimmer und das exquisite Restaurant erfüllen höchste Ansprüche. Der sorgfältig restaurierte Stadtpalast ist sehr ruhig in einem Park und dennoch sehr zentral gelegen.

****__Albergaria da Senhora do Monte__, Calçada do Monte 39, Lissabon, Tel. 218 86 60 02, Fax 218 87 77 83. Der Ausblick auf den Tejo und die Altstadt ist unvergleichlich schön.

****__Britânia__, Rua Rodrigues Sampaio 17, Lissabon, Tel. 213 15 50 16, Fax 213 15 50 21, www.heritage.pt. Ruhiges, traditionsreiches Haus mit 30 großen Zimmern im Stadtzentrum.

****__York House__, Rua das Janelas Verdes 32, Lissabon, Tel. 213 96 24 35, Fax 213 97 27 93, www.yorkhouselisboa.com. Komfortables Hotel in einem Kloster aus dem 17. Jh. Idyllischer Innenhof mit Garten.

Restaurants und Cafés

Antigo Restaurante 1 de Maio, Rua da Atalaia 89, Lissabon, Tel. 213 42 68 40. Das stimmungsvolles Lokal bietet schmackhafte, reichhaltige Küche.

Beliebter Treffpunkt nach dem Stadtbummel – das Café A Brasileira

Café A Brasileira, Rua Garrett 120, Lissabon, Tel. 213 46 95 41. Vor dem Jugendstil-Literatentreff ist eine Bronzestatue des Dichters Pessoa. Das Kaffeehaus ist auch wegen seiner originalen Einrichtung sehenswert.

Cervejaria da Trindade, Rua Nova da Trindade 20, Lissabon, Tel. 213 42 35 06. Im ehem. Kloster schmeckt das Bier ebenso gut wie die Krustentiere und die Fleischgerichte.

Costa de Lisboa – der Rest ist Landschaft

Die Costa de Lisboa erstreckt sich im Norden bis zur Serra de Sintra, im Süden reicht sie bis zur Halbinsel von Setúbal. Wegen der üppigen tropischen Vegetation und der zahlreichen Thermal- und Seebäder gilt die Serra de Sintra noch immer als exquisites Wohn- und Erholungsgebiet. Und Küstenorte wie **Nazaré**, **Sesimbra**, **Peniche**, **Ericeira** und **Setúbal** sind von alters her Ausgangshäfen der Küsten- und Hochseefischerei.

Die Costa de Lisboa ist ein klassisches Ausflugsgebiet. Es locken die Märchen- und Gartenstadt **Sintra** mit dem skurrilen Palácio da Pena sowie der monumentale Klosterpalast von **Mafra**. **Estoril** ist heute ein mondäner Ort, **Cascais** wandelte sich vom verschlafenen Fischerstädtchen zum teuren Seebad. Zahlreiche Strände liegen vor Lissabons Haustür. Noch immer ein Geheimtipp ist die wildromantische **Praia do Guincho**.

48 Setúbal

Juwel der Manuelinik.

»In der Stadt Setúbal gibt es einen Stein in vielen Farben – mal weiß, mal rosa, mal dunkelrot. Die Stadt ist aus diesem Stein, die Häuser, die Kirchen und die Türme. Der Stein aus der nahen Serra da Arrábida bildet auch die Stadtmauer – sicher die schönste der Welt.« Was *Duarte Nunes de Leão* 1610 über Setúbal schrieb, ist heute schwerlich nachzuvollziehen. Und dennoch: Der Ort mit seinen Industrierevieren, der in den vergangenen Jahrzehnten zu einer Großstadt mit provinziellem Charakter herangewachsen ist, besitzt eine malerische Altstadt, enge Gassen und ist ein Juwel der Manuelinik. Ein solches manuelinisches Schmuckstück ist das Kloster **Igreja de Jesus** an der Praça Miguel Bombarda: Vor den Augen scheinen hier die *Säulen* zu erstarren. Schraubenförmig verwundene Säulenschäfte sind wechselweise nach links und rechts gedreht, schiffstauartig geformte Strebepfeiler und Kugelornamente zieren die Kapitelle. Der Architekt Diogo Boytac nahm genial vorweg, was er in *Belém* und *Batalha* meisterhaft steigerte. Im gotischen *Marmorkreuzgang* und in den ehem. Klosterräumen befindet sich das **Museu de Setúbal** (Di–Sa 9–12, 14–17 Uhr). Es verfügt über eine ausgezeichnete Pinakothek mit großformatigen *Tafelbildern* alter und neuer Meister.

Ausflug

In einem Galeriewald bei Vila Fresca do Azeitão (12 km westlich von Setúbal) liegt die **Quinta da Bacalhoa** (Mo–Sa 11.30–13 Uhr) mit ihren reizvollen maurischen *Kuppeltürmchen* und hinreißenden *Azulejos*. Das im letzten Drittel des 15. Jh. vermutlich vom Italiener *Andrea Sansovino* errichtete Gebäude ist einer der ersten Renaissancebauten in Portugal. Besonders sehenswert sind die zwei *Azulejo-Paneele* (1565) in den Badehäusern der *Casas de Prazer*: Nach Stichen von Aeneas Vico und Jan Metzijs zeigen die Paneele die mythologische Darstellung vom ›Kampf der Lapithen mit den Kentauren‹ und die alttestamentarische Darstellung einer überaus sinnlichen ›Susanna im Bade‹ (1565). Die offene Innenterrasse des Haupthauses zeigt *Fliesenbilder* mit allegorischen Darstellungen der fünf Flüsse Euphrat, Nil, Donau, Douro und Mondego – umgeben von integrierten Kartu-

◁ **Oben:** *Verwunschen und very british – der Park von Monserrate bei Sintra*
Unten: *Im Sommer tummelt sich ganz Lissabon an den Stränden der Costa do Sol*

Der manuelinische Stil in seinen Anfängen – Igreja de Jesús in Setúbal

schen im flämischen Stil. An der Rückseite einer Gartenbank ist die ›Entführung Europas‹ dargestellt. Die *Casa da India* am äußersten Ende des Gartens ist innen vollständig mit polychromen *Renaissance-Azulejos* bedeckt.

i Praktische Hinweise

Information

Posto de Turismo, Travessa de Frei Gaspar 10, Setúbal, Tel. 265 53 91 20, Fax 265 53 91 27, www.costa-azul.rts.pt

Hotels

****Pousada de São Filipe**, Castelo de São Filipe, Setúbal, Tel. 265 55 00 70, Fax 265 53 90 40, www.pousadas.pt. Luxusherberge in den Mauern des historischen Kastells.

TOP TIPP ****Estalagem Quinta das Torres**, Vila Nogueira de Azeitão (westlich von Setúbal), Tel. 212 18 00 01, Fax 212 19 06 07. In dem prachtvollen Renaissancegebäude genießen heute Gäste die zehn stilvollen Zimmer, ein vorzügliches Restaurant, gepflegte Gärten und himmlische Ruhe. Den Speiseraum schmücken zwei herrliche Majolika-Fayencen aus Faenza.

49 Queluz

Versailles und Sanssouci der Bragança.

Eigentlich ist das nur wenige Kilometer von Lissabon entfernte Queluz (48 000 Einw.) ein Industriezentrum, doch die Fahrt nach Queluz lohnt wegen seines berühmten Rokokoschlosses. Zwischen 1747 und 1755 wurde für Pedro III. der **Palácio Real de Queluz** (Mi–Mo 10–13, 14–17 Uhr) errichtet. Nach dem großen Erdbeben hat man den Sommerpalast zwischen 1758 und 1794 im Geist des kapriziösen Rokoko gründlich restauriert. Der dreiflügelige und zweistöckige Bau aus rötlichem Stein zählt zu den schönsten Schlössern in Portugal. *Mateus Vicente de Oliveira* (1706–1785) entwarf einen Palast in U-Form, der die Schauseite dem Garten zuwendet. Nach einer längeren Baupause beauftragte dann der Marquês de Pombal den Franzosen *Jean-Baptiste Robillon*, eigentlich gelernter Dekorateur und Graveur. Robillon errichtete die monumentale *Löwentreppe* sowie den *Westflügel*. Bis zu seinem Tod (1782) arbeitete er mit französischen Handwerkern an der Ausschmückung der *Innenräume*, die heute leider nur noch teilweise zugänglich sind. Die Säle öffnen sich alle hufeisenförmig zum französisch inspirierten *Jardím Neptuno*, einem 1762 von Robillon angelegten **Rokoko-Garten** (Juni–Sept. tgl. 10–18.30, Okt.–Mai tgl. 10–17 Uhr) mit Bäumen, Grotten, Wasserbecken, Statuen und dem prachtvollen, Bernini zugeschriebenen, azulejoverzierten *Neptunbrunnen*. Die Fliesen der Balustraden und Bänke sind mit galanten Szenen versehen, wie zum Beispiel mit Watteaus ›Einschiffung nach Kythera‹ (1717). Zauberhaft ist auch der 115 m lange, von einer Brücke überspannte **Kanal** *Ribeira de Jamar*, auf dem einst Wasserspiele stattfanden.

i Praktische Hinweise

Restaurant

TOP TIPP **Cozinha Velha**, Palácio Real de Queluz, Queluz, Tel. 214 35 02 32. Das hervorragende Restaurant in der ehem. Schlossküche des Palácio Real ist vor allem für seine raffinierten Vorspeisen bekannt.

50 Costa do Sol

Die ›portugiesische Riviera‹.

Im Sommer und vor allem an den Wochenenden gibt es hier, wo Meer und Strand ungetrübtes Freizeitvergnügen versprechen, wahre Völkerwanderungen. An der portugiesischen Costa do Sol findet man herrliche Strände, versteckte Parks und prachtvolle Grünanlagen mit Blumenbeeten, die landeinwärts in Pinienwälder übergehen, sowie eine zum Teil schroffe Szenerie der felsigen Küste.

Prachtvolle Strände mit Klippen und Sand bieten die mondänen Badeorte Estoril, Cascais und Guincho. **Estoril** (20 km westlich von Lissabon), im 19. Jh. noch ein bescheidenes Fischerdorf, entwickelte sich dank seines milden Klimas schon Anfang des 20. Jh. zu einem kosmopoliten Badeort mit *Riviera-Ambiente*.

Auch wenn die Atmosphäre in den vergangenen Jahren unter dem Ansturm der Touristen und dem wenig glücklichen Restaurierungswahn der Portugiesen gelitten hat – einige der bizarr in die Landschaft gesetzten *Villen* des frühen 20. Jh. sind noch immer sehenswert. Estoril besitzt darüber hinaus die größte **Spielbank** (tgl. 15–3 Uhr) Portugals mit einer riesigen *Varietébühne*. Die Wassertemperatur von 12 Grad im Winter verlockt indes keineswegs dazu, im Atlantischen Ozean zu baden; infolge eines kühlen Meeresstroms wird das Wasser erst im Sommer angenehm warm.

Auf Estoril folgt der Hauptort der Costa do Estoril: **Cascais** (25 km westlich von Lissabon) konnte im Gegensatz zu Estoril etwas von seinem Charme erhalten, auch wenn dieser unter dem Ansturm der Erholungsuchenden zu schwinden beginnt. Der Ort hat neben einigen guten *Stränden* vor allem einen lebhaften *Fischerhafen* und eine hübsche Palmenpromenade zu bieten. Die manuelinische *Igreja de Nossa Senhora da Assunção* besitzt schöne Azulejos (18. Jh.) sowie ein beachtliches Portal.

Fährt man auf der Küstenstraße weiter, erreicht man die **Boca do Inferno** (Höllenschlund). Von einer in den Fels hineingebauten Plattform aus kann man beobachten, wie sich die Wellen mit Ele-

Das Sommerschloss Palácio Real de Queluz – prächtiger Palast im Geist des Rokoko

Sie laden zu langen Spaziergängen ein – die Sandstrände der Costa de Lisboa

mentargewalt an der rotbraunen, ausgespülten und 20 m hohen Felswand brechen. 6 km von Cascais entfernt liegt vor großen Dünenbergen die **Praia do Guincho** mit ihrem herrlichen Sandstrand. Die Bucht von Guincho ist besonders bei Surfern beliebt. An ihrem westlichen Ende markiert ein *rot-weißer Leuchtturm* den – geographisch – westlichsten Punkt Kontinentaleuropas: **Cabo da Roca**, wo Europa steil in den Atlantik stürzt.

51 Sintra

Romantische Schlösser und herrliche Landschaft.

»Zum Ausgleich ist das Städtchen Cintra, ungefähr fünfzehn Meilen von der Hauptstadt entfernt, das vielleicht entzückendste in Europa, es enthält Schönheiten aller Art, natürliche und künstliche, Paläste und Gärten, die sich inmitten von Felsen, Katarakten und Abgründen erheben.« So enthusiastisch schwärmte der englische Poet und Playboy **Lord Byron** vor fast 200 Jahren. Auch Schriftsteller wie der Araber Al-Bacr (»Das Klima von Sintra heilt, und seine Einwohner werden sehr alt.«), Luís de Camões, Gil Vicente (»Ein irdischer Paradiesgarten, den König Salomon dem portugiesischen König schenkte.«), Hans Christian Andersen (»Der schönste Ort Portugals.«), Almeida Garrett (»Hier hat der Frühling seinen Thron.«), Laura Junot (»Sintra ist ein Paradies, in dem alles duftet.«), William Beckford und Robert Southey (»Das gelungenste Stück Erde auf der bewohnten Erdkugel.«) priesen die unvergleichliche Schönheit der Stadt. Und der Dichter **José Saramago** bekennt begeistert: »Alle Wege führen nach Sintra.« Seit 1982 gelten Landschaft und Bauten auch offiziell als schützenswert.

Weithin sichtbar erhebt sich breit und mächtig über Sintra das Schloss **Paço Real** (Palácio Nacional de Sintra, Do–Di 10–13, 14–17 Uhr) in der Altstadt *Cintra Antiga*. Bekrönt wird es von zwei riesigen konischen Schornsteinen. In seinem Kern reicht das im 19. Jh. umfassend restaurierte Stadtschloss bis auf König Diniz I. zurück. Starke Umbauten nahmen vor allem die Könige Dom João I. und Dom Manuel I. vor. Der eine errichtete sich auf den Resten eines alten Maurenschlosses eine Sommerresidenz, der andere erweiterte den Palast nach Norden um den Wappensaal und nach Osten um die Prinzengemächer. Fenster und Portale erhielten zierliche Säulchen, Hufeisenbogen, Fialen, naturalistische Astgeflechte und Schiffstaubänder im manuelinischen Stil. Die *Innenräume* stattete man mit Mosaikböden, Wandvertäfelungen, Decken im Mudéjarstil und schönen Fliesen aus.

Und weil fast alle Räume mit vorzüglichen Azulejos ausgekleidet sind, gilt der Palast heute als das schönste historische *Azulejo-Monument* Portugals. Vor dem Haupteingang steht ein Brunnen mit einem prächtig gemeißelten spätgotischen Schaft, ursprünglich Teil eines *Pelourinho*: Aus einer polygonalen Basis mit Flechtwerk steigt eine Skulpturengruppe aus drei einander umschlingenden Halbsäulen auf. Die Besichtigung beginnt normalerweise im *Saal der Wachen* (*Sala dos Archeiros*), führt über die Küche in den *Saal der Araber* (*Sala dos Árabes*), wo die Fliesen dreifarbige, geometrische Flächendekorationen aus Quadraten und Rauten bilden. Die *Kapelle* (an der Stelle einer ehem. Moschee) besitzt eine Mudéjardecke mit geometrischen Mustern, Sternen oder Vielecken. Sehenswert sind ein maurischer Hängezapfen mit Akanthusblättern, hinreißende Azulejos sowie ein Marmorbrunnen. Eine Augenweide ist der 14 x 13 m große, nahezu quadratische *Wappensaal* (*Sala dos Brasões*): blaue Azulejos mit reizvollen Jagdszenen (18. Jh.) sieht man ebenso wie Wappen des königlichen Hauses und zahlreicher Adelsgeschlechter des 16. Jh. Im *Saal der Elstern* (*Sala das Pegas*) schauen 136 vorwitzige Elstern von der Decke auf den Betrachter herab. In ihren Schnäbeln haben sie kleine Zettel, auf denen steht: ›*Por bem*‹ (in Ehren). Nach einer Legende soll in diesem Saal Dom João I. einmal einer schönen Hofdame einen Kuss gestohlen haben. Weil die Hofdamen die pikante Geschichte publik machten, ließ Königin Dona Filipa diese als schwatzhaften Elstern malen, um die Hofdamen (es waren angeblich 136) daran zu erinnern, dass die Ehre eines Königs über Tratsch erhaben sei. Der prunkvolle Elsternsaal zeigt bildschöne grüne und weiße Azulejos, die zauberhafte Rhomben bilden. Über der Eingangsfront liegt der *Saal der Schwäne* (*Sala dos Cisnes*): Dom Manuel ließ 27 schneeweiße Vögel mit goldenen Halskronen in die Kassetten der teilweise vergoldeten Holzdecke malen – angeblich aus Freude über ein Geschenk, das ihm *Kaiser Karl V.* gemacht haben soll: Von ihm erhielt Manuel silberfarbene Schwäne für den Teich seines Gartens. Interessant ist die Wandverkleidung im Schachbrettmuster aus grün-weiß oder blau-weiß glasierten Fliesen. Die Türen- und Fenstereinfassungen wurden zusätzlich mit stilisierten Burgen, Turmspitzen und Zinnen verziert.

Ausflüge

TOP TIPP In unmittelbarer Nachbarschaft der Stadt erstreckt sich die **Serra de Sintra**. Sie lockt wegen ihrer zahlreichen Sehenswürdigkeiten viele Besucher an. Wenigstens teilweise findet man noch immer *Glorious Eden* vor, wie es Lord Byron vor langer Zeit beschrieb. So trifft man auf verwunschene *Gärten* und überwucherte *Parks*, karge *Klöster* und

Kunst mit bunten Steinen

Sie prangen an Kirchen- und Palastfassaden, in Cafés und Restaurants, in Bahnhöfen und Markthallen, an öffentlichen Bädern und Brunnen ebenso wie an Hausfassaden, Treppenaufgängen und in heiteren Gartenanlagen: **Azulejos**, arabisch ›Al-Zulayi‹, ›polierte Steinchen‹. Im Winter schützen sie vor Kälte und im Sommer vor der Hitze. Sie verbinden Zweckmäßigkeit mit der portugiesischen Liebe zur Schönheit. Mit ihrer lebendigen, plastischen Wirkung, ihrem abwechslungsreichen **Kolorit** und ihrem verschwenderischen **Dekor** vermögen sie Städte und Wohnungen regelrecht zu verwandeln und sind auch nicht zu übersehen. Straßen, Häusern und Metro-Stationen geben sie mit ihrem verspielten Rocaille-Dekor sichtbar Namen und Nummer, und als gefliester **Stadtplan** führen sie Besucher durch das Labyrinth des historischen Lissabonner Stadtteils Alfama. Azulejos erzählen auf kolossalen, zusammengesetzten Bildern vom beschwerlichen Leben der Bauern und Fischer, feiern das Zeitalter der Entdeckungen und die Fortschritte der Technik. Sie zeigen **Jagdszenen** mit wilden Tieren ebenso wie anmutige **Schäferidyllen**. Darstellungen musizierender Affen verspotten bissig die Gesellschaft ihrer Zeit, andere Fliesenbilder erinnern an längst vergangene Städte. Die **Mauren** führten die bemalten Fliesen einst in Spanien ein und von dort gelangten sie im 15. Jh. nach Portugal. Die ältesten erhaltenen Azulejos stammen aus dem Jahr 1565, sie schmücken die **Quinta da Bacalhoa** bei Setúbal. Zu den eindrucksvollsten Beispielen portugiesischer Fliesenkunst gehört der **Paço Real** in Sintra.

Palácio da Pena – portugiesische Konkurrenz für Neuschwanstein

prächtige *Schlösser*, mal manuelinisch und mal gotisch, mal romanisch, mal barock. Das Erholungsgebiet liegt inmitten eines dicht begrünten Felsengebirges mit reicher Vegetation, hat ein erfrischendes Höhenklima – und den Atlantik (fast) immer in Sichtweite.

Eine kurvenreiche Straße führt von Sintra in südöstliche Richtung zur Maurenburg **Castelo dos Mouros** (Di–So 10 Uhr bis Sonnenuntergang). Die verfallene Festung aus dem 8./9. Jh. wurde später mehrfach umgebaut und besteht heute aus zwei Türmen, die durch eine stark restaurierte Doppelmauer verbunden sind. Vom *Torre Real* mit seinen zinnenbesetzten Mauern hat man einen schönen Blick auf die Umgebung.

TOP TIPP Fährt man weitere 2 km in südliche Richtung, gelangt man zum **Palácio da Pena**. Der erste Blick vermag die vielen architektonischen Details kaum zu fassen. Doch das portugiesische Neuschwanstein auf dem letzten Gipfel der *Serra de Sintra* ist gerade in seiner Fülle faszinierend. Die Burg ist ein stilistisches Potpourri aus gotischen Türen und manuelinischen Fenstern, byzantinischen Decken und maurischen Azulejos, bayerischen Erkern und romanischen Kuppeln. Man findet Minarette der Araber und Kuppeln im Renaissancestil. Ein Bauwerk, das den Stil des Katalanen Antoni Gaudí ebenso vorwegnahm wie Disney World. Architekt dieser kuriosen Anlage war der *Baron von Eschwege* (1777–1855), der 1840–50 das Bauwerk ausführte. Unbedingt lohnend sind ein Blick in die manuelinische *Klosterkapelle* und die herrliche Aussicht vom Wehrgang, der die Burg umgibt.

Abseits der N 375, ca. 2 km westlich von Penha Verde, liegt der exotische Landschaftsgarten **Parque de Monserrate** (tgl. 10–18 Uhr). Hier findet man baumhohe australische Farne, wildwuchernden Efeu, Korkeichen und Platanen – ideale Kulisse für eine romantische Oper: verwunschene *Marmortreppen*, die ins Leere führen, etruskische *Gräber* (angeblich in Rom erstanden), *Grotten* im Park, verfallene *Kioske*, in denen die Poeten früher so angenehm zu plaudern wussten. In dem mehr als 140 ha großen Landschaftsgarten erholte sich einst der portugiesische Adel und die Lissabonner Bourgeoisie von den ›Anstrengungen‹ des Nichtstuns. Glanzstück des Parks ist die **Quinta de Monserrate**, ein Sommerhaus im neogotischen Stil, das der exzentrische englische Schriftsteller William Beckford 1794 pseudo-orientalisch umbauen und überkuppeln ließ.

Die **Quinta da Regaleira**, 5 km vom Stadtzentrum entfernt, ist eine jener riesenhaft-bizarren Gartenanlagen, die dem staunenden Besucher vor Augen führen, was reiche Portugiesen mit ihrem Geld so alles anstellten (Führungen nach Anmeldung: Tel. 219 10 66 50).

i Praktische Hinweise

Information

Posto de Turismo, Praça da República 33, Sintra, Tel. 219 23 39 19, Fax 219 23 51 76, www.cm-sintra.pt

Hotels

*****Lawrence**, Rua Consiglieri Pedroso 38–40, Sintra, Tel. 219 10 55 00, Fax 219 10 55 05. Sehr empfehlenswerter Stadtpalast, doch der Service, die 16 luxuriösen Zimmern und die exzellente Küche haben ihren Preis.

TOP TIPP *****Quinta da Capela**, Estrada de Monserrate, Sintra, Tel. 219 29 01 70, Fax 219 29 34 25, www.quintadacapela.com. Der Filmemacher Arturo da Silva Pereira stattete die 1773 erbaute Quinta mit erlesenen Möbeln, Gobelins und Gemälden aus. Damit wurde sie zu einem der elegantesten und gemütlichsten Hotels in Portugal.

52 Mafra

Gewaltiger Klosterpalast, der den Escorial bei Madrid übertreffen sollte.

Eine »Marmor gewordene Geschmacklosigkeit« nannte ihn der portugiesische Historiker und Schriftsteller Alexandro

Palácio Nacional

A1 Nördlicher Eckpavillon (Museum)
A2 Südlicher Eckpavillon
B Eingang zur Basilika
C Vorhalle
D Basilika
E Eingang zum Kloster- und Palastkomplex
F Kreuzgänge
G Capela do Campo Santo
H Refektorium
J Bibliothek

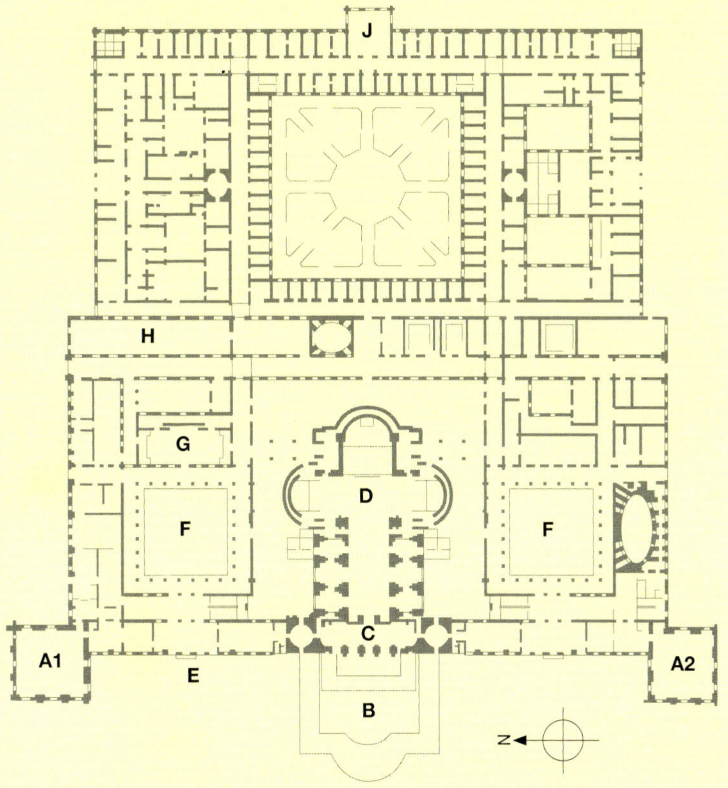

Mit den Reichtümern Brasiliens finanziert – der Klosterpalast Palácio Nacional in Mafra ▷

Herculano. Der exzentrische William Beckford hingegen lobte den Bau und bekannte, »niemals ein so kostbares Ensemble aus Marmor gesehen zu haben«. Der maßlose Bau des **Palácio Nacional** (Mi– Mo 10–16.45 Uhr) von Mafra, ein gewaltiger Klosterpalastkomplex, der hinter den Hügeln von Sintra die Landschaft völlig beherrscht, lässt auch heute keinen Besucher unbeeindruckt.

Geschichte Lange mussten die Franziskaner auf ihr Kloster warten. Erst als *Anna Maria von Österreich* ihrem Mann *Dom João V.* 1714 einen Thronerben geschenkt hatte, konnte mit dem Bau des größten Klosters Portugals begonnen werden. Und da die Anlage den Escorial in Madrid übertreffen sollte, setzte der König all sein brasilianisches Gold ein und engagierte einen gebürtigen Bayern, den Silberschmied *João Frederico Ludovice*, als Baumeister. Am 17. November 1717 wurde mit dem gewaltigen Bau am höchsten Punkt begonnen, der einen freien Blick auf Ericeira und den Atlantik garantierte. Hier arbeiteten zeitweise 50 000 Arbeiter unter der Aufsicht von 7000 Soldaten. 1388 Arbeiter starben für das übermäßige Gelübde eines verschwenderischen Königs, und die Kosten für das gigantische Kloster hätten das Land fast ruiniert.

Das **Baumaterial** wurde aus Brasilien, Rom, Venedig, Mailand, Holland und Frankreich herangeschafft. Römische Bildhauer lieferten so viele **Statuen**, dass Mafra heute als *das* Studienzentrum für römische Plastik des 18. Jh. gilt. Für nur 30 Mönche und die königliche Familie wurde der Klosterpalast konzipiert, doch wohnten nach dessen Fertigstellung bis zu 300 Mönche in dem überdimensionierten Komplex. Die königliche Familie, die sich mit dem unpersönlichen Prachtbau nicht anfreunden konnte, verbrachte dort indes keinen Tag. 13 Jahre nach der Grundsteinlegung wurde am 22. Oktober 1730 die Kirche acht Tage lang feierlich eingeweiht.

Insgesamt gibt es in der Anlage 880 Säle und Zimmer, 300 Zellen, 4500 Türen und Fenster, 154 Treppenfluchten und 20 Höfe.

Besichtigung Der Bau besteht aus der Basilika, dem aufgelösten Kloster und dem ehem. Königspalast. Die Anlage nimmt eine Gesamtfläche von mehr als 40 000 m^2 ein. Der größere Teil besteht aus Basilika, Sakristei, zwei Glockentürmen, zwei Ecktürmen, Verwaltungsräumen, dem Hospital, dem Kapitelsaal, dem Festsaal, dem Refektorium, dem Gebetsvorraum, zwei Friedhofskapellen sowie zwei Kreuzgängen. Der kleinere Abschnitt beinhaltet das Kloster, die Küchen, die Bibliothek und einen kleinen Teil des Königspalastes.

In der Mitte der stattlichen, von zwei wuchtigen barocken **Eckpavillons** [**A1, A2**] mit gedrückten Zwiebelkuppeln flankierten westlichen Hauptfront liegt der **Eingang zur Basilika** [**B**]. Die Fassade aus weißem Kalkstein ist mit Säulen und Dreiecksgiebeln geschmückt. Zu beiden Seiten erhebt sich je ein 68 m hoher Glockenturm. Die 56 Glocken des Nordturms und die 45 Glocken des Südturms sind eine Arbeit des Antwerpeners *Nicolau Levache*.

Eine breite Freitreppe führt in die **Vorhalle** [**C**]. Hier stehen qualitätvolle Standbilder aus Carrara-Marmor, die zwei größten stellen den hl. Vinzenz und den hl. Sebastian dar, die anderen zeigen die Heili-

gen Bento, Bernardo, Bruno und João da Mata. Die **Basilika** [D] (Grundriss: Lateinisches Kreuz) ist mit rosa, weißem, blauem, gelbem, rotem, grauem und schwarzem Marmor ausgekleidet. Vom Fußboden erheben sich 62 gerippte Pfeiler, auf deren Gesims die getäfelten *Tonnengewölbe* ruhen. Im Kuppeltambour erscheint das vom *Palazzo Barberini* (Rom) her bekannte perspektivisch angelegte Fenster. Im Hochchor über dem Hauptaltar befindet sich ein *Ölgemälde* des römischen Malers Trevisiani mit der Darstellung der Jungfrau, dem Jesuskind und dem hl. Antonius (18. Jh.). Mit 11 Kapellen, 45 Emporen und 6 Orgeln ist die Basilika ausgestattet.

Der offizielle Besuchsweg führt nördlich der Basilika durch den **Eingang zum Kloster- und Palastkomplex** [E]. Zunächst gelangt man zu den **Kreuzgängen** [F], dahinter befindet sich die **Capela do Campo Santo** [G] sowie das **Refektorium** [H]. Die wohl bedeutendste Sehenswürdigkeit der Anlage ist die **Bibliothek** [J]: 50 Fenster erleuchten den maßvoll dekorierten, 88 m langen, 9,50 m breiten, 13 m hohen barocken Bibliotheksraum, der von einem Tonnengewölbe überspannt ist. Der Raum wurde nach einem Entwurf von *Manuel Caetano de Sousa* im Rocaille-Stil Ende des 18. Jh. vollendet. Um den wertvollen Marmorfußboden nicht zu beschädigen, darf der Besucher die Bücherschränke nur aus gebührender Entfernung bewundern. Unter den rund 40 000 Bänden befinden sich kostbare Erstdrucke von *Horaz, Caesar* und *Cicero*, die Erstausgabe der ›Obras‹ von Gil Vicente (1562), die ›Lusiadas‹ aus dem Morgado de Mateus und die ›Nürnberger Chronik‹ von Schedel (1493). Sehenswert ist außerdem ein *Museum*, das sich seit 1911 im nördlichen **Eckpavillon** [A1] befindet. In den 11 Sälen des *Museu de Escultura Comparada* werden Sarkophage und Grabplatten, Teppiche und Gemälde gezeigt. Der Schwerpunkt der Sammlung liegt auf Abgüssen von Reliefs, Skulpturen und skulptierten Säulenkapitellen portugiesischer Künstler des 12. bis 17. Jh.

Praktische Hinweise

Information

Posto de Turismo, Avenida 25 de Abril, Mafra, Tel. 261 81 71 70, www.cm-mafra.pt

Costa de Prata – der Zauber des Silbers

Eigentlich ist die gesamte Küste zwischen Lissabon und Porto ein einziger fortlaufender Sandstrand mit **Fischerdörfern**. Im Hinterland trifft man auf idyllische Orte, gewaltige Klöster und Burgen oder auf mit weißem Segeltuch bespannte **Windmühlen**. Ausgedehnte weiße Dünenstrände, Olivenhaine, riesige Pinienwälder, Salzgärten und Flüsse prägen die Küstenregion. Und weil die Wellen durch die Strahlen der Sonne silbern glitzern, wird sie auch **Costa de Prata**, Silberküste, genannt. Vor allem aber war und ist diese Region Portugals geistiges und kulturelles Zentrum. So wird in **Conimbriga** die Römerzeit lebendig, und im **Castelo da Feira** wurde einst die Unabhängigkeit von Spanien beschlossen. Die Universitätsstadt **Coimbra** verkörpert portugiesische Bildungsgeschichte, **Batalha** den Stolz und das Geschichtsbewusstsein der Portugiesen, **Alcobaça** ist für die einen Ausdruck der schmucklosen Tradition der Zisterzienser, für die anderen ein Wallfahrtsort der Liebenden. Und die mittelalterliche Stadt **Óbidos** wurde in ihrer Gesamtheit unter Denkmalschutz gestellt.

53 Óbidos

Die Stadt mit großer Vergangenheit wurde zum portugiesischen Nationalmonument erklärt.

Wie ein Adlerhorst sitzt die kleine Stadt Óbidos (6000 Einw.) 79 m hoch auf einer felsigen Anhöhe oberhalb des *Rio Vargem*. Im 12. Jh. lag Óbidos noch ganz nah am Meer, bevor die Bucht *Lagoa de Óbidos* in den folgenden Jahrhunderten immer mehr versandete. 1148 vertrieb Afonso Henriques die Mauren aus der Stadt. Dom Diniz machte sie 1282 seiner Frau Dona Isabel, der *Santa Rainha*, zum Hochzeitsgeschenk, wodurch Óbidos bis 1833 zum persönlichen Besitz (Casa das Rainhas) der portugiesischen Königinnen wurde.

Die als historisches Ensemble unter Denkmalschutz stehende Stadt ist von einer intakten, 13 m hohen, dreieckigen *Ringmauer* umschlossen. Über der Stadt thront das mächtige **Castelo**, auf dessen zinnenbewehrter Mauer man entlanggehen sollte, denn von hier aus eröffnen sich überraschende Perspektiven: rote Dachlandschaften und labyrinthisch verwinkelte Gassen mit ihren strahlend weiß getünchten Häusern und blau abgesetzten Tür- und Fensterumrandungen. Überall wuchern Oleander, Bougainvilleen und rankendes Grün über Mauern, Treppen und Fenstern.

Vom Castelo, in dem übrigens die *Pousada do Castelo* [s. u.] eine charmante Übernachtungsmöglichkeit bietet, führt die **Rua Direita**, eine enge, mit Blumen geschmückte Kopfsteinpflastergasse, hinunter in die Altstadt. Sehenswert sind hier die Renaissancekirche **Santa Maria** *(Praça de Santa Maria)* mit einem Jean de Rouen zugeschriebenen Grabmal aus Ança-Stein für João de Noronha (1555), das zu Recht als eines der Hauptwerke der portugiesischen Renaissance gilt. Im Kirchenschiff bezaubert die blaue Fliesenverkleidung (um 1690) – ein überzeugendes Beispiel für die gelungene Integration der Fliesen in die Innenarchitektur. Die *Kapelle der hl. Katharina* besitzt Bilder der einheimischen Malerin und Kupferstecherin Josefa de Óbidos (1634–1684), darunter eine ›Mystische Vermählung der hl. Katharina‹. Vor der Kirche unter einer gestuften Ädikula sieht

◁ *Gigantische Ausmaße: Portal der Westfassade des Klosters Batalha*

Strategisch bedeutsam – Óbidos war schon in maurischer Zeit hervorragend befestigt

man den manuelinischen *Cruzeiro da Memoria* mit einer Pietà.

Das **Museu municipal** (tgl. 10–12.30, 14–18 Uhr) im ehem. *Paços do Concelho* an der *Praça de Santa Maria* besitzt eine kleine Sammlung portugiesischer Gemälde von Diego Teixeira, António da Costa, Garcia Fernandes, Melchior Matos, Josefa de Óbidos sowie Skulpturen aus dem 15. Jh. Darüber hinaus werden Basreliefs, Barockmöbel, archäologische Funde und Waffen ausgestellt. Auf halbem Weg zwischen Stadttor und Castelo steht ein reich ornamentierter **Pelourinho** (15. Jh.). Der Schandpfahl zeigt das Emblem der Dona Leonora, ein Krabbennetz.

i Praktische Hinweise

Information

Posto de Turismo, Rua Direita, Óbidos, Tel. 262 95 92 31, www.rt-oeste.pt

Hotels

****__Albergaria Rainha Santa Isabel__, Rua Direita, Óbidos, Tel. 262 95 93 23, Fax 262 95 91 15, www.arsio.com. Geschmackvolle Zimmer in einem Privathaus, das einst Schule und Teil des Klosters war.

****__Pousada do Castelo__, Paço Real, Óbidos, Tel. 262 95 50 80, Fax 262 95 91 48, www.pousadas.pt. Sechs klimatisierte Zimmer und drei Suiten bietet die hervorragend geführte Pousada. Am schönsten sind die Turmzimmer Nr. 8 und 9.

***__Casa do Poço__, Travessa da Rua Nova, Óbidos, Tel. 262 95 93 58, Fax 262 95 92 82. Renoviertes Haus (sechs Gästezimmer) mit Hof und Brunnen unterhalb der alten Stadtmauern.

Restaurants

Albergaria Josefa de Óbidos, Rua Dr. João de Ornelas, Óbidos, Tel. 262 95 92 28. Nettes Terrassenrestaurant.

O Conquistador, Rua Josefa de Óbidos, Óbidos, Tel. 262 95 95 28. Zu den Spezialitäten des Hauses gehören gefüllter Aal und Wildschwein-Schnitzel.

54 Peniche

Halbinsel mit einem vorgelagerten Insel-Naturschutzgebiet.

Die Nähe zum Meer prägt das wirtschaftliche Leben in Peniche: Hier werden Langusten, Sardinen und Thunfisch verarbeitet. Das betriebsame Fischerstädtchen (15 000 Einw.) liegt auf einer Halbinsel, die durch einen Sanddamm mit dem Festland verbunden ist. Am westlichen Ende liegt **Cabo Carvoeiro** mit dem 25 m hohen *Leuchtturm* und den bizarr geformten imposanten Felsklippen Nau dos Corvos (Rabenschiff), Ponte de Papoa und Verandas dos Pilates. Vom Kap aus hat man einen guten Blick auf die 12 km nordwestlich gelegenen Berlenga-Inseln.

Im 17. Jh. sicherte die von Filippo Terzi erbaute Festung **Forte da Consolação** die Stadt Peniche. An dieser stärksten und gefürchtetsten Seefestung Portugals wurde drei Jahrhunderte lang gebaut. Zur Zeit der Salazar-Diktatur litten hier politische Häftlinge, heute befindet sich in dem Bau das kleine **Museu Regional** (Di–So 10–17 Uhr) mit archäologischen und kunstgewerblichen Exponaten.

Sehenswert sind zudem die Barockkirchen. Die **Igreja de Nossa Senhora da Ajuda** (17.–18. Jh.) besitzt wertvolle Azulejos mit Diamantschliff (in der Sakristei) und ausgezeichnete Skulpturen. Die **Igreja da Misericórdia** zeigt zwei Gemälde von Josefa de Óbidos sowie Azulejos aus dem 17. Jh. Die **Igreja de São Pedro** wird von einer bemalten Holzdecke und einem Talha-Dourada-Retabel aus der Barockzeit geschmückt.

Ein einzigartiges Vogelschutzgebiet und Paradies für Taucher und Angler findet man auf den **Ilhas de Berlenga**, die nach einer einstündigen Bootsfahrt erreicht sind. Die Inseln bilden eine kleine, wilde Gruppe aus rotem Granit. Nur die etwa 1,4 km lange, bis zu 800 m breite und bis zu 88 m hohe Hauptinsel *Berlenga Grande* wird im Sommer von einigen Fischern bewohnt. Überall brüten Seemöwen und Eiderenten, nur notdürftig bedeckt Gras den nackten, rötlichen Fels. Eine spektakuläre, nabelschnurartige Brücke verbindet Berlenga Grande mit dem vorgelagerten **Castelo de São João Baptista** (Mitte des 17. Jh.), in dem heute eine *Jugendherberge* eingerichtet ist: mit Sonnenterrassen auf den Schutzwällen, Zimmern in den Kasematten und einem Restaurant, in dessen Fensterrahmen früher Geschütze standen, um die Insel gegen maurische, englische und französische Piraten oder andere feindliche Schiffe zu verteidigen. In der Festung, die zu den eigenartigsten portugiesischen Militärbauten zählt, wurde 1666 die Hochzeit zwischen dem unglücklichen Afonso VI. und der schönen Maria Francisca Isabel von Savoyen gefeiert. Südlich vom Kastell leitet der 70 m lange natürliche Meerestunnel *Furado Grande* zu der engen Felsenbucht **Cova do Sonho** hin. Besonders zauberhaft ist die unterhalb des Forts gelegene **Gruta Azul** (Blaue Grotte). Eine Treppe führt zum Leuchtturm an der höchsten Stelle der Insel, von hier aus führt ein markierter Weg rund um das Eiland (ca. 1½ Std.). Höhepunkt ist eine Bootsfahrt zu den Felsenriffs, Höhlen und kleineren Inseln (Vermittlung am Hafen oder im Gasthaus). Weitere interessante kleine **Eilande** sind etwa *Berlenga Pequena*, die 18 *Estelas*, *Forcadas* und *Farilhões* sowie zahlreiche Riffe und Felsklippen, die besonders von Unterwassersportlern als Tauchrevier geschätzt werden.

Praktische Hinweise

Information

Posto de Turismo, Rua Alexandre Herculano, Peniche, Tel. 262 78 95 71, www.rt-oeste.pt

Schiff

Boote nach Berlenga Grande, ab dem alten Fort, Peniche, Juni/Sept. tgl. 10 Uhr, Juli/Aug. tgl. 9, 11, 17 Uhr. Rückfahrt ab Berlenga Grande tgl. 17 Uhr.

55 Alcobaça

Zwischen den Flüssen Alcoa und Baça liegt Alcobaça und die größte Zisterzienserkirche Europas.

Ein Besuch des Städtchens lohnt sich vor allem wegen der herrlichen und berühmten Zisterzienserkirche. Abweisend in seiner Majestät zeigt sich das **Mosteiro de Santa Maria de Alcobaça** (Juni–Sept. tgl. 9–19, Okt.–Mai tgl. 9–17 Uhr, Fei geschl.). Das Kloster ist eine Gründung der ›schmuckfeindlichen‹ Zisterzienser. Gemäß ihrer Regel stört nichts den Geist der Arbeit und die Klarheit des Glaubens, die einmal von *Cîteaux* und *Cluny* ausgingen. Der größte Kirchenraum Portugals (gleichzeitig auch die größte aller europäischen Zisterzienserkirchen) mit seinen drei gleich hohen Schiffen, den zwölf gotischen Gewölben über den 24 Pfeilern verdankt seine Schönheit dem asketischen Ernst der zisterziensischen Architektur. Alcobaça braucht den Vergleich mit *Cister*, *Pontigny* und *Clairvaux* nicht zu scheuen.

Geschichte Die Entstehung des Klosters geht auf ein Gelübde von *Afonso Henriques* zurück. Nach der siegreichen Schlacht gegen die Mauren 1139 erfüllte der mittlerweile zum König ausgerufene Afonso sein Versprechen und schenkte dem Land 1152/53 eines der schönsten portugiesischen Klöster. Auch wenn es bald von den Mauren zerstört werden sollte – *Mönche von Clairvaux* bauten es zwischen 1178 und 1222 schöner und gewaltiger wieder auf. Die **Zisterzienser** kamen zwischen 1143 und 1144 nach Portugal und gründeten über der Abtei von Claraval die Abtei *São João de Tarouca*. Bereits 1269 wurde in Alcobaça die erste öffentliche Schule ins Leben gerufen, Vorstufe der Universität von Coimbra. *Dom Pedro I.* vermachte dem Kloster große Stiftungen und bestimmte es als **Grablege** für sich und für seine Geliebte *Inês de Castro*. Das Erdbeben von 1755 und die großen Überschwemmungen von 1772 verursachten gewaltige Schäden. Ab 1834 wurde im Rahmen der Säkularisierung der meisten portugiesischen Sakralbauten auch Alcobaça als Armenhaus, Speicher oder Reiterkaserne zweckentfremdet. Wertvolles Mobiliar ging verloren, einige Stücke kamen in Museen. Die berühmte **Bibliothek** wurde aufgelöst und ihr Bestand auf die Stadtbibliothek und auf das Staatsarchiv *Torre do Tombo* in Lissabon verteilt. Nach einer Renovierung wurde Alcobaça 1930 unter Denkmalschutz gestellt.

Besichtigung Das Mosteiro de Santa Maria in Alcobaça gilt als eindrucksvollstes und schönstes Beispiel der Zisterzienserarchitektur im christlichen Europa. Die **Abteikirche** besitzt ein Langhaus mit

Mosteiro de Santa Maria

A Hauptportal
B Langhaus
C Seitenschiffe
D Sala dos Reis (Königssaal)
E Sarkophag von Inês de Castro
F Sarkophag von Dom Pedro
G Sala dos Túmulos (Grabkapelle)
H Capela da Morte de São Bernardo
J Hauptaltar
K Chorumgang, Kapellen
L Vorraum
M Sakramentskapelle
N Sakristei
O Claustro do Silêncio (Großer Kreuzgang)
P Brunnenhaus
Q Refektorium

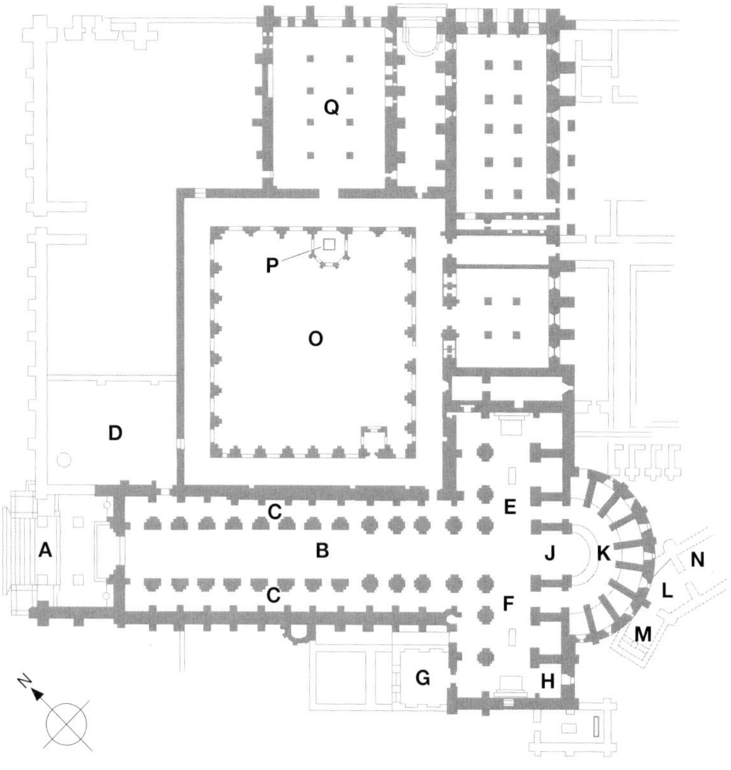

Üppiger als die Zisterzienser es erlauben – das Kloster in Alcobaça

drei gleich hohen Schiffen, die von zahlreichen Fenstern erhellt werden. Auffallend ist am Grundriss des Klosters das zweischiffige Querhaus, der Chorumgang und der Kranz von ursprünglich neun, heute nur noch sieben polygonalen Kapellen. Schon die gewaltige, 221 m lange Hauptfront am Klostervorplatz mit der zweitürmigen, 42 m hohen, 4 m breiten und dreigeschossigen **Barockfassade** verfehlt ihren Eindruck nicht, auch wenn sie weniger asketisch wirkt, als die Zisterzienserarchitektur es vorschreibt. Die Fassade wurde vom italienischen Architekten und Festungsingenieur *Frei João Turriano* zwischen 1702 und 1725 der Kirche vorgeblendet. Das **Hauptportal** **[A]** mit acht spitzbogigen Archivolten wird flankiert von zwei Barockskulpturen aus Carrara-Marmor: rechts der hl. Bernhard, links der hl. Benedikt. Über dem Portal verläuft eine Veranda mit Schmuckelementen. Zu beiden Seiten der *Fensterrose* stehen vier eingegliederte Statuen, Allegorien der vier Kardinaltugenden: Weisheit, Besonnenheit, Gerechtigkeit und Tapferkeit. Ein schmaler *Fries* mit Pflanzenmotiven, unterbrochen durch ein schönes Wappen von Portugal (mit zwei Engeln, welche die Königskrone halten), trennt den oberen Baukörper ab. Dieser besteht aus zwei Glockentürmen, die barocke Kuppeln krönen. In der Mittelnische über der Fensterrose befindet sich die anmutige Marienfigur ›Nossa Senhora de Alcobaça‹, darüber ein Kreuz zwischen zwei Engeln.

Vom **Langhaus** [B] teilen 24 kräftige Bündelpfeiler zwei gleich hohe **Seitenschiffe** [C] ab. In der quadratischen **Sala dos Reis** [D] (Königssaal), die durch das linke Seitenschiff zu erreichen ist, sieht man einen Azulejo-Zyklus, der aus der bewegten, legendenumwobenen Geschichte des Klosters berichtet. Im Querhaus befinden sich die im Flamboyant-Stil errichteten, prunkvollen *Sarkophage* (1370) von *König Pedro I.* und *Inês de Castro*. Man hat die Gräber so gestellt, dass sich die beiden Liebenden bei der Auferstehung am Jüngsten Tag in die Augen sehen können. Auf sechs kauernden Tiergestalten mit fratzenhaften Gesichtern ruht der **Sarkophag von Inês de Castro** [E]. Wahrscheinlich sind mit diesen Figuren ihre infamen Mörder dargestellt. Leider kann man sich heute kein Bild mehr vom Aussehen Inês' machen, da napoleonische Soldaten das Antlitz der Liegefigur verstümmelt haben. Die Längsseiten des Grabes sind mit Darstellungen aus dem Leben und der Passion Christi geschmückt. Sechs Löwen, Zeichen für Macht und Würde, stützen den **Sarkophag von Dom Pedro** [F], welcher sich im rechten Querhausarm befindet. An den Längsseiten des prunkvollen Sarkophages findet man Szenen aus dem Leben des hl. Bartolomäus, des Schutzpatrons von Dom Pedro. Am Fußende wird das Leben des Monarchen dargestellt, am Kopfende die innige Beziehung des Liebespaares Inês und Pedro.

In der **Sala dos Túmulos** [G] (Grabkapelle) sind die Sarkophage der Königinnen Urraca und Brites sehenswert. In der gegenüberliegenden **Capela da Morte de São Bernardo** [H] sind die Ehegatten der beiden Herrscherinnen, Afonso II. sowie Afonso III., beigesetzt.

Geht man durch den hinter dem **Hauptaltar** [J] gelegenen **Chorumgang** mit den neun bzw. sieben **Kapellen** [K], so kommt man in den **Vorraum** [L]. Er ist mit einem beachtenswerten Netzgewölbe sowie zwei ornamentierten Portalen im manuelinischen Stil ausgestattet. Rechts vom Vorraum befindet sich die **Sakramentskapelle** [M], auf der linken Seite liegt die **Sakristei** [N]. Hier sind besonders die beiden reich geschnitzten Schränke mit Elfenbein-Einlagen (1662) sehenswert. Von dort gelangt man wieder ins Langhaus und dann – über das

Pilgerstätte für Liebende – die Grabmäler von König Pedro und seiner Inês

nördliche Seitenschiff – in den **Claustro do Silêncio** [O], den Großen Kreuzgang. Das Erdgeschoss wurde zwischen 1308 und 1311 im Stil der Gotik errichtet, der obere Teil des Kreuzgangs im manuelinischen Stil stammt aus dem frühen 16. Jh. Hübsch anzusehen ist das an Nordseite des Kreuzgangs liegende **Brunnenhaus** [P] mit einem Renaissance-Brunnen.

In der Küche neben dem **Refektorium** [Q] befindet sich ein mächtiger, 18 m hoher und von acht eisernen Säulen getragener *Kamin*, unter dem ganze Ochsen gebraten werden konnten. Immerhin mussten hier einst jeden Tag rund 1000 Mönche und Pilger verköstigt werden.

i Praktische Hinweise

Information

Posto de Turismo, Praça 25 de Abril, Alcobaça, Tel. 262 58 23 77, www.rt-leiriafatima.pt

Hotel

*****Casa da Padeira**, Aljubarrota, Tel. 262 50 52 40, Fax 262 50 52 41. Landhaus mit Blick auf die *Serra dos Candeeiros* und das Meer.

Restaurant

A Prensa, Largo João Soares, 16, Bárrio-Alcobaça, Tel. 262 431 94. Die zisterziensische Tradition der guten Küche und Weine lebt hier fort.

Meisterleistung mittelalterlicher Baukunst – Dormitorium des Mosteiro de Santa Maria in Alcobaça

56 Batalha

Inmitten eines fruchtbaren Tals liegt das einfache Landstädtchen mit einem weltberühmten Kloster.

In Batalha erinnert sich Portugal an seine bedeutende Geschichte: an die **Schlacht von Aljubarrota**, an die marokkanische Eroberung und an das Opfer des *Infanto Santo*, an die Zeit der Entdeckungen und an die Eroberung Indiens. Für die Portugiesen vereint Batalha unübersehbar den Höhepunkt der nationalen Kunst und die Sternstunden der portugiesischen Vergangenheit.

Geschichte Am 14. August 1385 gelobte *König João I.*, erster König der neuen Dynastie Aviz, nach der gewonnenen Schlacht gegen die Spanier, der Jungfrau Maria ein Dominikanerkloster zu stiften. Drei Jahre nach dem Sieg bei Aljubarrota wurde mit der Errichtung der Anlage 4 km vom Schlachtfeld entfernt inmitten von Pinienhainen, Eichen- und Ulmenwäldern begonnen. Dieses Siegeskloster, an dem 15 Baumeister im Auftrag von sechs Königen arbeiteten, wurde erst 200 Jahre später fertig gestellt. Bis 1934 nutzten es die Prediger- und Bettelmönche.

Besichtigung Das Kloster von Batalha, **Mosteiro de Santa Maria da Vitória** (Juni–Sept. tgl. 9–18, Okt.–Mai tgl. 9–17 Uhr) ist eine der größten mittelalterlichen Klosteranlagen Portugals. Es besteht aus einer Reihe von Bauwerken und umfasst eine **Kirche** von gigantischen Ausmaßen, zwei königliche **Grablegen** (Gründerkapelle und Unvollendete Kapelle) sowie zwei **Klosterhöfe** (Königlicher Klosterhof, Klosterhof von Dom Afonso V.). Die beteiligten Hand-

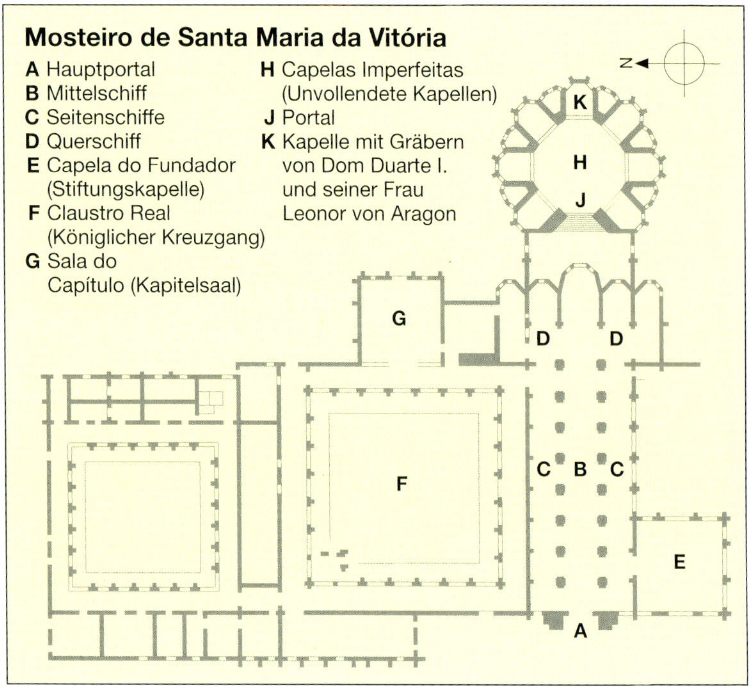

Nationalstolz in Stein – das Kloster erinnert an die Schlacht von Aljubarrota, in der die Anhänger Joãos I. die zahlenmäßig überlegenen spanischen Truppen besiegten

werker kamen aus Portugal, Spanien, dem Baskenland, Frankreich, Flandern, Deutschland und England. Der portugiesische Baumeister *Afonso Domingues* († 1402) errichtete große Teile der Anlage – die Kirche, den Königlichen Kreuzgang, den Kapitelsaal sowie die Nebengebäude und das Seitenportal. Er ließ sich dabei von der Kirche in *Alcobaça* [s. S. 149], der Kathedrale in *Évora* [s. S. 85] und der Sé in *Lissabon* inspirieren [s. S. 123].

Vor dem Kloster steht das martialische **Reiterstandbild des Feldherrn Nuno Álvares Pereira**, dem Portugal seinen großen Sieg über die Spanier verdankt. Das Portal der ockerfarbenen, spätgotischen *Westfassade* ist nach französischem Vorbild modelliert. Das spitz zusammenlaufende Endstück mündet in einem Rahmen mit den in Stein gehauenen Reliefs der Wappen von *Dom João I.* und *Dona Filipa de Lencastre*. Das **Hauptportal** [A] besteht aus sechs aufeinander folgenden Bogennischen in geteilter Bogenform, die in ihrem oberen Teil den Giebel (in der Mitte über der Tür) umrahmen. Im Giebelfeld sieht man die *Maiestas Domini*, einen thronenden Christus, der eine Weltkugel in der linken Hand hält und von den vier Evangelisten mit ihren Attributen umgeben ist. Auf den Bogenrundungen sind Engel, Propheten, Heilige und Könige dargestellt. Das Portal wurde im 19. und 20. Jh. restauriert und mit (umstrittenen) Kopien der Skulpturen der Bogennischen, der Konsolen, der Apostelfiguren und der Skulpturengruppe des Giebels versehen. Die Originale befinden sich heute im Klostermuseum.

Die **Klosterkirche** ist ein achtjochiger Bau von großer Klarheit mit einem nach basilikalem Schema gestuften **Mittelschiff** [B], zwei **Seitenschiffen** [C] und einem **Querschiff** [D], das sich mit dem Langhaus zur T-Form verbindet. Schon die Ausmaße des Innenraums sind beeindruckend: Er ist mehr als 32 m hoch, über 80 m lang und 22 m breit. Die Schiffe sind durch mächtige Pfeiler voneinander getrennt.

Im Eingangsbereich befinden sich unter dem Fußboden die *Grabstätten* des Baumeisters Mateus Fernandes und der Ritter Diogo Gonçalves de Travessos und Martim Gonçalves de Maçada. Rechts vom Eingang liegt die zwischen 1426 und 1434 errichtete, oktogonale **Capela do Fundador** [E] (Stiftungskapelle). Sie wurde von Dom João I. für sich und seine Frau in Auftrag gegeben. Hier befinden sich die *Gräber der Aviz-Könige*: in der Mitte das von acht Löwen getragene Doppelgrab mit den Liegefiguren von König João und seiner Gemahlin Filipa de Lencastre. Unter den beiden wunderbar ziselierten Baldachinen sieht man die königlichen Wahlsprüche ›Por bem‹ (In Ehren) von João und ›Y me Plet‹ (Zu meiner Freude) von Filipa.

In den Nischen im Süden und Westen stehen die Sarkophage ihrer Kinder und Enkel, mit Ausnahme von *König Duarte*, dem Philosophenkönig, der in den Capelas Imperfeitas (s. rechts) seine letzte Ruhestätte fand. An der Südwand der Kapelle liegen Heinrich der Seefahrer *(Henrique o Navigador)*, der Infante Santo, Dom João II. sowie Dom Pedro, der ›rechtschaffene Prinz‹, Humanist und Mitarbeiter seines Bruders Heinrich. An der Westseite befinden sich die Gräber von Afonso V., seiner Gattin Isabella, ihrem Sohn João II. und von Infante Afonso. Der Rundgang führt weiter in den **Claustro Real** [F], den königlichen Kreuzgang, ein filigranes Wunderwerk aus weißem Marmor. Die Ausschmückung der Arkaden mit einem gitterartigen Maßwerk aus feinem, durchbrochenem Naturstein erzeugt einen berückenden Eindruck

Großartige Raumwirkung – das hochgotische Innere der Klosterkirche von Batalha

von orientalischer Üppigkeit. In der **Sala do Capítulo** [G] (Kapitelsaal) gelang dem Baumeister, Architekt *Huguete* (Ouguete), ein Meisterwerk: Er überspannte ein quadratisches Gewölbe von 28 m Seitenlänge ohne stützende Pfeiler. Das farbige Glasfenster im manuelinischen Stil (1508) wird dem Glaskünstler Mestre João zugeschrieben.

Die **Capelas Imperfeitas** [H] (Unvollendete Kapellen) waren für *Dom Duarte*, seine Gemahlin *Dona Leonor von Aragón* und für die ihnen nachfolgenden Könige als Grablege bestimmt. Die Architektur der Kapellen tradieren zwei verschiedene Bauphasen und Stile: die des 14. Jh. und die des manuelinischen Zeitalters (16. Jh.). Ein 15 m hohes und 7,5 m breites **Portal** [J], das auf beiden Seiten behauen und mit Ranken, Fialen, Krabben, Trauben, Blumen und Delphinen üppig ornamentiert ist, führt in die Kapellen. Dem Eingang gegenüber befindet sich in einer kleinen **Kapelle** [K] der Sarkophag des Königs Duarte und seiner Frau Leonor von Aragón. Mehr als 200-mal findet man den königlichen Leitspruch eingemeißelt: Leauté la faray – Ta Yasserey (Treu werd' ich sein, solange ich lebe). Um den rechteckigen Mittelraum (20 m Durchmesser) legen sich kranzförmig insgesamt sieben kleine, quer rechteckige Kapellen mit Apsidenabschluss an den Seiten des Achtecks. Zwischen diesen Radialkapellen von je 8,7 m Tiefe stehen niedrigere kleine Zwickelkapellen über trapezförmigem Grundriss.

In der Nähe des Siegesklosters liegt die Pfarrkirche **Santa Cruz**. Sie wurde 1512 von Dom Manuel gegründet und besitzt ein manuelinisches Portal (1532) von *Diogo Boytac*. Im Innenraum gibt es ein sehenswertes Renaissance-Retabel.

i Praktische Hinweise

Information

Posto de Turismo, Largo Paulo VI., Batalha, Tel. 244765180, www.rt-leiriafatima.pt

Hotels

******Pousada do Mestre Afonso Domingues**, Largo Mestre A. Domingues, Batalha, Tel. 244765260, Fax 244765247, www.pousadas.pt. geschmackvolle Zimmer mit historischem Mobiliar.

*****Quinta do Fidalgo**, Batalha, Tel. 244765114, Fax 244767401. Gutshaus aus dem 17. Jh. inmitten von Platanengärten.

Schafft Durchblick – das kapellenartige Brunnenhaus im Claustro Real von Batalha

57 Fátima

TOP TIPP

Das auf der unfruchtbaren Hochebene von Cova da Iria gelegene Örtchen zählt zu den bedeutendsten Pilgerstätten der katholischen Kirche.

1917 wurde der schon in maurischer Zeit besiedelte, aber bis dahin unbedeutende Ort mit einem Schlag weltberühmt: Am 13. Mai soll den Hirtenkindern Lucia, Francisco und Jacinta die ganz in Weiß gekleidete *Virgem do Rosário* (Muttergottes vom Rosenkranz) erschienen sein. Die Erscheinung wiederholte sich jeweils am 13. Tag der folgenden fünf Monate, bei der letzten wurden 70 000 Menschen Zeugen des *Milagre do Sol*, bei dem eine glutrote Sonne um ihre eigene Achse rotiert sein soll. Der Vatikan untersuchte die Vorfälle acht Jahre lang und erkannte die Madonnenverehrung von Fátima schließlich an. Am 13. Mai 1928 wurde mit dem Bau der **Rosenkranzbasilika** begonnen, zu der jährlich Hunderttausende von Gläubigen pilgern, manche auf bloßen Knien rutschend, um den Segen der Jungfrau zu erbitten. Der Platz vor der wenig gelungenen Kirche umfasst 152 000 m^2 und ist damit doppelt so groß wie der Petersplatz in Rom. In seiner Mitte erhebt sich die **Erscheinungskapelle** an der Stelle, wo die Muttergottes den Kindern erschienen sein soll. Im Inneren der Basilika sind Gemälde der Erscheinung von Fátima und Darstellungen der

›15 Geheimnisse des Rosenkranzes‹ zu sehen. Im Chor ruhen seit 1952 die beiden Hirtenkinder Francisco († 1918) und Jacinta († 1920), deren früher Tod Teil der von Lucia empfangenen Prophezeiungen war. Im Jahr 2000 ließ Papst Johannes Paul II. auch die dritte Prophezeiung, die die 1928 in ein Kloster eingetretene Lucia 1942 schriftlich dem Vatikan mitteilte, veröffentlichen. Die katholische Kirche interpretiert den Text als visionären Blick auf die Schrecken des 20. Jh. – und als Mahnung, ihnen zu widerstehen.

Hoffnung auf Erlösung – Gläubige bitten um Vergebung ihrer Sünden

Praktische Hinweise

Information

Posto de Turismo, Avenida Dom José Alves Correia da Silva, Fátima, Tel. 249 531139, www.rt-leiriafatima.pt

Santuário de Fátima, Apartado 31, Fátima, Tel. 249 53 96 00, Fax 249 53 96 05

Veranstalter von Pilgerreisen

Bayerisches Pilgerbüro, Dachauer Str. 9, 80335 München, Tel. 089/545 81 10, Fax 54 58 11 69, www.pilgerreisen.de

Hotel

*****Três Pastorinhos**, Rua João Paulo II, Fátima, Tel. 249 53 99 00, Fax 249 53 99 50. Ansprechendes, doch trubeliges Pilgerhotel mit 92 zweckmäßigen Zimmern.

◁ *Monument des Wunderglaubens – die Wallfahrtskirche von Fátima*

58 Leiria

Im Kastell von Leiria schrieb der Dichterkönig Dom Diniz seine berühmten Liebeslieder.

Malern hatte es die Kleinstadt (14 000 Einw.) am Zusammenfluss des *Rio Liz* und des *Rio Lena* besonders angetan: Die Engländer George Vivian (1798–1873), James Holland (1800–1870) oder James Murphy (1796–1841) hielten die Stadt in ihren Skizzenbüchern fest. Ihnen folgten wenig später die portugiesischen Maler Alfredo Keil, Ribeiro Cristino da Silva und João Vaz.

Im restaurierten **Palácio Real** aus dem 14. Jh. soll Dom Diniz seine berühmten Liebeslieder *(Cantigas d'Amor)* geschrieben haben, die zu den bedeutendsten Werken der portugiesischen Literatur gezählt werden. Auf dem 113 m hohen Hügel ließ Afonso Henriques über römischen und maurischen Strukturen das **Castelo** errichten, das zu den interessantesten Burgen des Landes gehört. Von der einstigen königlichen Pracht zeugen noch die *Loggia* mit den schlanken gotischen Säulen und die *Burgkapelle Nossa Senhora da Pena* mit ihrem schönen gotischen Portal, den Zwillingsfenstern und dem Turm.

Am Burgberg liegt die einschiffige **Igreja de São Pedro** (Ende 12. Jh.), einst romanisches Schmuckstück, doch heute leider stark verfallen. Die zum ersten Mal 1195 erwähnte Kirche wurde 1390 erheblich vergrößert. Umbauten des 15.–18. Jh. ließen das Westportal und den Chor unberührt. Im 19. Jh. diente die Kirche als Gefängnis, Lager und Theater. Das *Westportal* liegt tief in einem Vorbau, die vier Archivolten sind noch rundbogig. Die drei inneren Archivolten weisen einen für Portugal einzigartigen Schmuck auf: Sie sind mit kleinen Menschenfiguren versehen, die – teils nur mit Köpfen, teils als Halbfiguren – in die Hohlkehlen eingefügt sind und deren Glieder hinter den Rundstäben verschwinden. Die kleine Kirche besitzt nur ein Schiff, die drei Apsiden sind von je einer Tonne überwölbt, wobei die der Mittelapsis in einer Halbkugel endet.

In der Altstadt von Leiria befindet sich die 1559–70 errichtete **Sé**, ein dreischiffiger Renaissancebau mit Netzgewölbe und einer kassettierten Tonne im Chor. Das angeschlossene kleine *Museum* zeigt einige Gemälde des 15.–17. Jh., Keramik und Glas.

Dem Burghügel gegenüber führt eine imposante, barocke Treppenanlage zur 1588 errichteten, einschiffigen Wallfahrtskirche **Nossa Senhora da Encarnação**. Diese mit einer sehenswerten Barockfassade gestaltete Kirche besitzt polychrome *Azulejos* (16. Jh.), wertvolle Gemälde (Ende 17. Jh.) sowie eine Sammlung von gemalten Exvotos – naiv illustrierte Wunder, die der Senhora da Encarnação zugeschrieben wurden. Im ehem. São-Justinio-Klosters zeigt ein *Regionalmuseum* neben sakralen und archäologischen Exponaten Teppiche, Porzellan und Gläser der im 18. Jh. gegründeten Glasfabrik von Marinha Grande.

i Praktische Hinweise

Information

Posto de Turismo, Jardim Luís de Camões, Leiria, Tel. 244 84 87 70, www.rt-leiriafatima.pt

Antike und Moderne – das Castelo von Leira vom 2004 entstandenen Fußballstadion

Hotel

******Quinta da Serrada**, Vale do Horto, Acoia (EN 1 zw. Leira und Batalha), Tel./Fax 244 87 28 00, www.quintadaserrada.com. Nettes Landhaus im typischen Stil der Region.

59 Conimbriga

Das ›Portugiesische Pompeji‹.

Conimbriga, Portugals größtes Ruinenfeld, erstreckt sich in der Nähe der Stadt *Condeixa-a-Velha*. Das 130 000 m² große, dreieckige **Areal** (Juni–Sept. tgl. 9–18, Okt.–Mai tgl. 10–18 Uhr), das 1930–44 sowie 1964–71 nur zum Teil freigelegt wurde, gibt einen großartigen Einblick in die Kultur des römischen Lusitanien. Zu sehen sind vor allem die Ruinen einer römischen Stadt, die über einer keltischen Siedlung errichtet wurde, die im 5. Jh. von den Sueben niedergebrannt worden war. Gut erhalten sind ein 94 x 80 m großes *Amphitheater*, ein Patrizierhaus, eine christliche *Basilika* mit kreuzförmiger Apsis und ein kreisrundes *Baptisterium* (7./8. Jh.), dazu *Thermen*, die von einem 3 km entfernten Aquädukt gespeist wurden. Hauptattraktion sind jedoch die Ruinen der **Casa dos Repouxos** (3. Jh. n. Chr.). In einem säulenumstandenen Hof stellen farbenprächtige Mosaike klassische Motive der griechischen Mythologie dar: Man erkennt Minotaurus im Labyrinth und Perseus, der einem Seeungeheuer das Haupt der Medusa zeigt, sowie Jagdszenen und Delphine.

Im kleinen, liebevoll konzipierten **Museu Monográfico** (Juni–Sept. Di–So 9–18, Okt.–Mai Di–So 10–18 Uhr) sind Modelle des Forums und des Tempels, Votivstelen, Grabstelen sowie Porträtbüsten ausgestellt.

60 Coimbra

»Quem não viu Coimbra, não viu coisa linda« (Wer Coimbra nicht kennt, hat noch nichts Schönes gesehen).

Man nennt die Terrassenstadt Coimbra auch *Perle des Mondego*. Die kunst- und traditionsreiche Stadt (139 000 Einw.) liegt 106 m hoch an einem Hang über dem *Rio Mondego*. Dieser ›Fluss der Dichter‹ war schon immer ein Grenzfluss zwischen Abend- und Morgenland, zwischen Kreuz und Halbmond. An seine Ufer setzte *Afonso Henriques* mächtige Wehrburgen. Er entspringt als ›kleiner Mondego‹, als Mondeguinho, hoch in den Monte dos Hermínios der *Serra da Estrela*, bewässert die Ebene von Coimbra und mündet schließlich südlich vom *Kap Mondego* bei Figueira da Foz in den Atlantischen Ozean. Er ist 225 km lang, davon sind 84 km schiffbar.

Geschichte Der Name des Ortes leitet sich von der Römersiedlung *Conimbriga* (südlich der heutigen Stadt) her, die im 5. Jh. von den Sueben zerstört wurde. Ihre Nachfolgesiedlung **Aeminium** erfuhr dank ihrer günstigen Lage einen wirtschaftlichen und kulturellen Aufschwung. Nach der maurischen Eroberung durch *Abd al-Aziz ben Musa ben Nu-syar* im Jahre 715/716 konnte sich Coimbra (arab. = *Kulumriya*) oder Kulunbiriya als bedeutendes **maurisches Zentrum** (arab. = *Kura*) behaupten. Die Mischbevölkerung aus Mozarabern (islamisierten Christen), Mauren und Juden wohnte jeweils in eigenen, streng abgeschirmten Stadtvierteln. Die Mauren lebten in der *Almedina* (innerhalb der befestigten Stadt, der Zitadelle) und in der *Arrabalde* (außerhalb der Wälle); die Juden lebten in der *Judiaria*. Noch heute zeigen Straßen-, Gebäude- und Ortsnamen in der Umgebung den starken **arabischen Einfluss**.

878 wurde die Stadt durch *Graf Hermengildo Mendes* erobert und in das Königreich Asturien-León eingegliedert. 987 nahm *Al-Mansur* die Stadt ein. Erst 1064 wurde Coimbra von *Fernando Magno von León* nach sechsmonatiger

Oase der Stille mitten in Coimbra – der Claustro do Silêncio im Kloster Santa Cruz

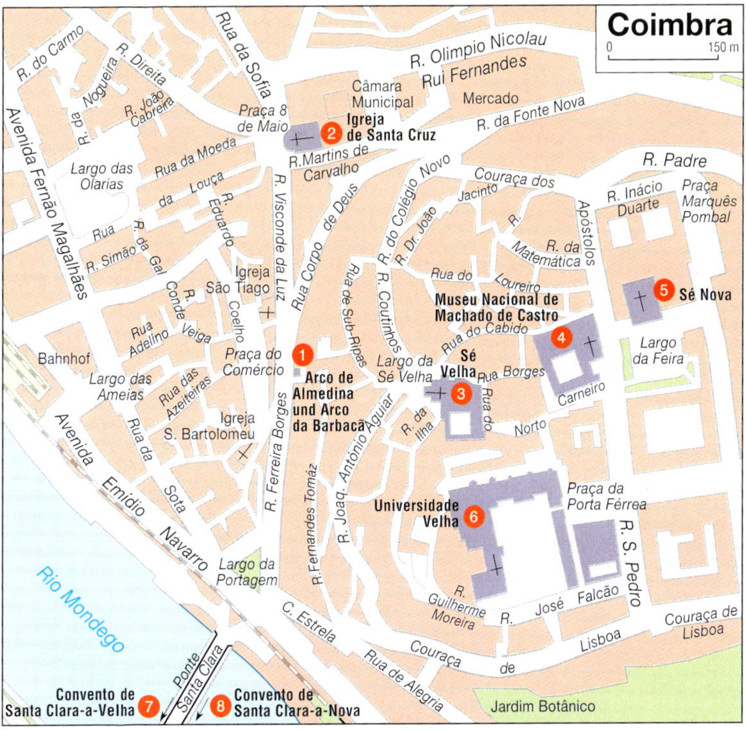

Traditionsreiches Zentrum der Gelehrsamkeit – die alte Universitätsstadt Coimbra

Belagerung endgültig zurückerobert. 1307 verlegte König Diniz die 1290 gegründete *Escolas Gerães* (Universität) von Lissabon nach Coimbra. Als König João III. der **Universität** 1537 einen Flügel seines Königspalastes überließ und bedeutende Gelehrte sowie ausländische Studenten aus Paris, Bologna und Salamanca nach Coimbra kamen, erlebte die Universität eine erste Blütezeit. 1555 gründeten Jesuiten ein eigenes, unabhängiges Kolleg, das nach der Vertreibung der Jesuiten aus Portugal (1759) an die bestehende Universität angegliedert wurde. Der Ruhm der Stadt gründet sich auf das ehemalige *Augustinerkloster Santa Cruz*, wo der *hl. Antonius von Padua* (Fernão de Bulhões) und *Luís de Camões*, Portugals bedeutendster Dichter, studierten.

Neuen Aufschwung bescherte Coimbra die Ernennung zur **Kulturhauptstadt 2003**. Am Mondego-Ufer im Parque Verde wurde der von Siza Vieira entworfene **Portugal-Pavillon** wieder aufgebaut, der auf der Expo 2000 in Hannover zu sehen war. Moderner Blickfang ist die 2004 eröffnete asymmetrische Hängebrücke **Ponte Rainha Santa Isabel** über den Mondego und auch die Universität wurde um einige architektonisch spannende Neubauten bereichert.

Historischer Rundgang

Die *Rua Ferreira Borges* teilt die Stadt in zwei Hälften: Die Unterstadt ist das Viertel der Händler, die Oberstadt gehört den Studenten. Rechts der Rua Ferreira Borges stehen die (rekonstruierten) Torbögen **Arco de Almedina und Arco da Barbacã** ❶ (12. Jh.). Die wuchtigen Hufeisenbögen sind Teile des erhaltenen Befestigungsturmes des alten arabischen Stadtteils *Medina*. An die Nähe zu Nordafrika erinnert die vitale Geschäftigkeit in den engen Treppengassen und alten Gemäuern, Pátios, Lädchen und Bücherstuben. In die Medina führte der gleichnamige Bogen. Über ihm wurde im 15. Jh. ein zweigeschossiger Turm errichtet, der im 16. Jh. das ›Blutgericht‹ beherbergte. Heute ist hier ein kleines *Ethnographisches Museum* untergebracht.

Über die *Rua de Sub-Ripas* führt der Weg zum **Paço de Sub-Ripas**, einem schönen Adelspalast mit reich verziertem Portal (Anfang 16. Jh.), Renaissancefenstern, Rundreliefs (aus der Werkstatt von Jean de Rouen) und einer sehenswerten Holzdecke. Am Ende der Straße steht die **Torre de Anto**, früher Teil der alten Stadtmauer, benannt nach dem Poeten *António Nobre*.

Der Rundgang führt nun zurück zur *Rua Visconde da Luz* und zur Klosterkirche **Igreja de Santa Cruz** ❷ (Mo–Sa 9–12, 14–18, So 16–18 Uhr) an der *Praça 8 de*

Maio. Das Kloster wurde 1131 von den Domherren des Augustinerordens gegründet und 1502–30 von *Boytac* und *Pires* im manuelinischen Stil verschwenderisch umgebaut. Staunend steht man vor dem mit Statuen, Säulen, Pilastern, Fialen, Strebepfeilern und Nischen geschmückten *Westportal* (Nicolas de Chanterène und Diogo de Castilho) sowie den spätgotischen *Prunkgräbern* der ersten portugiesischen Könige Afonso Henriques († 1185) und Sancho I. († 1211). Der *Triumphbogen* (Anfang 19. Jh.) ist eine Arbeit von José de Couto. Die einfarbigen *Azulejos* des Kirchenschiffs mit Szenen aus dem Leben der Heiligen Cruz und Augustin stammen aus einer Lissabonner Fabrik. Die *Sakristei* wurde 1622–24 im manieristischen Stil errichtet und mit Malereien der Meister Grão Vasco und Cristóvão de Figueiredo ausgeschmückt. Beeindruckend sind die fein gearbeitete *Steinkanzel* (1522) mit den Statuen der Kirchenväter sowie das manuelinische *Chorgestühl* mit Szenen der Indienfahrt von Vasco da Gama und Darstellungen aus den ›Lusiaden‹ des Camões. Den Grundriss des *Claustro da Manga* (1533/34) – ein weiträumiger Kreuzgang mit Gartenanlage und Brunnen, der vom Reformer des Augustinerordens *Frei Brás de Barros* stammt – soll König João III. angeblich auf seinen Ärmel *(Manga)* gezeichnet haben. Neben der Kirche ist im ehem. Refektorium das beliebte Café Santa Cruz untergebracht.

Vom Gotteshaus führt eine Treppenanlage zum **Jardim da Manga** mit einem maurisch anmutenden Kuppelgebäude und munter sprudelnden Fontänen.

Über die *Rua Mar Carvalho* gelangt man in die *Rua do Colégio Novo*. Von dort aus führt die *Rua dos Coutinhos* zur **Sé Velha** 3, der Kathedrale aus den Anfängen des portugiesischen Königreichs. Die im Stil einer romanischen Wehrkirche von den französischen Architekten Robert und Bernard um 1170 begonnene und Anfang des 16. Jh. durch die französische Bildhauerkolonie in Coimbra prächtig ausgeschmückte Kirche lässt mit ihren geschlossenen Wandflächen eher an ein Bollwerk als an eine Kathedrale denken. Prunkstück der kubischen und turmlosen Sé aus gelblich-braunen Kalksteinquadern ist die nördliche *Porta Especiosa*, ein von Nicolas de Chanterène 1540 im Stil der italienischen Renaissance errichteter, rundbogiger Portalvorsatz aus weißem Marmor, der bis zu den Zinnen reicht. Im *Innenraum* befinden sich nahe dem Westportal Reste von großartigen hispano-arabischen Azulejos, mit denen zu Beginn des 16. Jh. große Teile der Wände ausgekleidet wurden. Ferner ist ein spätgotischer *Schnitzaltar* (1498–

Leidensweg unzähliger Studenten – die ›Via Latina‹ führte in den Prüfungssaal der Universität

1508) der flämischen Meister Olivier de Gand und Jean de Ypres sehenswert. Das ganz in Gold und Blau gehaltene Werk zeigt die Himmelfahrt Mariens. In der linken Apsidiole steht das Grabmal für den Kirchenfürsten und Kunstliebhaber *Dom Jorge de Almeida* (1481–1543), das João de Ruão in Form eines Triumphbogens für seinen großen Gönner geschaffen hat. Im nördlichen Seitenschiff (zwischen dem vierten und fünften Pfeiler) liegen *Grabdenkmäler* der Gotik und der Renaissance. Im südlichen Flügel des Kreuzgangs befindet sich der *Sarkophag* des Grafen Sesnando, der nach der Rückeroberung Coimbras im Jahre 1064 die Geschicke der Grafschaft lenkte. Eine besondere Sehenswürdigkeit aber sind die mehr als 380 romanischen *Kapitelle* – nirgendwo sonst in Portugal findet man eine derart kunstvolle maurische Ausgestaltung der Säulenköpfe. Sie sind überwiegend mit pflanzlichen Motiven geschmückt, daneben gibt es aber auch sog. cluniazensische Pflanzenmotive mit Tier- und Menschenköpfen.

Von der Kathedrale aus kommt man über die *Rua Borges Carneiro* zum **Museu Nacional de Machado de Castro** 4 (Di–So 9–12.30, 14–17.30 Uhr). Das 1913 eröffnete Museum ist nach dem in Coimbra geborenen Bildhauer *Joaquim Machado de Castro* (1731–1822) benannt. Der ehem. Bischofspalast (sehenswert sind die vier Portale!) wurde über den Ruinen einer römischen Krypta, Rest des *Forum de Civitas Aeminium*, errichtet. Die Sammlung zeigt neben bedeutenden römischen Funden aus Conimbriga und Aeminium mittelalterliche Skulpturen aus den Kirchen der Stadt und der Beira Litoral. Die Bildhauerschule von Coimbra ist mit Arbeiten von Nicolas de Chanterène, Olivier de Gand, João de Ruão und Philippe Hodart vertreten. Ferner sind Holzskulpturen und Kleinplastiken (13.–16. Jh.), Möbel, Fayencen, Gläser, Goldschmiedearbeiten, das kostbare *Rainha-Santa-Zimmer* sowie ein Triptychon von Quintin Massys (16. Jh.) zu sehen. Zu den kostbarsten Stücken des Museums zählt ein Kelch aus vergoldetem Silber (Mitte 12. Jh.). Von der *Loggia* des Museums hat man einen herrlichen Blick auf die Sé Velha und die Dächer der Altstadt.

Von der gegenüber liegenden Schautreppe gelangt man zur *Sé Nova* (Neue Kathedrale) und zur *Igreja de São Salvador* (18. Jh.). Die Jesuitenkirche **Sé Nova** 5 am *Largo da Feira* wurde 1772 nach der Verbannung der Jesuiten (1759) zur ›neuen‹ Kathedrale geweiht. Sie zeigt neben der prächtigen zweigeschossigen *Fassade* ein schönes Chorgestühl in Ebenholz (früher in der Sé Velha), barocke Altaraufsätze, ein manuelinisches Taufbecken (aus der Sé Velha) sowie 16 Gemälde, darunter 14 Kopien italienischer Meister.

Schmuckstück der Universitätskapelle – die prächtige Barockorgel der Capela de São Miguel

Hort des Wissens – die barocke Universitätsbibliothek von Coimbra

Universität

Die **Universidade Velha** 6 hoch über der Stadt besteht aus dem ehem. *Königspalast*, den João III. 1547 der Universität zur Verfügung stellte, der Universitätskirche, dem Uhrturm (Torre do Relógio) sowie den Kollegiatsgebäuden aus dem 18. Jh. Der Rundgang innerhalb einer der ältesten Universitäten Europas beginnt am **Largo da Porta Férrea**, dem Eisernen Tor. Die Porta Férrea, Teil des alten Kastells, wurde 1634 im Renaissancestil gestaltet und führt in den weiten Hof mit dem **Paço das Escolas** (Schulpalast) und der **Via Latina** (Lateinischer Weg), in der die Schüler nur lateinisch sprechen durften. Im Schulpalast befindet sich die große **Sala dos Capelos** (Saal der Doktorhüte), der frühere Thronsaal, mit den gemalten Wappen und Porträts aller portugiesischen Könige. Die manieristische Holzdecke ist eine Arbeit von Jacinto da Costa. Die Azulejo-Tapeten stammen aus einer Lissabonner Fabrik. Die manuelinische Universitätskirche **Capela de São Miguel** (1517–22) an der Westseite besitzt schöne Azulejos und Rokoko-Retabeln von Domingos Moreira sowie eine prächtige *Barockorgel* (Ende des 17. Jh.) mit Chinoiserie-Malereien von Gabriel Ferreira da Cunha. Der *Hochaltar* mit vergoldetem Schnitzwerk und manieristischen Gemälden zum Leben Christi wird Simão Rodrigues und Domingos Vieira Serrão zugeschrieben. Das *Standbild der Santa Catarina*, Schutzheilige der Studenten, stammt vom Benediktinermönch Frei Cipriano Cruz. Sehenswert ist außerdem das elegante, manuelinische *Zwillingsportal* von Marcos Pires und Diogo de Castilho mit den Symbolen der portugiesischen Seefahrt: in der Mitte das Wappenschild von König Diniz, links das Christuskreuz und rechts die Himmelskugel. Unmittelbar neben dem Portal befindet sich ein kleines *Museum* für sakrale Kunst.

Schmuckstück des Universitätskomplexes aber ist die barocke **Biblioteca Joanina** (Mo–Fr 9.30–12.30, 14–17.30 Uhr), die man über eine kleine Schautreppe erreicht. Diese Bibliothek verdankt ihre Pracht den Reichtümern Brasiliens und der Verschwendungssucht von König João V. (1706–1750). Unter der Leitung von *João Carvalho Ferreira* wurde sie zwischen 1716 und 1728 nach einem Entwurf des Franzosen *Claude Laprade* errichtet – Vorbild war die Wiener Hofbibliothek. Die einzigartige Sammlung besitzt mehr als 120 000 kostbare, kunstvoll gebundene Bände des 16.–18. Jh., dazu 3000 mittelalterliche Handschriften und 200 pracht-

volle Wiegendrucke. Gold glänzt auf Lackmalereien, Wappen verstrahlen Glanz und über Durchgängen hängen Girlanden, die wie Dekorationen an Triumphbögen aufgehängt sind. Jeder der drei prunkvollen *Säle*, aufgereiht an einer Längsachse, präsentiert sich in einer anderen Farbe. Allegorische Embleme der Fakultäten schmücken die Durchgänge. Die *Deckengemälde* in den Sälen von António Simões Rodrigues und Vicente Nunes stellen in perspektivischer Bemalung Allegorien dar: die Künste, die Wissenschaften sowie die göttliche Weisheit. Die *Tische* zeigen Intarsien aus indischen und brasilianischen Hölzern. Die Emporen werden von sich nach unten verjüngenden Freistützen getragen. Eine *Galerie* führt in Zimmerhöhe an den Bücherwänden entlang, die geschmückt sind mit Goldbeschlägen, al-fresco-Malerei und Chinoiserien. Die vergoldeten Schnitzereien (1723) an den Bücherschränken und über den Durchgängen stammen von João Rodrigues de Almeida.

Über den Rio Mondego

Über die *Ponte de Santa Clara* führt der Weg zum **Convento de Santa Clara-a-Velha** 7 (Rua António Augusto Gonçalves). Der Bau des Klosters wurde 1286 im gotischen Stil begonnen. Die Lage war schlecht gewählt, denn im Frühjahr tritt der Mondego regelmäßig über die Ufer und die Kirche drohte bald in den Schwemmsanden des Flusses zu versinken. Heute stehen die Pfeiler und Rippen der Santa Clara-a-Velha schon mehr als 5 m tief im Sand. Die romantische Ruine erinnert an zwei populäre Frauen der portugiesischen Geschichte: an die heilig gesprochene Königin *Isabel von Aragón* (1271–1336), die das Kloster stiftete, und an die schöne, aber unglückliche *Inês de Castro*. Nach ihrer Ermordung fand Inês hier ihre (vorläufig) letzte Ruhe, bevor König Pedro ihren Leichnam exhumieren und seine Geliebte in der Sé Velha posthum zur Königin krönen und in einer feierlich-makabren Prozession nach Alcobaça [s. S. 152] überführen ließ.

Über die *Calçada de Santa Isabel* und die *Avenida João das Regras* führt der Weg weiter auf den *Monte da Esperança* (Berg der Hoffnung) hinauf, auf dem 1649–69 das ehem. Klarissinnenkloster als Ersatz für das im Rio Mondego versandende alte Santa-Clara-Kloster errichtet wurde. Der **Convento de Santa Clara-a-Nova** 8 ist ein 90 m langes Gebäude, das heute als Kaserne dient. Auf der schmalen Terrasse vor dem Kloster steht ein

Romantischer Entwurf eines Theaterarchitekten – das Schlosshotel Buçaco

Denkmal der Santa Rainha Isabel von Álvaro de Bré. Heute können nur die *Kirche* und der *Kreuzgang* (1733) besichtigt werden. Im Chor steht der Hauptaltar mit dem 1614 aus Silber und Kristall gefertigten Grabschrein der Königin. Dem Altar gegenüber steht am anderen Ende des Kirchenraums das **Kenotaph** der Santa Isabel: Sechs kauernde Löwen stützen den von Meister Pêro um 1330 aus einem einzigen Block (Ança-Stein) gemeißelten, leeren Grabschrein. Auf dem *Sarkophag* liegt die Statue der hl. Isabel mit den Emblemen der Santiago-Pilger – Stab, Reisetasche und Muschel.

Im Nordflügel des Klosters wurde ein kleines *militärgeschichtliches Museum* eingerichtet.

Einen guten Fußmarsch entfernt steht die **Quinta das Lágrimas** (tgl. 9–17 Uhr), das ›Landhaus der Tränen‹, mit dem ›Brunnen der Liebenden‹ (*Fonte dos Amores*). Hier wird man erinnert an das berühmteste Liebespaar der portugiesischen Geschichte und Literatur: Inês de Castro und Infant Pedro, der spätere Pedro I. Nachdem die beiden an jenem Ort viele glückliche Stunden gemeinsam verbrachten, wurde Inês eben dort hinterhältig ermordet.

i Praktische Hinweise

Information

Posto de Turismo, Largo da Portagem, Coimbra, Tel. 239 48 81 20, www.turismo-centro.pt

Hotels

******Quinta das Lágrimas**, Estrada das Larges, Santa Clara, Coimbra, Tel. 239 80 23 80, Fax 239 44 16 95, www.quintadaslagrimas.pt. Romantisches Hotel im verwunschenen ›Landsitz der Tränen‹.

******Tivoli**, Rua João Machado 4–5, Coimbra Tel. 239 85 83 00, Fax 239 85 83 45, www.tivolihotels.com. Luxuriöses großes Stadthotel.

*****Astória**, Avenida Emídio Navarro 21, Coimbra, Tel. 239 85 30 20, Fax 239 82 20 57, www.almeidahotels.com. Wunderschönes Belle-Époque-Hotel.

Restaurant

Café Santa Cruz, Praça 8 de Maio, Coimbra, Tel. 239 83 36 17. In den Gewölben einer ehem. Klosterkirche ist eines der bezauberndsten Kaffeehäuser des Landes untergebracht.

61 Parque Nacional do Buçaco

Eine der schönsten Parkanlagen Portugals, wenn nicht Europas.

Der Park gilt zu Recht als eine der schönsten Anlagen des Landes, von dem der Volksmund sagt, dass »Buçaco der Monarch der Berge ist und der Herr der Einsamkeit«. Schmale Wege führen an Bächen und Teichen entlang, vorbei an ineinander verschlungenen Pflanzen, an Steineichen und Mimosen, afrikanischen, indischen und mexikanischen Zedern, Lorbeerbäumen, Baumheiden, Erdbeerbäumen oder stämmigen Filirien. Mehr als **700 verschiedene Baumarten** wurden aus dem Libanon, aus Goa und vom Ganges, aus Kreta, Amerika und Italien eingeführt: so zum Beispiel der jahrhundertealte Ginkgobaum, der den Wasserfall bewacht, der tasmanische Eukalyptus ebenso wie Ulme und Atlaszeder. Im Park gibt es **Kapellen** mit den Leidensstatio-

Traum vom Garten Eden – Veranda des Palace Hotel do Buçaco

nen Christi, **Grotten** und **Höhlen**, kleine Seen und Brunnen. Den von Benediktinermönchen im 6. Jh. angelegten, 480 ha großen Wald durfte auf päpstliche Anordnung keine Frau betreten. Papst Urban VIII. drohte 1653 jedem mit Exkommunizierung, der auch nur einen einzigen Baum fällen würde. Karmelitermönche, die 1628 an der Stelle der ehem. Einsiedelei ein kleines Kloster gründeten, pflegten und hegten diesen einzigartigen Park. Sie legten auch die 5700 m lange *Umfassungsmauer* an mit zehn, zum Teil herrlich geschmückten Toren.

Gaumenfreuden und Kunstgenuss – der Speisesaal des Palace Hotel do Buçaco

Im Zentrum des Parks steht die **Sommerresidenz** der königlichen Familie, in der heute ein Luxushotel untergebracht ist. Sie wurde erst 1887 errichtet. König Carlos I. ließ neben dem kleinen Karmeliterkloster von dem italienischen Theaterarchitekten *Luigi Manini* (1848–1911) einen *Sommerpalast* im neomanuelinischen Zuckerbäckerstil erbauen – eine königliche Verrücktheit und das letzte Werk der bauwütigen Bragança, die trotz ihres immensen Reichtums leider keinen Kunstverstand hatten. Der mit einem 40 m hohen *Turm*, Skulpturen und bizarren Details reich verzierte Prunkbau wurde bereits 1909 in ein Hotel umgewandelt. Im *Innenraum* stellen aufwendige Fliesenbilder bekannte historische Ereignisse dar: Auf der Veranda erkennt man Episoden aus den ›Lusiaden‹ von Camões, im Spielsalon ›Schäferspiele‹ sowie die Darstellung der ›Einnahme von Ceuta‹ – ein Werk des Keramikkünstlers Jorge Colaço.

In der einstigen **Klosterkirche** erinnern Gemälde an die Geschichte des Klosters. In einer der korkverkleideten Mönchszellen soll Wellington vor der Schlacht am 28. September 1810 gegen die französischen Truppen gebetet und geschlafen haben. Das englisch-portugiesische Heer entschied den Kampf für sich.

i Praktische Hinweise

Hotels

TOP TIPP *******Palace Hotel do Buçaco**, Mata do Buçaco, Tel. 231 93 01 01, Fax 231 93 05 09, www.almeidahotels.com. Bombastische Architekturfantasie, wie für eine Wagneroper entworfen. Das königliche Jagdschloss hat fliesengeschmückte Festsäle, ein imposantes Treppenhaus und ringsum den wohl schönsten Waldpark des Landes.

******Vila Duparchy**, Rua José Duarte Figueiredo, 148, Luso (6 km östl. von Mealhada), Tel. 231 93 07 90, Fax 231 93 03 07. Westlich des Buçaco liegt das kleine, mit Antiquitäten geschmackvoll möblierte Herrenhaus im Wald.

62 Aveiro

Bunte Azulejos und grandiose Jugendstilfassaden spiegeln sich in den Kanälen des ›Lusitanischen Venedig‹.

Nach vielen Jahrhunderten hatte es der *Rio Vouga* endlich geschafft und durch Ablagerungen eine 60 000 ha große Binnenlagune gebildet. Südlich von Porto erstreckt sich ein bizarres **Lagunengebiet** mit weiß schimmernden Salinenfeldern und Meersalzpyramiden. Man sieht ein fantastisches Labyrinth von Kanälen, auf denen bunt bemalte Boote mit Vierecksegeln fahren. Lang gestreckte Sandhaffs dringen mit ihren Kanälen, Flüssen und Bächen krakengleich bis in die Stadt vor und machen Aveiro zu einer Wasserstadt mit einem Hauch von Amsterdam und Venedig: versteckte Grachten und majestätische Kanäle, bucklige Brücken und verspielte Veduten, so weit das Auge reicht. Und überall glitzern weiße Pyramiden, Salzberge, einst Gewinn bringende Einnahmequelle. Von den 267 Salinen, aus denen in den 1930er-Jahren noch jährlich 80 000 t Salz gewonnen wurden, sind heute nur noch 50 in Betrieb.

Wie einst das römische *Aviarium*, so lebte auch das portugiesische Aveiro vom Meer. Im Zeitalter der Entdeckungen verließen die Karavellen den Hafen der Stadt, um die *Terra nova*, die Neue Welt zu entdecken. Die Bürgerstadt wurde im 15. und 16. Jh. wohlhabend durch das Salz, das aus den flachen Pfannen der Ria gewonnen wurde, sowie durch den Kabeljaufang vor Neufundland. Als der *Rio Vouga* immer mehr Sand ablagerte, wurde die Hafenstadt langsam landeinwärts gedrängt, sodass in den folgenden Jahrhunderten der Kanal zwischen *Jacinto* und *Barra* versandete. Das führte schließlich zum Ende der Schifffahrt und der Fischerei.

Hauptschlagader der Stadt (40 000 Einw.) ist heute der malerische **Canal da Cidade** – in der Hochsaison ein beliebter Ausgangspunkt für Rundfahrten in die nähere Wasserumgebung. Der Stadtkanal trennt die südlich gelegene und früher dem Adel vorbehaltene **Vila Velha** (Altstadt) mit *Kathedrale* und ehem. *Convento de Jesus* von der nördlichen Fischerstadt **Vila Nova** (Neustadt) aus dem 15. Jh. Weitere malerische Kanäle sind der Canal das Pirâmidas, Canal de São Roque, Canal dos Santos Mártires und Canal do Matadouro.

Ausgangspunkt für einen Rundgang durch Aveiro ist die *Praça da República* mit Rathaus und Kirche. Die **Igreja da Misericórdia**, die vermutlich nach Plänen des Italieners Filippo Terzi zwischen 1599 und 1622 errichtet wurde, besitzt ein grandioses *Portal* in der Form eines zweistufigen Renaissancealtars. Die Fassade des Gotteshauses wurde in der 2. Hälfte des 19. Jh. mit Azulejos verkleidet. Im Innenraum befindet sich ein prächtiger *Renaissance-Hochaltar* (Ende 17. Jh.) mit den Holzskulpturen der Senhora da Conceição und des Ecce Homo. Vor der Kirche erhebt sich Portugals wohl schönstes Wegekreuz, der *Cruzeiro de São Domingos*.

Im ehem. **Convento de Jesus** am Rande der Altstadt von Aveiro richtete 1911 der Kunstkritiker *Marques Gomes* im Auftrag der Stadtverwaltung das **Museu de Aveiro** (Di–So 10–17.30 Uhr) ein. Unter den ausgezeichneten Exponaten sind besonders das *Nuno Gonçalves* zugeschriebene Porträt der ›Hl. Prinzessin‹ (15. Jh.) erwähnenswert. Im *Aveiro-Saal* werden unter anderem eine Moliceiro-Barke und die typischen Arbeitsgeräte der Tangfischer ausgestellt. Das Jesusklos-

Jugendstil auf portugiesisch – Fassaden in Aveiro, dem ›Lusitanischen Venedig‹

ter in Aveiro verdankt seinen Ruhm der Prinzessin Joana (1452–1490), die 1472 als Schwester in das Dominikanerinnenkloster eintrat, wo sie niedrigste Klosterdienste auf sich nahm. Von den ständigen Kasteiungen im Dienste Gottes geschwächt, starb die bescheidene Prinzessin am 12. Mai 1490. Die *Zelle der Joana* (zugleich ihr Sterbezimmer) wurde 1734 mit vergoldeten Holzwänden verschalt, naive Bilder illustrieren ihr Leben. Sehenswert ist vor allem das 1711 von João Antunes im italienischen Stil gestaltete barocke *Prunkgrab* der Santa Joana.

Aveiro ist aber auch ein Jugendstil- und Azulejo-Paradies: Sehenswert sind besonders die Fliesen an der **Estação** (Bahnhof) am Ende der *Avenida Dr. Lourenço Peixinho*, an der **Casa do Major Pessoa** in der *Rua de Barbosa de Magalhães* sowie an den Gebäuden in der *Rua João Mendonza* und in der *Rua do Rato*.

Ausflug

Das Schwemmland und seine Seen zwischen Aveiro und den langen Nehrungen heißt **Ria de Aveiro**. Die Ria breitet sich zwischen *Ovar* und *Mira* aus und ist See und Meer zugleich. Heute beträgt der Abstand zur Küste schon 8 km. Um die Lagune vor weiterer Versandung zu retten, unternimmt man große Anstrengungen. Das ca. 60 000 ha große Haff, das wegen seiner vielarmigen Ausdehnung von den Einheimischen *Pólipo aquático* (Seepolyp) genannt wird, ist auch heute noch ein Ort für Träumer und Poeten, inzwischen aber auch für Windsurfer und Segler – und natürlich für Naturfreunde, die auf Booten die 45 km lange, durchschnittlich 7 km breite *Lagunenlandschaft* durchqueren. Die *Rota da Luz* (Tourismusbüro) organisiert vom 15. Juni bis 15. September Kanalfahrten, vorbei an Salzgärten mit ihren typischen Salzkegeln, Reisfeldern und Badestränden. Beliebtes Postkartenmotiv sind die *Barcos moliceiros*, die hochgeschnäbelten Boote der **Tangfischer**. Jedes Jahr im März findet ein Wettbewerb um das am prächtigsten bemalte Boot statt.

i Praktische Hinweise

Information

Posto de Turismo, Rua João Mendonça, Aveiro, Tel. 234 42 36 80, Fax 234 42 83 26, www.rotadaluz.pt

Hotel

*****Afonso V.**, Rua Dr. Manuel das Neves 65, Aveiro, Tel. 234 42 51 91, Fax 234 38 11 11, www.hoteisafonsov.com.pt. Solides Stadthotel im Wohnviertel Bairro Do Liceu, unweit der Innenstadt und des historischen Zentrums mit Kathedrale und Kloster.

63 Vila da Feira

Die Burg der Helden und Verschwörer.

Auf einem Hügel neben der Autobahn – und umgeben von einem kleinen, romantischen Wald – liegt Vila da Feira. Das 195 m hoch gelegene **Castelo Santa Maria da Feira** zählt wegen seiner bemerkenswerten Architektur und seiner Geschichte zu den bedeutendsten Zeugnissen des portugiesischen Mittelalters.

TOP TIPP

In der Festung von Feira soll zum ersten Mal der Ruf nach Unabhängigkeit der *Grafschaft Portucalia* ertönt sein. Es muss um das Jahr 1125 gewesen sein, als *Tareja*, Herrin über die Grafschaft Portucalia und Witwe Heinrichs von Burgund, ihren Gefühlen nachgab und eine verhängnisvolle Affäre begann. Als Geliebten nahm sie sich ausgerechnet einen Ritter aus Galizien. *Fernão Perez de Trava* hieß er, und er war für den misstrauischen Adel daheim ein Affront. Die portucalesisch Gesonnenen konspirierten mit Tarejas Sohn *Afonso Henriques*. Der Adel drängte den Sohn zum Handeln gegen die eigene Mutter. Afonso Henriques besiegte schließlich die Truppen seiner Mutter bei Mamede, nahm sie selbst gefangen und schickte sie in die Verbannung. Im Jahre 1140 riefen Afonso Henriques' Soldaten ihren jungen Anführer zum König aus – dies war das Geburtsjahr des Königreichs Portugal. Der Burgherr von Feira, *Ermígio Moniz*, war ein treuer Vasall des Königs, das Bauwerk selbst wurde zum Symbol der jungen Nation. Heute ist die Stadt vor allem durch die im August stattfindende Kunsthandwerksmesse **Farav** bekannt.

Das auf römischen und maurischen Mauern errichtete, ursprünglich romanische **Castelo** wurde vom *Baron Fernão Pereira* 1448 im Stil gotischer Festungsarchitektur umgebaut. Kreuzförmige Schießscharten *(Seteiras)* sollten das Schussfeld erweitern. Vier kleine *Türme* flankieren die ausgezeichnet erhaltene Burg, die an einen Palast erinnert. Im 1. Stock besitzt sie einen großen, gotischen *Bankettsaal* mit vier Kaminen, sechs Fenstern, einer Galerie und einem Balkon für die Musiker. Über eine schneckenförmige Treppe gelangt man auf die Aussichtsterrasse.

Die 1560 unterhalb der Burg errichtete **Igreja do Convento do Espírito Santo** zeigt an den Außenwänden der zwei Glockentürme blau-weiße Azulejos (17. Jh.) und im einschiffigen Innenraum polychrome Fliesenteppiche.

Farbsinfonie vor blauem Himmel – Fischerhäuschen in Costa Nova bei Aveiro

DOW'S
ROBERTSON'S
OFFLEY
DELAFORCE

PRIMAVERA

Portugal aktuell A bis Z

Vor Reiseantritt

ADAC Info-Service:
Tel. 018 05/10 11 12, Fax 018 05/30 29 28 (0,14 €/Min.)

ADAC im Internet:
www.adac.de
www.adac.de/reisefuehrer

Portugal im Internet:
www.visitportugal.com

Informationen zu Planung und Vorbereitung der Reise erhält man bei:

Deutschland
Icep Portugal, Handels- und Touristikamt, Tauentzienstrasse 7 bc, 10789 Berlin, Tel. 030/254 10 60, Fax 030/25 41 06 99, berlin@icep.pt

Icep Portugal, Handels- und Touristikamt. Kaiserhofstr. 10, 60313 Frankfurt/Main, Tel. 069/920 72 60, Fax 069/23 14 33, frankfurt@icep.pt

Österreich
ICEP Portugal - Handelsdelegation–Touristikzentrum, Opernring 1/ Stiege R/ 2. OG, 1010 Wien, Tel. 01/585 44 50, Fax 01/585 44 45, icepvie@icepvie.co.at

Schweiz
Icep Portugal - Handels – und Touristikbüro, Zeltweg, 15, 8032 Zürich, Tel. 04 32 68 87 68, 04 32 68 87 60, icep@icep.ch

Allgemeine Informationen

Reisedokumente

Für Reisende aus Deutschland, Österreich und der Schweiz genügt der gültige Personalausweis oder Reisepass, für Kinder unter 16 Jahren der Kinderausweis oder Eintrag im Pass eines Elternteils.

Kfz-Papiere

Erforderlich sind Führerschein und Fahrzeugschein. Die Internationale Grüne Versicherungskarte wird empfohlen, ebenso der Abschluss einer Kurzkasko- und Insassenunfallversicherung.

Krankenversicherung und Impfungen

Seit dem 1. Januar 2006 ist die europäische **Krankenversicherungskarte** in die übliche Versicherungskarte integriert. Sie wird in ganz Europa anerkannt und garantiert die medizinische Versorgung. Zusätzlich empfiehlt sich jedoch der Abschluss einer Reisekranken- und Rückholversicherung.

◁ *Facetten eines faszinierenden Landes*
Oben: *Historische Transportsegelboote auf dem Douro*
Mitte: *Badespaß an den endlosen Sandstränden der Costa de Prata*
Unten: *Gaumenfreuden im Gewölbekeller der Cervejaria da Trindade in Lissabon*

Für **Hunde** und **Katzen** ist bei Reisen innerhalb der EU ein gültiger, vom Tierarzt ausgestellter EU Heimtierausweis vorgeschrieben, ebenso Kennzeichnung durch Mikrochip oder Tätowierung. Bis zum Jahr 2011 gelten Übergangsregelungen.

Zollbestimmungen

Innerhalb der EU dürfen Waren zum eigenen Verbrauch unbegrenzt mitgeführt werden. Zur Abgrenzung von privater und gewerblicher Verwendung gelten folgende Richtmengen: 800 Zigaretten, 400 Zigarillos, 200 Zigarren, 1 kg Rauchtabak, 10 l Spirituosen, 20 l Zwischenerzeugnisse, 90 l Wein (davon max. 60 l Schaumwein) und 110 l Bier.

Für Reisende aus Nicht-EU-Ländern (*Schweiz*) gelten folgende Obergrenzen: 200 Zigaretten oder 50 Zigarren, 2 l Wein, 1 l Spirituosen mit mehr als 22 % alc. oder 2 l unter 22 % alc., 50 ml Parfüm, 250 ml Eau de Toilette, 500 g Kaffee, 100 g Tee.

Geld

Die gängigen *Kreditkarten* werden in touristischen Zentren sowie in Banken, Hotels und vielen Geschäften akzeptiert. An zahlreichen *EC-Geldautomaten* kann man rund um die Uhr Bargeld abheben. Auch mit der *Postbank SparCard* erhält man an VISA-PLUS-Automaten rund um die Uhr Bargeld (max. 2000 € im Monat).

Tourismusämter im Land

Auskünfte zu ganz Portugal sind bei Turismo de Portugal unter Tel. 211 20 50 50 oder unter www.visitportugal.com erhältlich. Neben dieser zentralen Auskunftsstelle gibt es in größeren Orten **Fremdenverkehrsämter** (*Posto de Turismo*), in denen man Stadtpläne, Broschüren und Veranstaltungskalender erhält. Die Adressen sind im Haupttext bei den jeweiligen Ortsbeschreibungen unter Praktische Hinweise angegeben.

Notrufnummern

Einheitlicher Notruf (*Urgencias*): Tel. 112 (EU-weit, auch mobil: Polizei, Unfallrettung, Feuerwehr)

Automovil Club de Portugal (ACP), Rua Rosa Araujo 24, 1200 Lissabon, Tel. 213 18 01 00, Fax 213 18 02 27, cm.acp@mail.telepac.pt

Pannenhilfe des ACP:
- Lissabon, Tel. 219 42 91 03 (Pannenort im Bereich Pombal – Algarve)
- Porto, Tel. 228 34 00 01 (Pannenort nördlich von Pombal)

Der ACP leistet rund um die Uhr Pannendienst. Man achte auf orangefarbene Notrufsäulen an den Autobahnen.

ADAC-Notrufstation (Barcelona): Tel. 00 34/935 08 28 28 (ganzjährig; die Deutsch sprechenden Mitarbeiter helfen auch in Portugal)

ADAC-Notrufzentrale München: Tel. 00 49/89/22 22 22 (rund um die Uhr)

ADAC-Ambulanzdienst München: Tel. 00 49/89/76 76 76 (rund um die Uhr)

Österreichischer Automobil Motorrad und Touring Club
ÖAMTC Schutzbrief-Nothilfe: Tel. 00 43/(0)1/2 51 20 00

Touring Club Schweiz
TCS Zentrale Hilfsstelle: Tel. 00 41/(0)2 24 17 22 20

Gesundheit

Bei Krankheit oder Verletzung sucht man am besten die Notaufnahme *(Urgência)* eines *Krankenhauses (Hospital)* auf.

Apotheken *(Farmácias)* sind Mo–Fr 9–13 und 15–19, Sa 9–12 Uhr geöffnet.

Diplomatische Vertretungen

Deutschland
Embaixada da Republica Federal da Alemanha, Campo dos Mártires de Pátria 38, 1169-043 Lissabon, Tel. 218 81 02 10, Fax 218 85 38 46, www.embaixada-alemanha.pt

Consulado da República Federal da Alemanha, Avenida da França 20, 4050-275 Porto, Tel. 22 605 28 10, Fax 22 605 28 19, consulado-alemanha@clix.pt

Österreich
Embaixada da Áustria, Avenida Infante Santo 43, 1399 Lissabon, Tel. 213 95 82 20, Fax 213 95 82 24, lissabon-ob@bmaa.gv.at

Schweiz
Embaixada da Suíça, Travessa do Jardim 17, 1350 Lissabon, Tel. 213 94 40 90, Fax 213 95 59 45, Vertretung@lis.rep.admin.ch

Besondere Verkehrsbestimmungen

Tempolimits (in km/h): für alle motorisierten Verkehrsteilnehmer innerorts 50. Pkw, Motorräder und Wohnmobile bis 3,5 t außerorts 90 bzw. 100 (ausgeschildert), auf Autobahnen 120. Wohnmobile über 3,5 t außerorts 80 bzw. 90, auf Autobahnen 110. Pkw mit Anhänger außerorts 70 bzw. 80, auf Autobahnen 100.

Fahrer, die den *Führerschein noch kein Jahr* besitzen, dürfen max. 90 km/h fahren. Wohnmobile und Anhänger sind bis zu 2,5 m Breite und 12 m Länge zugelassen, Gespanne bis zu 18 m Gesamtlänge.

Rechts hat *Vorfahrt*, jedoch motorisierte Fahrzeuge immer vor Radfahrern und Fuhrwerken.

Auf Autobahnen muss auch tagsüber mit *Abblendlicht* gefahren werden.

Die *Promillegrenze* liegt bei 0,3.

Zeit

Auf dem portugiesischen Festland gilt das ganze Jahr über MEZ -1 Stunde.

Anreise

Auto

Umfangreiches **Informations-** und **Kartenmaterial** erhalten ADAC-Mitglieder kostenlos bei den Geschäftsstellen oder über Tel. 0 18 05/10 11 12 (0,14 €/Min.). Zudem sind im ADAC Verlag erschienen: CityPlan *Lissabon* (1:12 000), LänderKarte *Portugal* (1:300 000), TravelAtlas *Spanien/Portugal* (1:500 000) sowie ADAC Reiseführer *Algarve* (www.adac.de/karten)

Für die rund 3000 km lange Fahrt von Deutschland nach Portugal sollte man gut drei Tage veranschlagen. Die kürzeste Verbindung führt von der französischen Ostgrenze über Bordeaux zur französisch-spanischen Grenze bei Hendaye/ Irún. Über San Sebastian geht es weiter zur spanisch-portugiesischen Grenze zwischen Ciudad Rodrigo und Guarda. Stets geöffnete **Grenzübergänge**: Quintanilha, Valença do Minho, Vilar Formoso, Elvas, Marvão, Vila Verde de Ficalho und Monte Francisco; die übrigen sind 7 bzw. 8–21 Uhr (sommers bis 23/24 Uhr) offen.

Französische, spanische und portugiesische Autobahnen sind **gebührenpflichtig**; das Bezahlen mit Kreditkarte ist nicht möglich. Eine Preisliste kann man bei ICEP Portugal [s. S. 173] anfordern oder beim Reiseservice des ADAC (www.adac.de) herunterladen.

Portugal besitzt ein flächendeckendes Netz von **Tankstellen** mit bleifreiem Superbenzin (*Gasolina sem chumbo*) (95 Oktan). Bleifreies Benzin mit 98 Oktan ist vor allem in und um Lissabon und Porto sowie an Autobahnen und Hauptstraßen erhältlich. An Hauptstraßen sind die Tankstellen in der Regel 7–24 Uhr, sonst 7–22 Uhr, Autobahntankstellen durchgehenden geöffnet.

Bahn und Autoreisezug

Die beste und schnellste Zugverbindung nach Portugal führt über Paris, dann mit dem *Talgo* nach Madrid und weiter mit dem *Talgo Luís de Camões* nach Lissabon. An der franz.-span. Grenze muss man wegen der unterschiedlichen Spurweite umsteigen; Schlaf- und Liegewagen werden auf das andere Fahrwerk gehoben. Reisende aus Süddeutschland haben über Basel, Genf, Lyon und Pau in Irún Anschluss an den Süd-Express.

Autoreisezüge verkehren von verschiedenen deutschen Städten nach Narbonne in Südfrankreich.

Fahrplanauskunft:

Deutschland
Deutsche Bahn, Tel. 118 61 (gebührenpflichtig), Tel. 08 00/150 70 90 (sprachgesteuert), www.bahn.de

DB Autoreisezug, Tel. 018 05/24 12 24, www.dbautozug.de

Österreich
Österreichische Bundesbahn, Tel. 05 17 17, www.oebb.at

Schweiz
Schweizerische Bundesbahnen, Tel. 09 00 30 03 00, www.sbb.ch

Bus

Fernreisebusse steuern via Paris und Irún mehr als 100 portugiesische Orte an. Die Busse sind komfortabel, aber die Fahrt dauert 40 Stunden.

Deutsche Touring GmbH, Am Römerhof 17, 60486 Frankfurt am Main, Tel. 069/79 03 50, Fax 069/790 32 19, www.deutsche-touring.com

Flugzeug

Es gibt internationale Flughäfen in Lissabon, Porto und Faro. *Lufthansa* fliegt z. T. mehrmals täglich von Frankfurt, München und Düsseldorf nach Lissabon bzw. Faro, *TAP Air Portugal* mehrmals wöchentlich direkt ab Hamburg, Berlin, München, Wien, Zürich und Genf nach Lissabon. Mehrere Veranstalter bieten Pauschal-Flugreisen an, vor allem in die Feriengebiete am Algarve.

Aeroporto Internacional Lisboa, Ala das Comunidades Portuguesas, (7 km nördl. Lissabon), Tel. 218 41 35 00, www.ana-aeroportos.pt. Ein AERO-Pendelbus verkehrt zwischen Flughafen und Lissabon (Praça dos Restauradores, 7–21 Uhr alle 20 Min.).

Bank, Post, Telefon

Bank

Banken sind in der Regel an Werktagen 8.30–15 Uhr geöffnet.

Post

Postämter (*Correio* und *CCT*) sind Mo–Fr 8.30–18 Uhr offen, Sa vormittags nur Hauptpostämter sowie an Flughäfen.

Telefon

Internationale Vorwahlen:
Portugal 003 51
Deutschland 00 49
Österreich 00 43
Schweiz 00 41

In Portugal sind die einstigen Ortsvorwahlen fester Bestandteil jeder Teilnehmernummer und werden immer mitgewählt, auch im jeweiligen Ortsnetz.

Ferngespräche führt man am besten aus einer Telefonzelle, die mit ›Internacionais‹

gekennzeichnet ist. Telefonkarten (*Telecom Card*) sind bei Postämtern und in Tabakläden erhältlich.

In Portugal können übliche **GSM-Mobiltelefone** aller deutschen Anbieter benutzt werden. Allerdings muss man in manchen ländlichen Regionen (v. a. im Norden) mit schlechtem Empfang rechnen.

Einkaufen

Öffnungszeiten: Mo–Fr 9–13 und 15–19 Uhr. Jan.–Nov. schließen die Läden Sa um 13 Uhr. Die großen Einkaufszentren sind tgl. durchgehend 10–22 Uhr, oft sogar bis 24 Uhr geöffnet.

Souvenirs

Wer in Portugal nach schönen Mitbringseln sucht, wird sie in den zahlreichen regionaltypischen Kunsthandwerk-Erzeugnissen finden. Glasierte **Tonwaren** kauft man am besten in Mafra, traditionelles Tongeschirr stammt aus Caldas da Rainha. Typische **schwarze Töpferwaren** findet man in Bisalhões (Vila Real) und in Viseu; wer nach blau-weißer Keramik Ausschau hält, findet sie in Coimbra.

Freunde von goldenem **Filigranschmuck** werden in Gondomar fündig; Ketten und Ohrringe gibt es in Viana do Castelo. Aus Barcelos stammen die **gestickten Schals** in Kreuzstich-Muster, gestreifte **Baumwolldecken** kauft man am besten im Alentejo, wo auch die bekannte **Barro-Keramik** herkommt. **Tapisserien** sollte man in Portalegre kaufen, die schönsten **Webwaren** aus Flicken kommen von der Serra da Estrêla, hübsche Teppiche kann man in Arraiolos erwerben. Für **Korbwaren** und **Tischlerei-Erzeugnisse** ist die Serra de Monchique berühmt. Überall wird auch der berühmte **Portwein** angeboten, ebenso die landestypischen **Branntweine** *(Aguardentes)* sowie schmackhafte **Fruchtliköre**, die vor allem aus dem Algarve stammen.

Stockfisch, Bacalhau, soll es in 365 Zubereitungsarten geben

Essen und Trinken

Die **portugiesische Küche** ist einfach und deftig. Wer es eilig hat, nimmt eine kleine Mahlzeit am *Balcão* (Theke), der Stammgast bestellt in der *Tasca* (kleine Kneipe) ein *Prato combinado* (Menü). Begleitet wird die Mahlzeit am besten von einem portugiesischen *Vinho tinto* (Rotwein), *Vinho branco* (Weißwein) oder einem *Vinho rosado* (Rosé).

Essenszeiten: Das Mittagessen, *Almoço*, wird zwischen 12.30 und 14.30 Uhr, das Abendessen, *Jantar*, zwischen 19.30 und 21.30 Uhr serviert.

Die typische, meist sehr reichhaltige portugiesische **Mahlzeit** besteht aus *Acepipes* (Vorspeisen), einer *Sopa* (Suppe), *Peixes, Mariscos* und *Crustáceos* (Fische und Schalentiere), *Carne, Aves* und *Caça* (Fleisch, Geflügel und Wild), *Queijos* (Käse), *Sobremesas, Doces* und *Pastéis* (Nachtisch, Süßspeisen und Gebäck) und *Frutas* (Obst).

Eine portugiesische Leidenschaft sind **Eintöpfe**, etwa der *Cozido à portuguesa*, ein schmackhafter Gemüseeintopf mit Fleisch. Überall an den Küsten wird die *Caldeirada* gekocht, eine reichhaltige Fischsuppe. Unter *Caldo verde* versteht man eine sämige Kartoffel-Kohlsuppe, die *Açorda* besteht aus Gemüse, Fisch und eingeweichtem Brot. Typisch sind auch die vielen verschiedenen **Wurstsorten**, allen voran die *Alheiras de Mirandela*, schwach geräucherte Würste aus gekochtem Kalb-, Hühner- oder Putenfleisch mit Brotstücken und Gewürzen.

Ein **Fleischgericht**, das man auf jeden Fall probieren sollte, ist *Carne de porco em*

Frisch auf den Tisch – Meeresfrüchte fehlen auf keiner Speisekarte

vinho de alhos, Schweinefleisch in Weinsauce. Es schmeckt besonders gut im Norden, wo die Schweine noch natürlich gehalten werden und sich von Eicheln und Kastanien ernähren. Im Landesinneren wird neben Schaffleisch, Zicklein und Lamm auch gern *Leitão* serviert, im Steinofen gebratenes, knuspriges Spanferkel. Bei *Papas de sarabulho* handelt es sich um einen mit Schweineblut vermischten und pikant gewürzten Maisbrei, der mit Schinken, Huhn oder Rebhuhn angereichert wird. *Galinha recheada*, gefülltes Huhn, bekommt seinen köstlichen Geschmack durch Portwein. Die *Tripas à moda do Porto*, Kutteln nach Porto-Art, verdanken ihre Entstehung Heinrich dem Seefahrer, der den Einwohnern von Porto beim Aufbruch zu seiner Eroberungsfahrt nach Ceuta nichts außer Kutteln übrig ließ.

Trotz der unermesslichen Vielfalt an **Fischgerichten** ist der Favorit bei den Portugiesen nach wie vor der *Bacalhau*. Es soll mehr Gerichte aus Stockfisch geben als Tage im Jahr. Der Fisch wird gegrillt, gebraten, gekocht, geschmort oder zu leckeren Imbissen verarbeitet, wie zum Beispiel *Pastéis de bacalhau*, Stockfischpasteten. Im Frühjahr sollte man unbedingt *Lampreia* probieren, das Flussneunauge, das in den Flüssen des Nordens gefangen wird. Weitere Meeresspezialitäten sind *Lulas recheadas*, gefüllte Tintenfische, und *Risol de camarão*, in Teig frittierte Krabben.

Zum Abrunden der Mahlzeit nehmen die Portugiesen gern süße **Desserts** zu sich – meist wahre Kalorienbomben aus Honig, Ei und Zucker. Aus Klosterbäckereien stammen Spezialitäten mit fantasievollen Namen wie *Papos de anjo*, Engelsbäckchen, oder *Toucinho do céu*, Himmelsspeck. Häufig angeboten werden *Leite frio*, in heißem Öl gebratener Vanillepudding, und *Sonhos de arroz*, kleine, aus Reis gebackene Kuchen. *Rabanadas* sind Weißbrotscheiben, die erst in Ei und Milch getaucht und dann in Butterschmalz gebacken werden. Leckermäuler sollten auch einmal *Pastéis de abóbora* probieren, mit Kürbismarmelade gefüllte Törtchen, oder *Velharocos*, gekochter und pürierter Kürbis, der mit Mehl, Eiern und Zucker vermischt und dann in Fett schwimmend gebraten wird.

Die portugiesischen **Weine** werden in zwei Kategorien geteilt: *Vinho verde* und *Vinho maduro*. Beides sind Weine, die in der Flasche altern und die rot oder weiß sein können. Zu den bekanntesten portugiesischen Weinen gehören Madeira und der *Vinho do Porto*, die beide auf eine mehr als 200 Jahre alte Tradition zurückblicken können.

Eine Besonderheit sind die Rotweine aus dem Alentejo, die in Ton-Amphoren oder *Lagares* (Steintrögen) vergoren werden, hier besonders zu empfehlen der legendäre *Mouchão* und der nicht minder gute *Tinto velho,* die leider äußerst selten zu haben sind.

Feste und Feiern

Feiertage

1. Januar: Neujahr *(Ano Novo)*, Februar: Faschingsdienstag *(Terça-feira de Carnaval)*, März/April: Karfreitag *(Sexta-feira Santa)*, 25. April: Jahrestag der Nelkenrevolution 1974 *(Dia da Liberdade)*, 1. Mai: Tag der Arbeit *(Dia do trabalho)*, Juni: Fronleichnam *(Corpo de Deus)*, 10. Juni: Todestag von Luís de Camões *(Dia de Portugal)*, 15. August: Mariä Himmelfahrt *(Assunção)*, 5. Oktober: Ausrufung der Republik 1910 *(Dia da República)*, 1. November: Allerheiligen *(Todos os Santos)*, 1. Dezember: Befreiung von der spanischen Fremdherrschaft 1640/Unabhängigkeitstag *(Dia da Restauração)*, 8. Dezember: Mariä Empfängnis *(Conceição Imaculado)*, 25. Dezember: Weihnachten *(Natal)*

Darüber hinaus hat jeder Ort einen eigenen Feiertag *(Dia do Município)*, der in

Abenteuer für die Sinne – die portugiesischen Volksfeste

der Regel dem oder der Stadtheiligen geweiht ist. Zu diesem Anlass werden zahlreiche Wallfahrten, Kirchweihen und Prozessionen feierlich begangen.

Feste

Mehr als **150 Feste**, Märkte, Romarias (Wallfahrten) und Prozessionen finden in einem portugiesischen Festjahr statt. Die portugiesischsprachige Broschüre ›Festas, Feiras e Romarias‹ und die englischsprachige Broschüre ›Portugal – holiday guide‹ informieren. Hier eine Auswahl:

Januar

Vila Nova de Gaia (Anfang Januar): *Festa de São Gonçalo e São Cristóvão.* Beim Winzerfest trinkt man Portwein und isst dazu *Velhotes*, ein traditionelles Gebäck in sinnfälliger phallischer Form.

Februar

Estoril, Loulé, Nazaré, Portimão, Torres Vedras: Große Festlichkeiten anlässlich des Karnevals.

März/April

Braga: In der ›Stadt der tausend Kirchen‹ wird die Karwoche mit der *Festa de Semana Santa* mit besonders großem Aufwand begangen.

Aveiro (25. März–25. April): Anlässlich der Messe wird das Tangfischerboot mit der schönsten Bugverzierung prämiert.

Lissabon (27. März): *Procissão dos Passos da Graça.* Seit dem 16. Jh. findet jährlich eine Prozession durch die Straßen des malerischen Graça-Viertels statt. Die Tragbilder sind über und über mit Veilchen bedeckt.

Mai

Monsanto, Idanha-a-Nova (8. Mai): *Festa das Cruzes – Festa do Castelo.* Erinnerung an die Belagerung der Burg, bei der die Eingeschlossenen ein fettes Kalb über die Burgmauer warfen, um ausreichende Verpflegung nachzuweisen.

Fátima (12./13. Mai): Beginn der Wallfahrten *(Romarias)*.

TOP TIPP **Coimbra** (1. Maihälfte): **Festa da Queima das Fitas**. Ein Studentenfest zum Abschluss des Studienjahres, bei dem die Studenten sich in ihren Uni-Trachten auf dem Campus treffen und Bänder mit den Farben ihrer Fakultät verbrennen.

Juni

Santarém (Anfang Juni): Großer Jahrmarkt *(Feira)* mit Volkstanz und Reiterspielen.

Amarante (1. Sa): *Festa de São Gonçalo* mit großem Jahrmarkt [s. S. 50]

TOP TIPP **Lissabon** (14.–29. Juni): **Festa do Santo António**, turbulentes Fest zu Ehren des Lissabonner Stadtheiligen Santo António. Folkloregruppen der verschiedenen Stadtteile ziehen singend durch die Straßen, man schenkt sich Blumentöpfe mit dem Unheil abwehrenden Basilikum und tanzt bis in den frühen Morgen.

Porto (23./24. Juni): Fiesta de São João zu Ehren des hl. Johannes [s. S. 24].

Juli

Coimbra (1. Julihälfte in geraden Jahren): Fest zu Ehren der heiligen Königin Isabella von Portugal.

Vila Franca de Xira: *Fest der ›Roten Weste‹* mit Stierkämpfen, Essen und Tänzen.

August

Guimarães (1. Sonntag im August): *Festas Gualterianas* mit Jahrmarkt, Stierkampf und Umzügen.

Santa Marta da Portuzelo (2. Sonntag im August): Trachtenumzug.

Alcochete: *Fest der ›Grünen Mütze‹* mit Segnung der Salinen und Eintreiben der Stiere.

Peniche (6.–8. August): *Festas da Senhora da Boa Viagem* mit zwei Prozessionen zu Wasser und zu Land.

Viana do Castelo (um den 20. August): Die Kirchweih *Nossa Senhora da Agonía* ist eines der bedeutendsten volkstümlichen Feste in Portugal. Sie wird mit Stierkämpfen, Feuerwerk und Trachtenumzügen gefeiert.

Mar-Esposende (22.–24. August): *Romaria de São Bartolomeu do Mar.*

September

Tomar (Anfang September, alle zwei Jahre): *Festa dos Tabuleiros.*

Lamego (6.–8. September): Kirchweih *Nossa Senhora dos Remédios* mit einem großen Stadtfest.

Nazaré (8.–14. September): *Fest der Senhora da Nazaré* mit Jahrmarkt, Stierkampf und Volkstanz.

Buçaco (27. September): Mit der *Festa da Senhora da Vitória* wird der Tag der siegreichen Entscheidungsschlacht zwischen einem englisch-portugiesischen Heer und den napoleonischen Truppen am 27. September 1810 gefeiert.

Oktober

Vila Franca da Xira (1. Sonntag im Oktober): Jahrmarkt mit Eintreiben der Stiere und Stierkampf.

Fátima (12./13. Oktober): Letzte große Wallfahrt *(Romaria)*.

November

Golegã (Anfang November): *Feira de São Martinho* mit Reiterspielen und großer Pferdeschau.

Klima und Reisezeit

Ein mildes, atlantisch-subtropisches Klima ohne große Temperaturschwankungen macht Portugal zu einem angenehmen Reiseland: Im Sommer scheint fast immer die Sonne, und im Winter statistisch an jedem zweiten Tag.

Der **Norden** ist rau, windig, im Sommer ist es dennoch glühend heiß und im Winter fällt Schnee. Im **Süden** gibt es heiße Sommer. Die Wassertemperaturen an der **Algarveküste** sind badefreundlicher als an der sehr windigen **Küste** im Westen und Norden. An der Lissabonner Küste herrschen nur im Hochsommer optimale Badebedingungen.

Klimadaten Lissabon

Monat	Luft (°C) min./max.	Wasser (°C)	Sonnen-std./Tag	Regentage
Januar	9/15	15	5	7
Februar	9/16	15	6	6
März	11/17	15	7	8
April	12/20	16	9	5
Mai	14/22	17	11	3
Juni	17/25	18	11	1
Juli	19/28	19	12	0
August	20/28	20	12	0
September	19/26	20	9	2
Oktober	16/22	19	7	4
November	13/19	17	5	7
Dezember	10/16	16	6	7

Kultur live

Opern, Konzerte und Theaterstücke stehen auf dem Spielplan des *Teatro Nacional* (Rua Serpa Pinto, 9, Tel. 213 46 59 14) und des *Teatro Municipal* (Rua António Maria Cardoso, 54, Tel. 213 42 71 72) in **Lissabon**. Im *Auditório Nacional* in **Porto** (Rua dos Oliveiras, 43, Tel. 222 00 45 40) werden klassische Konzerte aufgeführt.

Kenner wissen die jährlich stattfindenden internationalen *Musikfestivals* zu schätzen, die die Fundação Calouste Gulbenkian in und um **Lissabon** organisiert. Spitzenleistungen werden auch auf dem *Festival de Musica* in **Sintra** (Mitte Juni bis Mitte Juli) geboten. Den Konzertreihen mit Interpreten von Weltrang folgt im August ein *Tanzfestival*.

Nachtleben

Pozor ist die portugiesische Antwort auf die Frage: Wo und wie verbringe ich in der weißen Stadt am Tejo die buntesten Nächte. Die *Amüsiermeile* **Lissabons** erstreckt sich am Flussufer zwischen *Cabo Ruivo* und *Belém* mit den schrillsten Diskotheken und den coolsten Bars in den umgebauten Bahnhofs- und Dockanlagen von *Santa Apolónia, Alcântara* und *Terreiro do Trigo*. Wer es lieber gediegen mag, dem sei das *Bairro Alto* empfohlen, das ewig junge *Trendviertel* mit seinen gemütlichen Restaurants, originellen Bars und stimmungsvollen Fado-Lokalen. Im *São-Bento-Viertel* fühlt man sich nach *Afrika* versetzt: In den Diskotheken wird zu Live-Musik aus *Angola* oder den *Kapverdischen Inseln* getanzt. Und in der *Al-*

Vom Schmerz, ein Portugiese zu sein

Der portugiesische **Fado** erzählt von Sehnsucht, Schicksal, Liebe und Trennungsschmerz. Bevor er gegen Ende des 19. Jh. gesellschaftsfähig wurde, war er eng mit der **Lissabonner Unterwelt** verbunden, die ursprünglich eine Art Monopol auf diese Gesänge hatte. Fado-Lokale durften zunächst nur in den **Armenvierteln** Alfama, Mouraria und Bairro Alto eingerichtet werden, und noch heute sind die Wehmutsmelodien dort zu Haus, zum Beispiel im ›Senhor Vinha‹ (Rua do Meio à Lapa 18, Tel. 213 42 51 40, Mo–Sa 20–3.30 Uhr), wo die Zuhörer gegen Mitternacht dicht gedrängt an winzigen Tischen sitzen und leiden. Begleitet von einer Gitarre geben sich die **Fadistas** weltentrückt und mit ekstatischem Ausdruck ihrer Klage hin: Das ***Ser triste***, das Traurigsein, ist für Portugiesen ein sichtbares Vergnügen. Ob der Fado von den **Mauren** abstammt, von **Seefahrern**, die ihn im späten 15. Jh. von ihren Eroberungs- und Entdeckungsfahrten nach Portugal mitgebracht haben könnten, oder vom **Jundú**, dem lasziven Tanz der Angolaner, das können selbst Experten nicht entscheiden. Populär aber war der Fado in Portugal immer. Als bekannteste Interpretin machte sich **Amália Rodrigues** weltweit einen Namen. Sie war die Ikone des Fado zur Zeit der Diktatur, heute ist es die Sängerin **Misia**.

In Lissabon gibt es sogar ein eigenes Fado-Museum: **Museo do Fado**, Largo do Chafariz de Dentro, Tel. 218 82 34 70, tgl. 10–13, 14–18 Uhr).

fama vergnügen sich die Einheimischen in den kleinen volkstümlichen Restaurants wie eh und je bei gebratenen Sardinen.

Sport

Dass Portugal ein **Golfland** mit außergewöhnlichen Greens ist, hat sich allmählich herumgesprochen. Vor allem die Plätze im *Algarve* und in *Sintra* gehören wegen ihres hohen Standards und ihrer herrlichen Lage zu den beliebtesten Golfplätzen Europas. Ein Verzeichnis aller Golfplätze kann beim Portugiesischen Touristik- und Handelsbüro [s. S. 173] angefordert werden.

An der *Costa Verde*, *Costa de Prata* und *Costa de Lisboa* lässt sich hervorragend **Kanu fahren**, **segeln** und **tauchen**. An der *Algarveküste* kann man das **Wasserskifahren** erlernen und für **Windsurfer** sind die *Costa Verde* und die *Costa de Lisboa* ein Paradies. Ideal für Anfänger ist der Strand von *Carcavelos*, extrem schwierig der von *Guincho*.

Pferdeliebhabern seien besonders die **Reitschulen** im *Algarve* und im *Alentejo* empfohlen. Wer sich die Landschaft lieber auf Schusters Rappen erschließt, kann dies bei **Wanderungen** in den Nationalparks tun, am besten im *Parque Nacional da Peneda-Gerês*.

Statistik

Lage: Portugal liegt im äußersten Südwesten des europäischen Kontinents. Im Westen und Süden wird es vom Atlantik begrenzt. Im Norden und Osten stößt die portugiesische Staatsgrenze an Spanien, den einzigen Nachbarstaat.

Verwaltung: Portugal ist seit 1976 eine parlamentarische Demokratie. Das Land gliedert sich in 18 festländische und 4 Inseldistrikte *(Distritos)*. Die Distrikte sind in Amtsbezirke *(Concelhos)* unterteilt, die sich wiederum aus Gemeinden *(Municípios)* zusammensetzen. Der Staat wird zentral von Lissabon aus regiert und verwaltet.

Hauptstadt: Lissabon (600 000 Einwohner, im Großraum rund 2,1 Mio.)

Fläche: Das portugiesische Festland (ohne Madeira und Azoren) bedeckt eine Fläche von 88 944 km^2. Von Norden nach Süden hat es eine Ausdehnung von 560 km, von Osten nach Westen ist es zwischen 110 und 200 km breit.

Bevölkerung: In Portugal leben rund 10 Mio. Menschen, darunter etwa 700 000 Einwanderer aus den ehem. Kolonien. Eine starke Landflucht hat bewirkt, dass sich inzwischen über die Häfte der Bevölkerung in den Großräumen Lissabon und Porto konzentriert. Mehr als 95 % der Portugiesen sind Katholiken, es gibt protestantische, muslimische und jüdische Minderheiten.

Nachtquartiere in historischen Gemäuern

Pousada bedeutet im Portugiesischen ›Ort der Ruhe‹ oder ›Ort der Sammlung‹. Hier finden die Gäste erholsame Gemütlichkeit und herzliche Gastfreundschaft, **individuelles Wohnen** und persönlichen Service. Kaum eine Pousada hat mehr als dreißig, dafür aber manche weniger als zehn Zimmer. Ihrem Auftrag, Portugal standesgemäß zu vertreten, kommen diese zur Zeit noch staatlich betriebenen **Luxusherbergen** auf spektakuläre Weise nach: Buchen kann man beispielsweise ein **Jagdschloss** über dem Rio Caldo (Pousada de São Bento in Vieira do Minho), eine **Festungsanlage,** ehemals Residenz des Königs Dom Diniz I. und seiner Frau, der hl. Isabel (Pousada de Rainha Santa Isabel in Estremoz), ein **Kloster** aus dem 15. Jh. gegenüber einem römischen Tempel (Pousadas dos Lóios in Évora) oder in einem spanischen **Fort** von Philipp II. über der Sado-Mündung (Pousada de São Filipe in Setúbal).

Hinter dichtem Grün verborgen – Pensão York House in Lissabon

Wirtschaft: Obwohl Portugal in den vergangenen Jahren einen wirtschaftlichen Aufschwung erlebt hat, zählt es noch immer zu den ärmsten Ländern der Europäischen Union. Ein großes Entwicklungshemmnis ist der wenig effizient wirtschaftende Agrarsektor, der noch heute etwa 20 % der Erwerbstätigen beschäftigt. Auch die Industrie, der zweite wichtige Arbeitgeber, ist unterentwickelt. Weil moderne Anlagen und qualifizierte Facharbeiter fehlen, konzentrieren sich ausländische Investoren bisher auf arbeitsintensive Produktionszweige wie Schuh- und Textilindustrie, die ein Drittel des Gesamtexports ausmacht. Für einen Ausgleich der Handelsbilanz sorgen der Tourismus und die Überweisungen der portugiesischen Gastarbeiter.

Unterkunft

Camping

In Portugal gibt es zahlreiche Campingplätze *(Parque de campismo)*. Wildes Campen ist nicht erlaubt. Empfehlenswert ist die Mitnahme der *Camping Card International* (CCI), die oft als Grundlage für Preisreduzierungen dient und als Identitätskarte für Camping-Touristik an manchen Plätzen sogar vorgeschrieben ist. Sie gilt ein Jahr und ist bei den ADAC-Geschäftsstellen erhältlich.

Eine Auswahl geprüfter Anlagen bietet der jährlich erscheinende **ADAC Camping Caravaning Führer Südeuropa** mit CD-ROM, der im Buchhandel und in den ADAC-Geschäftsstellen erhältlich ist. Darüber hinaus informiert der ebenfalls jährlich erscheinende **ADAC Urlaubsführer Europa** umfassend über das Angebot an Bungalows und Mobilheimen auf Campingplätzen in Portugal (www.adac.de/camping).

Ferien auf dem Land

Hier gibt es drei Kategorien:

Turismo de Habitação: architektonisch besonders reizvolle Herrenhäuser mit stilvoller Ausstattung.

Turismo Rural: rustikale Landhäuser im typischen Stil der Region.

Agroturismo: Urlaub in einem land- oder weinwirtschaftlichen Betrieb. Alle Häuser mit Frühstück.

Privetur – Associação de Turismo de Habitação, Largo das Pereiras, 4990 Ponte de Lima, Tel. 258 74 39 14, Fax 258 74 14 93

Turihab – Associação de Turismo de Habitação, Praça da República, 4990 Ponte de Lima, Tel. 258 741672, Fax 258 74 14 44, www.solaresdeportugal.pt

Hotels

Die offizielle Klassifizierung der Hotels reicht von der Luxuskategorie (*****L) mit fünf Sternen bis zum bescheidenen Ein-Sterne-Etablissement (*).

Estalagems (Gasthäuser mit vier und fünf Sternen) liegen meist außerhalb der Ortszentren und sind häufig in historischen Gemäuern untergebracht. *Albergarias* (Herbergen mit vier Sternen) sind private Gasthäuser mit persönlichem Service und familiärer Atmosphäre. Reizvoll ist auch ein Aufenthalt in den meist luxuriösen *Pousadas*. Unter dem Begriff *Turismo no Espaço Rural (TER)*, ›Ferien im Grünen‹, werden Privathäuser auf dem Land zur Miete angeboten. Das Angebot reicht von gemütlichen Bauernhöfen bis zu stattlichen Herrenhäusern.

Ein Verzeichnis erhält man bei Icep [s. S. 173]. Empfehlungen bieten die Praktischen Hinweise bei den jew. Orten.

Jugendherbergen

Für den Aufenthalt in den portugiesischen Jugendherbergen *(Pousadas da Juventude)* ist vor allem im Juli und August eine Reservierung erforderlich. Sie kann vorgenommen werden über

Movijoven, Avenida Duque d'Avila 137, 1050 Lissabon, Tel. 213 13 88 20.

Deutsches Jugendherbergswerk, Bismarckstr. 8, 32756 Detmold, Tel. 052 31/740 10, Fax 052 31/74 01 74, www.djh.de

Pousadas

Pousadas sind vom Staat betriebene, hotelähnliche Rasthäuser, häufig Luxusherbergen. Sie sind entweder in historischen Gebäuden (Klöster, Burgen, Schlösser) oder in landschaftlich besonders reizvollen Gebieten zu finden. Die Klassifizierung geht von B (einfach) über C und CH bis zum luxuriösen CHL.

Pousadas de Portugal, Avenida Santa Joana Princesa10, 1749 Lissabon, Tel. 218 44 20 01, Fax 218 44 20 85, www.pousadas.pt

Laut und liebenswert – Lissabons nostalgische Straßenbahn

Verkehrsmittel im Land

Bahn

Das Schienennetz ist wenig ausgebaut. Zwischen Lissabon, Coimbra und Porto verkehren *Rápidos*, moderne Schnellzüge; 2003 wurde auch eine Schnellverbindung zwischen Lissabon und Faro in Betrieb genommen. Die übrigen Strecken werden meist von Bummelzügen bedient. Viele Trassen führen durch landschaftlich reizvolle Gegenden, z. B. ist die Fahrt mit der Douro-Bahn sehr lohnend. Bei häufigen Bahnfahrten lohnt der Kauf einer Touristenkarte *(Bilhete turistico)*, die ohne Kilometerbeschränkung 7, 14 oder 21 Tage gilt.

Caminhos de Ferro Portugueses, Tel. 218 11 23 58, www.cp.pt

Bus

Die staatliche Gesellschaft **Rodoviária Nacional (RN)** unterhält das größte Busnetz in Portugal und verbindet die meisten Orte miteinander. Auf Hauptstrecken verkehren komfortable Schnellbusse *(Expressos)*.

Der zentrale Busbahnhof (*Estação rodoviária*) in Lissabon befindet sich in der Rua Casal Ribeiro, 18.

Mietwagen

ADAC-Mitglieder können über ihre lokale ADAC-Geschäftsstelle oder unter Tel. 018 05/31 81 81 (0,14 €/Min.) preisgünstig ein Auto vorbuchen.

In Portugal kann man überall im Lande bei den *Automóveis de aluguer* ein Auto mieten. Günstiger ist es jedoch, bereits zu von zu Hause aus ein so genanntes Fly & Drive-Arrangement zu buchen.

Taxi

Taxifahren ist in Portugal verblüffend günstig. Bei Stadtfahrten gilt der Preis des Taxameters, außerhalb von Ortschaften wird nach Kilometern berechnet.

Sprachführer
Portugiesisch für die Reise

Das Wichtigste in Kürze

Ja/Nein	*Sim/Não*
Bitte/Danke	*Faz (por) favor/ Obrigado*
In Ordnung!/ Einverstanden!	*Está bem!/ De acordo!*
Entschuldigung!	*Desculpe!*
Wie bitte?	*Como?*
Ich verstehe Sie nicht.	*Eu não comprendo.*
Ich spreche nur wenig Portugiesisch.	*Falo somente pouco português.*
Können Sie mir helfen?	*Poderia ajudar-me?*
Das gefällt mir (nicht).	*(Não) gosto disso.*
Ich möchte ...	*Gostaria de ...*
Haben Sie ...?	*Tem ...?*
Gibt es ...?	*Há ...?*
Wie viel kostet das?	*Quanto custa (é) isso?*
Wie teuer ist ...?	*Qual é o preço de ...?*
Kann ich mit Kreditkarte bezahlen?	*Posso pagar com cartão de crédito?*
Wie viel Uhr ist es?	*Que horas são?*
Guten Morgen!	*Bom dia!*
Guten Tag!	*Boa tarde!*
Guten Abend!/ Gute Nacht!	*Boa noite!*
Hallo!/Grüß dich!	*Olá!/Como vai!*
Mein Name ist ...	*Meu nome é ...*
Wie ist Ihr Name?	*Como é seu nom?*
Wie geht es Ihnen?	*Como vai?*
Auf Wiedersehen!	*Até a próxima!*
Tschüs!	*Ciao!*
Bis bald!	*Até logo!*
Bis morgen!	*Até amanhã!*
gestern/heute/ morgen	*ontem/hoje/ amanhã*
am Vormittag/ am Nachmittag	*de manhã/ de tarde*
am Abend/ in der Nacht	*à tardinha à noite*
um 1 Uhr/2 Uhr ...	*à uma hora/ às duas horas ...*
um Viertel vor ...	*às quinze para ...*
um Viertel nach ...	*às .... e quinze*
um ... Uhr 30	*às .... de meia*
Minute(n)/Stunde(n)	*minuto(s)/hora(s)*
Tag(e)/Woche(n)	*dia(s)/semana(s)*
Monat(e)/Jahr(e)	*mês (meses)/ano(s)*

Zahlen

0	*zero*	20	*vinte*
1	*um, uma*	21	*vinte e um*
2	*dois, duas*	22	*vinte e dois*
3	*três*	30	*trinta*
4	*quatro*	40	*quarenta*
5	*cinco*	50	*cinquenta*
6	*seis*	60	*sessenta*
7	*sete*	70	*setenta*
8	*oito*	80	*oitenta*
9	*nove*	90	*noventa*
10	*dez*	100	*cem*
11	*onze*	101	*cento e um*
12	*doze*	200	*duzentos*
13	*treze*	1000	*mil*
14	*catorze*	2000	*dois mil*
15	*quinze*	10 000	*dez mil*
16	*dezasseis*	1 000 000	*um milhão*
17	*dezassete*	$^1/_4$	*um quarto*
18	*dezoito*	$^1/_2$	*meio, meia*
19	*dezanove*		

Wochentage

Montag	*segunda-feira*
Dienstag	*terça-feira*
Mittwoch	*quarta-feira*
Donnerstag	*quinta-feira*
Freitag	*sexta-feira*
Samstag	*sábado*
Sonntag	*domingo*

Monate

Januar	*janeiro*
Februar	*fevereiro*
März	*março*
April	*abril*
Mai	*maio*
Juni	*junho*
Juli	*julho*
August	*agosto*
September	*setembro*
Oktober	*outubro*
November	*novembro*
Dezember	*dezembro*

Maße

Kilometer	*quilómetro(s)*
Meter	*metro(s)*
Zentimeter	*centímetro(s)*
Kilogramm	*quilo(s)*
Pfund	*meio quilo/ quinhentos gramas*
Gramm	*grama(s)*
Liter	*litro(s)*

Unterwegs

Nord/Süd/West/Ost	*norte/sul/oeste/leste*
oben/unten	*em cima/em baixo*
geöffnet/geschlossen	*aberto/fechado*
geradeaus	*à direito (em frente)*
links/rechts	*à esquerda/à direita*
zurück	*para trás*
nah/weit	*perto/longe*
Wie weit ist das?	*Qual é a distância?*
Wo ist die Toilette?	*Onde é o quarto de banho (toilet)?*
Wo ist die (der) nächste Telefonzelle/ Bank/Polizei/ Geldautomat?	*Onde é o telefone público/o banco/ o posto de polícia/ a caixa electrónica/ mais perto(- a)*
Wo ist …	*Onde é (fica) …*
der Bahnhof/	*a estação de camiho de ferro/*
der Busbahnhof/	*a estação rodoviária/*
der Fährhafen/	*o ferry-boat/*
der Flughafen?	*o aeroporto?*
Wo finde ich …	*Onde vou achar …*
eine Bäckerei/	*uma padaria /*
ein Kaufhaus/	*um armazém/*
einen Supermarkt	*um supermercado/*
den Markt?	*o mercado(-a) feira?*
Ist das die Straße nach …?	*Esta é a rua estrad para …?*
Ich möchte …	*Quero ir …*
mit dem Zug/	*de comboio/*
dem Schiff/	*de navio/*
der Fähre/	*de ferry-boat*
dem Flugzeug	*de avião*
nach … fahren.	*para …*
Gilt dieser Preis für Hin- und Rückfahrt?	*Este preço vale para ida e volta?*
Wo ist das Fremden-verkehrsamt/	*Onde é o centro de informa-ção turística/*
ein Reisebüro?	*uma agência de turismo?*
Ich benötige eine Hotelunterkunft.	*Estou à procura de um hotel.*
Wo kann ich mein Gepäck lassen?	*Onde posso deixar minha bagagem?*

Zoll, Polizei

Ich habe etwas (nichts) zu verzollen.	*Tenho algo (nada) a declarar.*
Ich habe nur per-sönliche Dinge.	*Estou apenas com meus pertences pessoais.*
Hier ist die Kauf-bescheinigung.	*Aqui está o compro-vante de compra.*
Hier ist mein(e) …	*Aqui está o meu …*
Geld/Pass/ Personalausweis/ Kfz-Schein/ Versicherungskarte.	*dinheiro/passa-porte/bilhete de identidade/livrete de veículo /certificado de seguro.*
Ich fahre nach … und bleibe … Tage/ Wochen.	*Vou a … e fico … dias/ semanas.*
Ich möchte eine Anzeige erstatten.	*Quero apresentar uma queixa.*
Man hat mir …	*Fui roubado(-a) …*
Geld/die Tasche/	*meu dinheiro / minha bolsa/*
die Papiere/	*meus documentos/*
die Schlüssel/	*minhas chaves/*
den Fotoapparat/	*minha máquina fotográfica/*
den Koffer/	*minha mala/*
das Fahrrad gestohlen.	*minha bicicleta.*
Verständigen Sie bitte das Deutsche Konsulat.	*Faz favor de informar o Consulado Alemão.*

Freizeit

Ich möchte ein …	*Queria alugar (arrendar) …*
Fahrrad/	*uma bicicleta/*
Motorrad/	*uma moto/*
Surfbrett/	*uma prancha de surfe/*

Hinweise zur Aussprache

Im Portugiesischen werden Vokale vor Konsonanten meist nasaliert. Bei Doppellauten werden immer beide Vokale gesprochen, wobei der erste stärker betont wird (meu pai = *m é u p á i*, mein Vater). Die Betonung liegt meist auf der vorletzten Silbe, ansonsten liegt sie auf dem Akzent.

ã, õ	wie ›ang, ong‹, Bsp.: S**ão**
c	vor ›e, i‹ wie scharfes ›s‹, Bsp.: **c**erveja vor ›a, o‹ wie ›k‹, Bsp.: fa**c**a
ch	wie ›sch‹, Bsp.: du**ch**a
ç	wie scharfes ›s‹, Bsp.: pre**ç**o
ção	wie ›saong‹, Bsp.: esta**ção**
é	wie lang gezogenes ›äh‹, Bsp.: cr**é**dito
g	vor ›a, o,u‹ wie ›g‹, Bsp.: **g**asolina vor ›e, i‹ wie weiches ›g‹ (Ra**g**e), Bsp.: lon**g**e
h	am Wortanfang stumm
j	wie weiches ›g‹(Ra**g**e), Bsp.: ho**j**e
nh	wie lang gezogenes ›nj‹, Bsp.: di**nh**eiro
o	am Wortende als kurzes ›u‹, Bsp.: zer**o**
qu	vor ›e, i‹ wie ›k‹, Bsp.: **qu**ero, **qu**ilo vor ›a, o‹ wie ›kw‹, Bsp.: **qu**arto
x	wie ›sch‹, Bsp.: quei**x**a
z	wie ›sch‹ am Wortende, Bsp.: fa**z** favor sonst wie ›s‹, Bsp.: on**z**e

Mountainbike/ Boot/ Pferd mieten.	*uma mountainbike/ um barco/ um cavalo.*
Gibt es ein(en) … Freizeitpark/ Freibad/ Golfplatz in der Nähe?	*Há por perto … um parque de lazer/ uma piscina pública/ um campo de golfe?*
Wo ist die (der) nächste Bademöglichkeit/ Strand?	*Onde está a piscina/praia mais perta?*
Wann hat … geöffnet?	*Quando está aberto(-a) …?*

Bank, Post, Telefon

Ich möchte Geld wechseln.	*Queria trocar dinheiro.*
Brauchen Sie meinen Pass?	*Precisa de meu passaporte?*
Ich möchte eine Telefonverbindung nach …	*Queria uma ligação telefónica por …*
Wie lautet die Vorwahl für …?	*Qual é o código de …?*
Wo gibt es … Telefonkarten/ Briefmarken?	*Onde vende-se … cartão telefónico/ selos?*

Tankstelle

Wo ist die nächste Tankstelle?	*Onde é o próximo posto de gasolina*
Ich möchte … Liter … Super/Diesel/ bleifrei/ verbleit.	*Quero … litros de … super/diesel/ sem chumbo/ com chumbo.*
Volltanken, bitte!	*Encher o tanque, por favor!*
Bitte prüfen Sie … den Reifendruck/ den Ölstand/ den Wasserstand/ die Batterie.	*Faz favor de controlar … a pressão dos pneus/ o nível de óleo/ o nível de água/ a bateria.*
Würden Sie bitte …	*Faz favor …*
den Ölwechsel vornehmen/	*de trocar o óleo/*
den Radwechsel vornehmen/	*de trocar o pneu/*
die Zündkerzen erneuern/	*de trocar as velas/*
die Zündung nachstellen?	*de ajustar a ignição?*

Panne

Ich habe eine Panne.	*Estou com uma panne.*
Der Motor startet nicht.	*O motor não arranca.*
Ich habe die Schlüssel im Wagen gelassen.	*Deixei as chaves dentro do carro.*
Ich habe kein Benzin/ Diesel.	*Estou sem gasolina/ diesel.*
Gibt es hier in der Nähe eine Werkstatt?	*Há uma oficina aqui por perto?*
Können Sie mein Auto abschleppen?	*Pode rebocar meu carro?*
Können Sie den Wagen reparieren?	*Pode reparar o carro?*
Bis wann?	*Até quando?*

Mietwagen

Ich möchte ein Auto mieten.	*Quero alugar um carro.*
Was kostet die Miete … pro Tag/ pro Woche/ mit unbegrenzter km-Zahl/ mit Kaskoversicherung/ mit Kaution?	*Quanto é o aluguer … por dia/ por semana/ sem limite de quilometragem/ com seguro contra todos os riscos/ com caução (depósito)?*
Wo kann ich den Wagen zurückgeben?	*Onde posso entregar o veículo?*

Unfall

Hilfe!	*Socorro!*
Achtung!/Vorsicht!	*Atenção!/Cuidado!*
Rufen Sie bitte schnell … einen Krankenwagen/ die Polizei/ die Feuerwehr.	*Favor de chamar rápido … a ambulância/ a polícia/ os bombeiros.*
Es war (nicht) meine Schuld.	*(Não) foi a minha culpa.*
Geben Sie mir bitte Ihren Namen und Ihre Adresse.	*Por favor de me dar o seu nome e a sua direcção.*
Ich brauche die Angaben zu Ihrer Autoversicherung.	*Preciso dos dados de seu seguro de automóvel.*

Krankheit

Können Sie mir einen guten Deutsch sprechenden Arzt/ Zahnarzt empfehlen?	*Poderia me recomendar um bom médico/dentista que fala alemão?*
Wann hat er Sprechstunde?	*Qual é o horário de consulta?*
Wo ist die nächste Apotheke?	*Onde é a farmácia mais perto?*
Ich brauche ein Mittel gegen …	*Preciso de um remédio contra …*
Durchfall/	*diarreia /*
Halsschmerzen/	*dores de garganta/*
Fieber/	*febre/*
Insektenstiche/	*picadas de mosquitos (insetos)/*
Verstopfung/	*prisão de ventre (oclusão)/*
Zahnschmerzen.	*dores de dentes.*

Im Hotel

Können Sie mir ein Hotel/eine Pension empfehlen?	*Poderia recomendar-me um hotel/ uma pensão?*
Ich habe hier ein Zimmer reserviert.	*Reservei um quarto aqui.*
Haben Sie … ein Einzel-/ Doppelzimmer …	*Tem … um quarto de solteiro (individual)/ um quarto de casal (de duas camas)*
mit Bad/Dusche/	*com banheiro/ ducha/*
für eine Nacht/ für eine Woche/ mit Blick aufs Meer?	*para uma noite/ para uma semana/ com vista para o mar?*
Was kostet das Zimmer … mit Frühstück/ mit Halbpension/ mit Vollpension?	*Quanto custa o quarto … com café da manhã/ com meia pensão/ com pensão completa?*
Wie lange gibt es Frühstück?	*Até que horas serve o café da manhã?*
Ich möchte um … geweckt werden.	*Faz favor de acordar-me às … horas.*
Ich reise heute Abend/ morgen früh ab.	*Vou partir hoje à tarde/ amanhã de manhã.*

Im Restaurant

Wo gibt es ein gutes/günstiges Restaurant?	*Onde há um restaurante bom/ barato?*
Die Speisekarte/ Getränkekarte, bitte.	*O cardápio (ementa)/ a carta (lista) de bebidas, por favor.*
Welches Gericht können Sie besonders empfehlen?	*Que comida (prato) pode recomendar?*
Ich möchte nur eine Kleinigkeit essen.	*Queria apenas um tira-gosto.*
Haben Sie vegetarische Gerichte?	*Tem comida vegetariana?*
Welche alkoholfreien Getränke haben Sie?	*Quais são as bebidas sem álcool que voce tem?*
Darf man rauchen?	*Pode-se fumar?*
Die Rechnung, bitte/ Bezahlen, bitte!	*A conta, por favor/ Pagar, por favor!*

Essen und Trinken

Aal	*enguia*
Abendessen	*jantar*
Apfel	*maçã*
Apfelsine	*laranja*
Aubergine	*beringela*
Bier	*cerveja*
Braten	*assado*
Brot/Brötchen	*pão/pãozinho*
Butter	*manteiga*
Ei	*ovo*
Eintopf	*cataplana*
Eiscreme	*gelado*
Erdbeere	*morango*
Espresso	*bica*
Essig	*vinagre*
Fisch	*peixe*
Fischeintopf	*caldeirada*
Flasche	*garrafa*
Fleisch	*carne*
Forelle	*truta*
Fruchtsaft	*sumo*
Frühstück	*pequeno almoço*
Geflügel	*aves*
Gemüse	*legumes*
Glas	*copo*
Gurke	*pepino*
Hühnchen	*frango*
Hummer	*lagavante*
Kalb	*vitela*
Kartoffel	*batata*
Käse	*queijo*
Krug/Karaffe	*cântaro/jarro*
Lachs	*salmão*
Meeresfrüchte	*mariscos*
Miesmuschel	*mexilhão*
Milch	*leite*
Milchkaffee	*café com leite*
Mineralwasser (mit/ohne Kohlensäure)	*água mineral (com/sem gas)*
Mittagessen	*almoço*
Nachspeisen	*sobremesas*
Neunauge	*lampreia*
Öl/Olivenöl	*óleo/azeite*
Oliven	*azeitonas*
Pfeffer	*pimenta*
Reis	*arroz*
Rindfleisch	*carne de vaca*
Rochen	*raia*
Salat	*salada*
Salz	*sal*
Sardine	*sardinha*
Schinken (roh)	*presunto*
Scholle	*solha*
Schweinefleisch	*carne de porco*
Seebarsch	*garoupa*
Seezunge	*linguado*
Steinbutt	*pregado*
Stockfisch/Kabeljau	*bacalhau*
Suppe	*sopa/caldo*
Süßigkeiten	*doces*
Tee (mit Zitrone)	*chá (com limão)*
Thunfisch	*atum*
Vorspeisen	*entradas*
Wassermelone	*melancia*
Wein (Weiß-/ Rot-/ Rosé-)	*vinho … (branco/ tinto/ rosé)*
Weintrauben	*uvas*
Zucker	*açúcar*

Register

A

Abreu, Francisco de 82
Afonso Henriques (Afonso I.) 13, 27, 46, 47, 58, 64, 69, 116, 122, 123, 149, 159, 160, 163, 171
Afonso II. 152
Afonso III. 13, 33, 91, 93, 94, 152
Afonso IV. 123
Afonso V. 154, 156
Afonso VI. 18, 132, 149
Afonso VI. von León und Kastilien 13
Al-Mansur 161
Albufeira 103, **104–106**
Albuquerque, Afonso de 97, 123
Alcobaça 147, **149–153**
Alcochete 178
Alcoforado, Mariana 92
Algarve 8, **94–115**
Almansil **104**
Almeida, Ferreira de 94, 96
Almeida, João Rodrigues de 166
Almeida, Jorge de 164
Almeida, Leopoldo de 133
Almeida, Tomás de 25
Almeida, Valentim de 88
Alte 103
Álvares Cabral, Pedro 13, 44, 66, 78
Álvares Pereira, Nuno 30, 48, 155
Álvares, Baltasar 23
Amarante **50–51**
Amarante, Carlos da Cruz 44
Anta do Zambujeiro 90
Antonius von Padua 122
Antunes, João 122, 170
Anuncibay, Inigo Lopes de 37
Araújo, Marceliano de 43
Arraiolos 176
Arrasi, maurischer Historiograph 94
Arruda, Diogo de 69
Arruda, Francisco de 134
Aveiro **169–171**
Avelar, Francisco Gomes de 95
Azulejos 121, 122

B

Baccarelli, Vicente 122
Bani Harum 94
Barcelos **31–33**
Barco, Gabriel de 95
Bartolomeus, Silberschmied 22
Bastos, Vítor 120
Batalha 147, **153–156**
Batoni, Pompeo 127
Beckford, William 6, 140, 142
Beja 74, **92–93**
Bellini, Antonio 86
Belmonte **66**
Benlliure y Fil, Mariano 61
Berardi, Giuseppe 49
Berlenga-Inseln 148, 149
Bernardes, António de Oliveira 32, 34, 44
Bernardes, Policarpo de Oliveira 34, 88, 104, 122
Bernhard, Esther 7
Bernini, Gian Lorenzo 138
Bisalhões 176
Boca do Inferno 139
Bom Jesus do Monte 44
Boto, Joaquim Maria Pereira 96
Boytac, Diogo 63, 131, 132, 137, 156, 163
Braga 38, **42–46**
Braga, Jerónimo da Rocha 56
Bragança 22, **53–54**, 56, 67, 84
Bragança, José de 42
Bravães **41**
Brites, Gemahlin Afonso III. 152
Buçaco 167, 179
Buraco dos Mouros 103
Byron, Lord George Gordon Noel 7, 140

C

Cabeça da Velha 65
Cabo Carvoeiro 148
Cabo da Roca 140
Cabo de São Vicente 111, 114
Cabral, Fernão 66
Cabral, Henrique Francisco 66
Cacela 101
Caetano, Marcelo José das Neves Alves 15
Caldas da Rainha 176
Caldas de Monchique 110
Caledónia 39
Calmels, Anatole 120
Câmara Municipal 79
Caminha 34, **35–37**
Camões, Luís Vaz de 84, 132, 140, 162, 163, †166, 168
Cândido, António 50
Carcavelos 180
Cardoso, Amadeo de Souza 51
Carlos I. 14, 168
Carmona, Fragoso 14
Carrazeda de Ansiães **57**
Carvalho de Meneses, António de Vasconcelos 51
Carvalho, Joaquim Caetano de 123
Carvalho, Pedro Alexandrino de 48
Carvoeiro 106, 114
Casa do Fidalgo 51
Cascais 137, 139, 140
Castelo 80
Castelo Branco **66–67**
Castelo de Almourol **74**
Castelo de Vide 75–76
Castelo dos Mouros 142
Castilho, Diogo de 163, 165
Castilho, João de 30, 69, 70, 73, 77, 131
Castro Marim 101, 102
Castro, Joaquim Machado de 60, 61, 97, 120, 122, 125, 127, 128, 130, 164
Catarina von Kastilien, Gemahlin von João III. 50
Chamilly, Chevalier de 92
Chanterène, Nicolas de 44, 86, 87, 88, 131, 132, 163, 164
Chaves **54–56**
Chiado, António Ribeiro 37
Cidadelhe 39
Citânia de Briteiros 44–45
Coimbra 147, 150, **160–167**
Arco da Barbacã 162
Arco de Almedina 162
Convento de Santa Clara-a-Velha 166–167
Igreja de Santa Cruz 162–163
Igreja de São Salvador 164
Jardim da Manga 163
Museu Nacional de Machado de Castro 164
Paço de Sub-Ripas 162
Quinta das Lágrimas 167
Sé Nova 164
Sé Velha 163–164
Torre de Anto 162
Universidade Velha 165–166
Colaço, Jorge 24
Columbano 96
Conimbriga 147, **160**
Cordeiro, Francisco 95
Correia, Paio Peres 100
Costa de Lisboa **137–145**
Costa de Prata **147–171**
Costa do Sol **139–140**
Costa e Silva, José 130
Costa Lima, Joaquim 21
Costa Noronha, Manuel Pereira da 20
Costa Verde **18–51**
Costa, Álvaro da 87
Costa, António da 148
Costa, Jacinto da 165
Costa, Tomás 21
Costa, Veríssimo José da 120
Coutinho, Beatriz 78
Couto, José de 163
Cruz, Frei Cipriano 165
Cunha, Gabriel Ferreira da 165

D

Deu-la-Deu Martins 38
Dias, Mumadona 46
Diniz I. 30, 56, 69, 84, 93, 140, 159, 162, 165
Domingues, Afonso 77, 155
Duarte, König 156

E

Eanes, Diogo 35
Eanes, Gil 112
Eiffel, Gustave 27
El Greco 80
Elvas **81–82**
Ericeira 137, 144
Espanca, Florbela 82
Espigueiros (Maisspeicher) 18, 41
Estói 94, **98–99**
Estoril 137, 139, 178
Estremoz **79–81**
Évora **84–90**
Ermida de São Brás 89
Igreja de Santo Antão 85
Igreja de São Evangelista 88
Igreja Real de São Francisco 88–89
Museu de Arte Sacra 87
Museu de Évora 87
Museu do Artesanato 89
Praça do Giraldo 85
Sé de Santa Maria 85–87
Templo Romano 87–88
Universidade Velha 88
Expo '98 15, 117, **128**

F

Fabri, Francisco Xavier 95, 99, 130
Faria, Baltasar de 72
Faro **94–97**
Fátima **157–158**, 178, 179
Feio, Barata 24
Ferdinand von Sachsen-Coburg-Gotha 14
Fernandes, Garcia 87, 148
Fernandes, Mateus 155
Fernandes, Pedro 70
Fernando I., König von Kastilien 12, 124
Fernando II. 32
Ferreira, João Carvalho 165
Fial, Francisco 35
Figueiredo, Cristóvão de 26, 87
Filipa de Lencastre, Gemahlin Joãos I. 25, 48, 141, 155–156
Folgosinho 65
Fontes, Marquês de 129
Franco, Francisco 84
Furtado, Pinheiro 121, 125
Fuschini, Arcangelo 77

G

Galego, Pêro 35
Gama, Vasco da 13, 97, 120, 127, 131, 163
Gand, Olivier de 86, 164
Garcia, João 48
Garcia, Pero 44
Garcia, Telo 44
Garrett, Almeida 24, 77, 140
Gato, Vasco Esteves 80
Giusti, Alessandro 124
Golegã 179
Gomes, António 20
Gonçalves, André 122
Gonçalves, Antão 112
Gonçalves, Nuno 126, 169
Gonçalves, Vasco dos Santos 15
Gouveia 65
Gregotti, Vittorio de 134
Guarda **62–64**
Guedes, Manuel 22
Guerrini, Libório 96
Guimarães 45, **46–50**, 178
Gulbenkian, Calouste Sarkis 126

H

Heinrich (›Henriques‹) der Seefahrer 13, 18, 19, 111, 112, 114, 126, 132, 133, 156
Heinrich von Burgund 13, 18, 44, 46, 61, 171
Henrique Alemão (Heinrich der Deutsche) 122
Henriques II. 13
Herrera, Juan de 122
Hodart, Philippe 164
Holland, James 159

I

Idanha-a-Nova 178
Idrisi, arab. Geograph 108
Igreja Conventual de Paço de Sousa 27
Igreja São Francisco 79–80
Inês de Castro 13, 150, 152, 166, 167
Isabel von Aragón 166

J

Joana, Prinzessin 170
João I. 13, 25, 48, 63, 121, 126, 140, 141, 153, 155, 156
João II. 61, 156
João III. 13, 50, 132, 162, 163, 165
João IV. 13, 84
João V. 113, 122, 124, 129, 130, 144, 165
João VI. 129
José I. 14
Josefa de Óbidos 147, 148, 149
Junqueiro, Abílio Manuel de Guerra 24

K

Karl V., Kaiser 141
Katharina von Österreich 132
Keil, Alfredo 159

L

Lagos **111–114**
Lamego **57–60**
Laprade, Claude 165
Leça do Bailío 28
Leiria **159–160**
Leonor von Aragón, Gemahlin Duartes 156
Leopardi, Marcello 97
Levache, Nicolau 144
Linhares 65
Lissabon 6, 7, 8–9, 10, 13, 19, **116–135**
- Alfama 121
- Aqueduto das Águas Livres 128
- Arco Triunfal da Rua Augusta 120
- Bairro da Lapa 126
- Baixa 117, 120, 124
- Baixa Pombalina 120
- Basílica da Estrela 127–128
- Belém 129–134
- Benfica 128
- Campo Ourique 128
- Campo Pequeno 126
- Capela de São João Baptista 124
- Casa das Águas 129
- Casa dos Bicos 123–124
- Castelo de São Jorge 122
- Centro Cultural de Belém 134
- Chiado 124
- Elevador de Santa Justa 124
- Fundação Arpad Szenes – Vieira da Silves 128
- Igreja da Encarnação 125
- Igreja de São Roque 124
- Igreja de São Vicente de Fora 122
- Igreja do Menino-de-Deus 122
- Igreja Loreto ou dos Italianos 124–125
- Klarissinnenkloster Madre de Deus 122
- Largo do Chiado 124
- Largo do Menino de Deus 122
- Miradouro de Santa Luzia 121–122
- Mosteiro dos Jerónimos de Belém 131–133
- Museu Arqueológico do Carmo 124
- Museu Calouste Gulbenkian 126
- Museu da Cidade 126
- Museu da Marinha 133
- Museu Escola de Artes Decorativas 121
- Museu Nacional de Arte Antiga 126–127
- Museu Nacional do Azulejo 122
- Museu Nacional dos Coches 129–130
- Nossa Senhora do Carmo 124
- Oceanario 128
- Olival do Santíssimo 129
- Padrão dos Descobrimentos 133
- Palácio Azurara 121
- Palácio da Ajuda 130–131
- Palácio dos Marqueses de Fronteira 129
- Pavilhão do Conhecimento 128
- Ponte 25 de Abril 127
- Portas do Sol 121
- Praça da Figueira 121
- Praça de Touros 126
- Praça do Comércio 120
- Praça do Marquês de Pombal 125
- Rossio 120–121
- Rua Augusta 120
- Sé 123
- Teleférico 128–†128
- Terreiro do Paço 19
- Torre de Belém 133–134
- Torre Vasco da Gama 128

Lodi, Fortunato 121
Lopes, Cristóvão 132
Lopes, Gregório 67, 72, 87, 121
Lopes, João Correia 58
Lopes, Joaquim 64
Lopes, Teixeira 21
Lopes-o-Velho, João 34
Loulé **102–104**
Lourenço, Fernandes 131
Ludovice, João Frederico 86, 144
Luís Filipe, Kronprinz 14
Luís I. 130

M

Maçada, Martim Gonçalves de 155
Machado, Sousa de 50
Madureira, João de 58
Mafra 137, **143–145**
Magalhães, Fernão de (Magellan) 13
Maia, Gonçalo Mendes da 93
Maia, Manuel da 125
Malhão da Estrela 65
Malta, Eduardo 64
Manini, Luigi 168
Manuel I. 13, 25, 26, 33, 34, 63, 66, 120, 131, 132, 140, 141
Manuel II. 14
Manuelinik **74**
Mar-Esposende 179
Maria II. da Glória 14
Marques, Joaquim 121
Martins, Tomás 91
Marvão **76**
Mascarenhas, João de 129
Matos, Melchior 148
Mazzucci, Agostinho 86
Melo, Francisco de 88
Mendoza, João de 66
Meneses, Duarte de 78
Meneses, João Afonso Tellez de 77

Meneses, Pedro de 78
Meneses, Teresa Martins de 30
Menir da Meada 75
Mértola **93**
Minho 8
Monção **37–38**
Monchique 110
Moniz, Egas 27, 28
Moniz, Ermígio 171
Monsanto 178
Monsaraz **90–92**
Monserrate 142
Montanhas 8, **53–67**
Monte Fóia 111
Monte Santa Luzia 34
Morais, Gonçalo de 22
Morales, Luis de 50
Moreira, Domingos 165
Mourão, José Botelho 60
Murphy, James 159
Mutatid ibn Abad 94

N

Nasoni, Nicolau 22, 23, 24, 25, 51, 58
Nazaré 137, 178, 179
Necrópole de Santo Amarinho 75
Nelkenrevolution 7, 9, 15, 69
Nobre, António 162
Nunes, Vicente 166

O

Óbidos **147–148**
Olhão **97–98**
Oliveira, Mateus Vicente de 127, 138
Ordoni, Pasqual Caetano 82
Ourique 13
Outeiro Alvo 38
Outeiro de Castro 39

P

Pais, Gualdim 69, 73, 74
Pais, Sidónio 14
Paiva, António 80
Palácio da Pena 137
Parque Megalítico dos Coureleiros 75
Parque Nacional da Peneda-Gerês **38–41**
Parque Nacional do Buçaco **167–169**
Parque Natural da Ria Formosa **101**
Pedro I. 150, 152, 156, 166, 167
Pedro I., Kaiser von Brasilien 13, 14, 24, 121
Pedro III. 138
Peniche 137, **148–149**, 179
Pereira, Brites 30
Pereira, Fernão 171
Pereira, Francisco Brandão 20
Pereira, Gonçalo 44
Peres, Vímara 22
Pessoa, Fernando 116, 132
Philipp II. von Spanien 13
Pinheiro, Pero 133
Pinto, José Teixeira 58
Pires, Afonso 58
Pires, Álvaro 96
Pires, Diogo 96
Pires, Manuel 85
Pires, Marcos 165
Pires-o-Moço, Diogo 28
Planícies 8, **69–93**
Pombal, Marquês de 14, 100, 101, 102, 120, 125
Ponta da Piedade 111
Ponte Vasco da Gama 122, 128
Portalegre 176
Porto 8, 9, 14, 15, **18–29**, 175, 177
  Alfândega 19
  Barredo 19
  Câmara Municipal 24
  Campo dos Mártires da Pátria 25
  Casa da Música 26
  Casa do Infante 19
  Casa-Museu Guerra Junqueiro 23–24
  Editores Lello & Irmão 25
  Estação São Bento 24
  Feitoria Inglesa 19
  Fundação de Serralves 26
  Gabinete da História da Cidade 19
  Igreja da Misericórdia 25
  Igreja de Santa Clara 25
  Igreja de São Francisco 19–21
  Igreja de São Pedro dos Clérigos 23, 25
  Igreja dos Grilos 23
  Igreja Martinho de Cedofeita 26
  Jardim de João Chagas 25
  Largo Primeiro de Dezembro 24
  Mercado de Ferreira Borges 21
  Mercado Ferreiro Borges 21
  Mosteiro da Nossa Senhora do Pilar 27
  Museu Nacional de Soares dos Reis 26–27
  Paço Episcopal 23
  Palácio da Bolsa 19, 21–22
  Palácio dos Carrancas 26
  Pelourinho 22–23
  Pena Ventosa 22
  Ponte Dom Luís I. 27
  Praça da Liberdade 24
  Praça da Ribeira 19
  Praça do Infante D. Henrique 21
  Praça Infante Dom Henrique 19
  Ribeira 19
  Rua da Alfândega Velha 19
  Rua de São João 19
  Santa Casa da Misericórdia 25–26
  São Bento da Vitória 26
  Sé 22, 23
  Vila Nova de Gaia 19, 27
Porto, Manuel Santos 25
Portuense, Vieira 96, 121
Portwein 18, 19, **21**, 23, 27, 28
Pousadas 182
Pousão, Henríque 82
Praia do Guincho 137, 140
Proença, Paul 111

Q

Queiróz, Eça de 8
Queluz **138–139**
Quinta da Bacalhoa 137

R

Ramalho, Júlia 32
Ramalho, Rosa 32
Reis, António Soares dos 27, 47
Reis, Carlos 64
Resede, Júlio 19
Resende, André de 85
Retornados 9
Ria de Aveiro 170–171
Ribeira, Maria Paes 29
Rijarto, António Vital 22
Rilke, Rainer Maria 92
Robert, Elias 121
Robillon, Jean Baptiste 138
Rocha da Pena 103
Rocha dos Soídos 103
Rodrigues, António Simões 166
Rodrigues, Gabriel 32
Rodrigues, Simão 165
Romero, Frei Julião 34
Rouen, Jean de 64, 132, 147, 162
Ruão, Jerónimo de (Rouen, Jean de) 132

S

Sagres 13, **114–115**
  Fortaleza 114–115
  Ponta de Sagres 114
Salazar, Abel 26, 54
Salazar, António de Oliveira 15, 47, 127, 149
Sales, Germano José de 121
Salgado, Manuel 134
Salvi, Nicolò 124
Sampaio, Jorge 15
Sanches, Afonso 30
Sancho I. 100, 108, 123, 163
Sansovino, Andrea 137
Santa Maria do Castelo 80
Santarém 13, **77–79**, 178
Santos Simões, João Miguel dos 122
Santos, Eugénio dos 120, 125
Santos, Manuel dos 79
Santos, Reinaldo Manuel dos 127
São Cristóvão, Klosterkirche 30
São João de Tarouca 58
São Pedro de Balsemão 58
São Pedro de Rates 30–31
Saramago, José 6, 84, 140
Sardinha, António 81
Sarmento, Francisco Martins 44
Schaumburg-Lippe, Graf Wilhelm von 82
Sebastião, König 13, 111
Seia 65
Sequeira, Domingos 96
Serra da Estrela 62, **65**
Serra de Monchique 103, **110–111**
Serra de Sintra 137
Serrão, Domingos Vieira 165
Sesimbra 137
Setúbal **137–138**
Silva, António José Dias da 126
Silva, António Pereira da 95
Silva, Cavaco 15
Silva, Coelho da 85
Silva, Espírito Santo 121
Silva, Jerónimo da 122
Silva, Ribeiro Cristino da 159
Silves 12, **107–109**
Sintra 137, **140–143**, 179, 180
Soares, Mário 15
Solar de Mateus 60
Sousa, Filipe 20
Sousa, Gonçalves de 21
Spínola, António 15
Stierkampf 126
Strabo, antiker Historiograph 60
Szenes, Arpad 128

T

Tagarro, José 64
Talha Dourada 104, 113
Tareja, Gemahlin Heinrich von Burgunds 171
Taveira, Teresa 122
Tavira **99–100**
Távora, Luís Álvares de 23, 58
Teatro Nacional Dona Maria II. 121
Teixeira, Diego 148
Teixeira, Manuel 22
Terzi, Filippo 27, 30, 70, 125, 149
Tinoco, Frei João Nunes 122
Tolosa, João de 35
Tolosa, Tomé de 35
Tomar **69–74**
  Capela de Nossa Senhora da Conceição 73–74
  Capela de Santa Iria 73
  Christusritterkirche 69–72
  Igreja de São Baptista 72
  Museu Luso-Hebraico Abraham Zacuto 74
  Praça da República 72
  Santa Maria dos Olivais 73
Torralva, Diogo de 70, 132
Trajan, römischer Kaiser 51
Trava, Fernão Perez de 171
Travessos, Diogo Gonçalves de 155
Turriano, Frei João 151

U

Urban VIII., Papst 168
Urraca, Gemahlin Afonso II. 152

V

Valença do Minho **37**
Vanvitelli, Luigi 124
Varro, Marcus Terentius 18
Vasco, Grão 58, 60, 61, 65, 163
Vaz, Gaspar 60, 61
Vaz, João 64, 159
Vespasian, röm. Kaiser 54
Viana do Castelo **33–34**
Vicente, Gil 88, 127, 145
Vicente, Vicente 140
Vieira da Silva, Maria Helena 128
Vieira, António 123
Vieira, Francisco 21
Vieira, José Maria 65
Vila da Feira **171**
Vila do Conde **29–31**
Vila Real de Santo António **101–102**
Vila Viçosa **82–84**
Viriatus 61
Viseu **60–62**
Vivian, George 159

W

Wellington, Arthur Wellesley, Herzog von 169
Whitehead, engl. Konsul 19

Y

Ypres, Jean de 164

Z

Zurara, Gomes Eanes de 126

Impressum

Lektorat und Bildredaktion: Carin Pawlak
Aktualisierung: Astrid Rohmfeld
Karten: Huber Kartographie, München (Umschlagkarten, Stadtpläne), Computerkartographie Carrle, München (Lagepläne)
Herstellung: Martina Baur
Druck, Bindung: Druckerei Uhl, Radolfzell
Printed in Germany

Ansprechpartner für den Anzeigenverkauf:
Kommunalverlag GmbH & Co KG,
MediaCenterMünchen, Tel. 089/92 80 96-44

ISBN 978-3-89905-492-7
ISBN 978-3-89905-548-1 Reiseführer Plus

Gedruckt auf chlorfrei gebleichtem Papier

Neu bearbeitete Auflage 2007

Bildnachweis

Umschlag-Vorderseite: Strandfreuden an der Algarveküste bei Cornoeiro. *Foto: Bildagentur Huber, Garmisch-Partenkirchen*
Umschlag-Vorderseite Reiseführer Plus: Badespaß an der Praia da Dona Ana. *Foto: Mauritius, Mittenwald (Hans-Peter Merten)*

Titelseite
Oben: Bom Jesus do Monte (Wh. von S. 45)
Mitte: Palácio dos Marqueses de Fronteira in Lissabon. Foto: *Bildagentur Huber, Garmisch-Partenkirchen (Giovanni Simeone)*
Unten: Hafen von Faro (Wh. von S. 95)

Anzenberger, Wien: 27, 47 (Fausto Giaccone), 120 (Toni Anzenberger), 123, 128 (Giaccone) – *AP Images, Frankfurt am Main*: 160 (Murad Sezer) – *Bavaria, Gauting*: 148 (Bognar) – *dpa Picture Alliance, Frankfurt*: 98, 99 (Thomas P. Widmann), 124 (Uwe Gehrig), 144/145 (Lou Avers), 158 oben (Bildagentur Huber/Leimer) – *Bildagentur Huber, Garmisch-Partenkirchen*: 10 oben (Spila Riccardo), 11 unten (Giovanni Simeone), 19, 23 (Ripani), 45, 66/67, 75 oben, 117, 168 oben, 170 (Simeone), 172 unten (Spila Riccardo) – *Bildarchiv Steffens, Mainz*: 21, 115 (Ringlebe), 163 (Garcia) – *Foto Schreyer-Löbl, Bad Tölz-Ellbach*: 72, 73, 81, 89, 131 – *Emanuel Gronau, Weilheim*: 38/39, 59, 68 oben, 71 unten, 75 unten, 125 oben, 133 unten, 153 – *IFA-Bilderteam, München*: 10/11 (Welsh), 16/17 (Marc), 49 (Madeleine), 62, 68 unten (TPC), 86 (Barnes), 142 (Arakaki), 154/155 (Panstock) – *Gerold Jung, Ottobrunn*: 6/7, 96, 97, 99, 103, 106/107, 107, 108 (2), 109, 111, 112, 112/113, 114 – *János Kalmár, Wien*: 35, 36 unten – *laif, Köln*: 25 (Hemispheres), 122, 130 (Rolf Osang), 166/167 (Hemispheres), 178 (Rolf Osang) – *LOOK, München*: 8, 8/9, 24 (Raach), 32/33 (Acquadro), 36 oben, Mitte rechts, 48, 56 oben, 60, 79, 80 unten, 83 (3), 85, 87, 90/91 oben, 91 unten, 93, 127, 136 oben, 146, 158 unten (Raach), 172 oben (Acquadro), 176, 184 (Raach) – *Mauritius, Mittenwald*: 7 (Rudolf Pigneter), 11 oben (Hans-Peter Merten), 64/65 (Bernhard Hambach), 95 (Susan), 116/117 World Pictures), 121 (Photononstop), 133 oben (Howard), 139 (Jose Fuste Raga), 157 (Rossenbach) – *Photo-Press, Stockdorf*: 110 (Stein) – *Hans-Georg Roth, Frankfurt*: 29, 51, 56/57, 61, 63, 90 unten, 104/105, 132, 152, 156, 165, 168 unten, 172 Mitte – *Gino Russo, Albisola Superiore (Savona)*: 30, 71 oben, 76, 77, 78, 80 oben, 101, 151, 161, 162, 164 – *Franz Staudhammer, Burghausen*: 9, 28, 31 (2), 36 Mitte links, 40, 43 (2), 54/55, 55, 125 unten – *Werner Stuhler, Hergensweiler*: 52, 64, 171 – *Süddeutscher Verlag/Bilderdienst, München*: 12, 13, 14 (2) – *Martin Thomas, Aachen*: 135, 136 unten, 138, 140, 177, 181, 183, *Ullstein Bild, Berlin*: 15 (Reuters)

ADAC
reisemagazin
Reisen mit Lust und Laune.
ADAC reisemagazin BRETAGNE
Rau, aber herzlich
ADAC reisemagazin FLORIDA
Sonne, Sand & Sterne
ADAC reisemagazin MÜNCHEN
Die bewegte Stadt
ADAC reisemagazin ROM
Ewig schön, ewig jung
ADAC reisemagazin TOSKANA
Sanfte Hügel, süßes Leben
Die Reisemagazine vom ADAC gibt es für Städte, Länder und Regionen.
Alle zwei Monate neu.
ADAC reisemagazin TÜRKEI
Mehr erleben
ADAC reisemagazin VIETNAM
LAOS & KAMBODSCHA
Stop-over zwischen den Zeiten
ADAC reisemagazin WIEN
Glanzvoller Auftritt
www.adac.de/reisemagazi